AF717428

Das Mieter-Handbuch

Das Mieter-Handbuch

Mietvertrag
Nebenkosten
Modernisierung
Mieterhöhung
Mietminderung
Kündigung

ULRICH ROPERTZ

verbraucherzentrale

DMB DEUTSCHER MIETERBUND

Inhalt

Fortsetzung Inhalt →

Unser Service für Sie

Wenn neue Gesetze und Verordnungen in Kraft treten oder sich zum Beispiel Förderbedingungen oder Leistungen ändern, finden Sie die wichtigsten Fakten in unserem Aktualisierungsservice zusammengefasst.
Mit dem Klick auf **www.ratgeber-verbraucherzentrale.de/aktuell** sind Sie dann ergänzend zu dieser Auflage des Buches auf dem neuesten Stand. Diesen Service bieten wir so lange, bis eine Neuauflage des Ratgebers erscheint, in der die Aktualisierungen bereits eingearbeitet sind. Wir empfehlen, Entscheidungen stets auf Grundlage aktueller Auflagen zu treffen.
Die lieferbaren aktuellen Titel finden Sie in unserem Shop:
www.ratgeber-verbraucherzentrale.de

Vertragsvordrucke, Checklisten, Mustervereinbarungen

Alle Formulare können Sie auch online ausfüllen und ausdrucken. Weitere Informationen dazu finden Sie bei den einzelnen Formularen.

So nutzen Sie dieses Buch

Liebe Leserin, lieber Leser,

sind Sie auf Wohnungssuche und sehen sich – vor allem in den Großstädten mit ihren Engpässen auf dem Wohnungsmarkt – immer wieder Vermietern gegenüber, die ihre starke Position um jeden Preis ausnutzen wollen? Oder haben Sie als Mieter ein aktuelles Problem bei einer geplanten Modernisierung? Gibt Ihnen die Nebenkostenabrechnung Ihres Vermieters Rätsel auf? Oder wollen Sie bald aus Ihrer Mietwohnung ausziehen und sehen Konflikte mit dem Wohnungsbesitzer auf sich zukommen?

„Das Mieter-Handbuch" der Verbraucherzentrale und des Deutschen Mieterbunds (DMB) bietet für diese und viele weitere Fragen und Probleme im Mietverhältnis Erläuterungen, praktischen Rat, ergänzt um maßgebliche Urteile des Bundesgerichtshofs, sowie nutzbringende Vorlagen, Vertragsmuster mit Erläuterungen, Checklisten und Mustervereinbarungen.

Dieser Ratgeber ist als Arbeitsbuch aufgebaut. **Im vorderen Teil des Buchs finden Sie die unterschiedlichen Schwerpunktthemen rund um Mieterfragen (→ Seite 11 bis 138).**

Wir beginnen in diesem ersten Teil mit den Erläuterungen zum Mietvertrag sowie zu Kaution, Provision, Abstand, also Zahlungen, die oft beim Umzug in eine neue Mietwohnung auf die Mieter zukommen. Der thematische Teil endet entsprechend mit zwei Kapiteln zur Mieter- und zur Vermieterkündigung.

Außerdem werden die wichtigsten Themen in einem laufenden Mietverhältnis behandelt, also Probleme mit dem Vermieter wegen einer Mieterhöhung oder wegen der Betriebs- und Heizkosten beziehungsweise einer fehlerhaften und nicht nachvollziehbaren Nebenkostenabrechnung.

Behandelt werden auch Fragen rund um eine Modernisierung sowie zu Mängeln, Reparaturen und einer eventuell möglichen Mietpreisminderung. Schließlich stellen wir Ihnen die wichtigsten Mieterrechte und Mieterpflichten vor.

Jedes Kapitel beginnt mit einem kurzen Überblick mit den jeweils wichtigsten Themenaspekten „für den schnellen Einstieg". Diesen ersten Teil des Buchs erkennen Sie an der Farbe **Orange.**

Im hinteren Teil finden Sie Mietvertragsformulare, Checklisten zum Ankreuzen und Mustervereinbarungen für Ihren Gebrauch (→ Seite F-1 bis F-95).

Sie können alle Formulare, Vertragsmuster, Checklisten und Vereinbarungen heraustrennen, ausfüllen, gegebenenfalls zu Ihren Terminen mit dem (zukünftigen) Vermieter mitnehmen oder später abheften und archivieren. Dieser Teil des Buchs hat die Farbe **Rot.**

So manche Problemlage wirkt weit weniger bedrohlich, wenn man sich im Recht weiß. Mit den Informationen und Vorlagen dieses Buchs können Sie sich in bestehenden Mietkonflikten besser orientieren und informierter vorgehen oder diese schon im Vorfeld vermeiden. Wir wünschen Ihnen viel Erfolg dabei!

Die fünf häufigsten Probleme in der Mieterberatung

Mehr als 850.000 Rechtsberatungen führen die rund 300 örtlichen Mietervereine jährlich durch. 98 Prozent aller Beratungsfälle können dabei außergerichtlich geklärt werden.

Betriebskosten und Heizkosten

Mehr als ein Drittel aller Rechtsberatungen der Mietervereine dreht sich um das Thema Betriebs- und Heizkosten. Welche Kosten müssen zusätzlich zur Miete gezahlt werden? Zum anderen geht es um die Überprüfung der Betriebs- und Heizkostenabrechnung. Mieter sollten sich nicht durch das Zahlen-Wirrwarr in den Abrechnungen abschrecken lassen. Anhand der Informationen im Kapitel „Betriebs- und Heizkosten" (→ Seite 45) können viele Punkte geklärt werden.

Wohnungsmängel und Mietminderung

Jede sechste Beratung der Mietervereine dreht sich um Wohnungsmängel und die Möglichkeit, die Miete zu mindern. Wann liegt überhaupt ein Wohnungsmangel vor? Das Kapitel „Mängel, Reparaturen und Mietminderung" (→ Seite 77) informiert über alle Mieterrechte, wenn während der Mietzeit Wohnungsmängel auftreten.

Mieterhöhung

Die Mieten steigen immer schneller. Die Mietpreisbremse hält nicht, was sich Mieterinnen und Mieter davon versprochen haben. Aber welche Miete darf der Vermieter beim Abschluss eines neuen Mietvertrags überhaupt fordern? Wann, wie und in welchem Umfang darf er die Miete während des laufenden Mietverhältnisses erhöhen? Die Antworten finden Sie in den Kapiteln „Mieterhöhung und Mietpreisbremse" (→ Seite 31) und „Modernisierung" (→ Seite 59).

Allgemeine Vertragsangelegenheiten

Kündigung, Mieterhöhung, Nebenkosten, Mängel oder Modernisierung – das sind die großen Mietrechtsthemen. Aber im Mieteralltag geht es oft auch um ganz andere Fragen. Welche Rechte habe ich als Untermieter, bei Lärm aus der Nachbarwohnung oder wenn ich den Kinderwagen im Hausflur abstellen will? Diese und viele weitere Fragen beantwortet das Kapitel „Rechte und Pflichten" (→ Seite 103).

Mietkaution

In der Regel muss zu Beginn des Mietverhältnisses eine Kaution gezahlt werden, und am Ende der Mietzeit der Vermieter das Geld zurückzahlen. Was aber, wenn der Vermieter wegen Schäden in der Wohnung Abzüge von der Kaution macht? Tipps und Hinweise im Kapitel „Kaution, Provision, Abstand und Ablöse" (→ Seite 23) helfen Ihnen, den vollen Kautionsbetrag zurückzuerhalten.

Mietvertrag

Etwa 1,5 Millionen Mietverträge werden jährlich in Deutschland neu abgeschlossen. Die hier getroffenen Absprachen und Vereinbarungen sind neben den gesetzlichen Vorgaben zum Mietrecht die Grundlage für das Mietverhältnis zwischen Mieter und Vermieter.

Für den schnellen Einstieg

Was genau regelt ein Mietvertrag?

Was muss im Mietvertrag stehen? Und was darf eigentlich nicht enthalten sein? Welche Klauseln sind womöglich unwirksam? In so manchem Formularmietvertrag steht weit mehr drin, als notwendig ist.

Viele Mietverträge klingen offiziell und verbindlich, zum Beispiel heißen sie „Mustermietvertrag" oder „Einheitsmietvertrag". Sie sind aber letztlich nichts anderes als Formularmietverträge, wie es sie zu Hunderten gibt. Sie werden herausgegeben und verkauft von verschiedenen Verlagen oder Eigentümervereinen. **Formularmietverträge** sind oft sehr umfangreich, mit Dutzenden von Seiten. Dabei passen **die entscheidenden und wichtigsten Mietvertragsregelungen** eigentlich auf einen Bierdeckel. Mieter und Vermieter müssen sich letztlich nur über vier Punkte einig sein.

DAS MUSS IM MIETVERTRAG STEHEN

- → Wer ist Mieter, wer ist Vermieter?
- → Welche Wohnung wird wo vermietet?
- → Wie hoch ist die Miete?
- → Wann beginnt das Mietverhältnis?

Die typischen Formularmietverträge regeln meist noch viele weitere Punkte. Zum einen werden zwingende gesetzliche Regelungen noch einmal aufgegriffen und beschrieben, zum anderen werden nicht zwingende gesetzliche Regelungen abgeändert, mitunter sogar ins Gegenteil verkehrt. Oft sind diese Bestimmungen im Mietvertrag unwirksam, weil Mieter hierdurch unangemessen benachteiligt werden. Ist das der Fall, gilt anstelle der unwirksamen Vertragsklausel automatisch die gesetzliche Regelung.

→ **TIPP** Auch der Deutsche Mieterbund gibt Mustermietverträge heraus. Einen leicht modifizierten DMB-Mietvertrag finden Sie auf den **Seiten F-7 bis F-16.** Die darin formulierten Vertragsklauseln sind mieterfreundlicher und orientieren sich stark am Gesetz.

Mündlich oder schriftlich?

Mietverträge können auch mündlich abgeschlossen werden. Sie laufen dann auf unbestimmte Zeit. Vorteil eines **mündlichen Mietvertrags** ist, dass sich alle Rechte und Pflichten der Vertragsparteien unmittelbar nach dem Gesetz richten, soweit nicht ausdrücklich und nachweisbar (!) etwas anderes vereinbart ist. Danach haben Mieter zum Beispiel nie etwas mit Schönheitsreparaturen oder Kleinreparaturen (→ Seite 93) oder in der Regel auch nichts mit Betriebskosten (→ Seite 47) zu tun. Nachteil des mündlichen Mietvertrags ist, dass leicht Streit zwischen Vermieter und Mieter entsteht über die Frage, was tatsächlich vereinbart wurde und gewollt war, vor allem wenn seit Vertragsabschluss etliche Jahre vergangen sind. Konsequenz ist, dass nahezu immer ein schriftlicher Mietvertrag abgeschlossen wird. Zwingend ist das, wenn ein **Zeitmietvertrag** (→ Seiten F-19 bis F-29) mit einer Laufzeit von mehr als zwölf Monaten, ein **Kündigungsausschluss** oder ein **Staffelmietvertrag** (→ Seiten F-31 bis F-40) beziehungsweise **Indexmietvertrag** (→ Seiten F-41 bis F-50) vereinbart wurde. Erläuterungen dazu finden Sie auf den Seiten F-3 bis F-5.

Die wichtigsten Punkte im Mietvertrag

Die wichtigsten Eckdaten in einem Mietvertrag sind die Vertragsparteien, der Mietgegenstand mit Angabe der Wohnfläche, die Höhe der Miete sowie die Angabe, wann das Mietverhältnis beginnt, und bei einem Zeitmietvertrag auch, wann das Mietverhältnis endet.

Die Vertragsparteien

Natürlich muss im Mietvertrag an erster Stelle geregelt werden, wer **Vermieter** und wer **Mieter** ist. **Der Name des Vermieters der Wohnung** – gleichgültig, ob eine Wohnungsbaugesellschaft oder eine Privatperson – muss aufgeführt werden, am besten mit vollständiger Anschrift und Telefonnummer für eventuelle Rückfragen, Beanstandungen usw., die sich im Lauf der Mietzeit ergeben könnten. Bei **Ehepaaren** können auch beide gemeinsam als Vermieter auftreten und den Mietvertrag unterschreiben.

Auf der Mieterseite muss derjenige genannt werden, der die Wohnung anmietet. Dieser **Mieter** hat dann alle Rechte und Pflichten aus dem Mietvertragsverhältnis. Ziehen mehrere Personen, zum Beispiel ein Ehepaar, in die Wohnung, reicht es aus, wenn einer als Mieter im Mietvertrag genannt wird und den Mietvertrag unterschreibt. Er ist dann der Ansprechpartner für den Vermieter, wenn es um Vertragsangelegenheiten geht, um Mietzahlung, Mieterhöhung oder Kündigung.

Werden beide Ehepartner im Vertrag als Mieter aufgeführt, muss der Vermieter seine Schreiben an beide Mieter richten, beide Ehepartner müssen gemeinsam ihre Mieterrechte wahrnehmen. Wer zunächst allein in die Wohnung zieht und den Mietvertrag unterschreibt und dann einen Partner nachziehen lässt, muss keinen neuen Mietvertrag abschließen oder den Partner im Mietvertrag nachtragen lassen.

Bei **Wohngemeinschaften** sieht das etwas anders aus: Mehrere Personen können zusammen als Wohngemeinschaft eine Wohnung anmieten. Dann haben alle die gleichen Rechte und Pflichten. Im Verhältnis zum Vermieter sind sie alle zur

Mietzahlung verpflichtet. Ob es eine interne Regelung zur Kostenverteilung gibt, muss den Vermieter nicht interessieren. Er hat Anspruch auf die volle Miete, die er gegenüber jedem einzelnen Mieter fordern kann.

Probleme kann es geben, wenn einzelne WG-Mitglieder ausziehen wollen. Der gemeinsam abgeschlossene Mietvertrag kann in der Regel auch nur gemeinsam gekündigt werden. Ist eine Vereinbarung zwischen den WG-Mitgliedern, die wohnen bleiben wollen, und dem Vermieter nicht möglich, muss derjenige, der ausziehen will, notfalls die anderen WG-Mitglieder auf Abgabe einer gemeinsamen Kündigung verklagen.

Haben mehrere Mieter, die eine WG bilden, einen Mietvertrag unterschrieben, haben sie nicht automatisch das Recht, vom Vermieter die Zustimmung zum Austausch eines oder mehrerer Mitmieter zu verlangen. Enthält der Mietvertrag keine Regelung hinsichtlich des Wechsels auf der Mieterseite, ist ein Anspruch auf Zustimmung zum Austausch nur ausnahmsweise gegeben. Voraussetzung ist ein übereinstimmender Willen der Vertragsparteien bei Vertragsschluss (BGH, Az. VIII ZR 304/21).

Wenn eine Wohngemeinschaft anmietet, sollte deshalb im Mietvertrag aufgeführt werden, dass an eine Wohngemeinschaft – bestehend aus den Mietern X, Y und Z – vermietet wird. Sicherheitshalber kann zusätzlich vereinbart werden, dass die Wohngemeinschaft berechtigt ist, einzelne Mieter auszutauschen. § 20 des DMB-Mietvertrags (→ Seite F-15) enthält eine Regelung, die den Auszug einzelner WG-Mitglieder ermöglicht. § 10 betrifft den Wechsel einzelner WG-Mitglieder.

Ist von Anfang an im Mietvertrag nur ein Mitglied der Wohngemeinschaft als Mieter aufgeführt, können diese Probleme nicht auftreten. Er ist alleiniger Mieter, entscheidet allein, ob das Mietverhältnis beendet wird oder nicht. Die anderen WG-Mitglieder sind Untermieter, müssen entsprechende Untermietverträge mit dem (Haupt-)Mieter abschließen. Zulässig ist diese Wohngemeinschaftskonstruktion nur, wenn der Vermieter von Anfang an informiert war und damit einverstanden ist oder wenn der Mieter erst nach Abschluss des Mietvertrags auf die Idee kommt, eine Wohngemeinschaft zu gründen. Hat er vernünftige und nachvollziehbare Gründe, muss der Vermieter dann der gewünschten Untervermietung zustimmen.

§ URTEIL

Untervermietung

Hat der Mieter ein berechtigtes Interesse, einen Teil seiner Wohnung unterzuvermieten, muss der Vermieter das erlauben. Verweigert er die Zustimmung, macht er sich schadensersatzpflichtig (BGH, Az. VIII ZR 349/13).

Der Mietgegenstand

Hier, beispielsweise in § 1 des DMB-Mietvertrags (→ Seite F-7), wird **die Mietsache** selbst festgelegt und beschrieben. Der Ort der Mietwohnung, unter anderem die Lage der Wohnung im Haus sowie die Anzahl der Zimmer, werden hier festgehalten. Wird ein Garten mitvermietet oder Kellerräume, Trockenräume, Garage oder Stellplatz, ist das hier aufzuführen. Diesen so beschriebenen und definierten Mietgegenstand muss der Vermieter während der gesamten Mietzeit zur Verfügung stellen. Wird die Wohnung mit Einbauküche vermietet, ist auch das im Mietvertrag festzuhalten. Bei Defekten an technischen Geräten muss der Vermieter für die Reparatur oder den Austausch der Geräte sorgen.

§ URTEIL

Zwei Verträge

Werden der Wohnraummietvertrag und ein Mietvertrag über eine Garage oder einen Stellplatz separat voneinander abgeschlossen, spricht eine tatsächliche Vermutung für die rechtliche Selbstständigkeit beider Verträge (BGH, Az. VIII ZR 94/20).

Die Angabe zur **Wohnfläche** ist nicht zwingend, aber sinnvoll. Die Wohnungsgröße ist zum Beispiel für die Festlegung der Miete, für spätere Mieterhöhungen oder für die Abrechnung der Betriebskosten wichtig.

Zur Ermittlung der Wohnfläche wird in aller Regel auf die sogenannte **Wohnflächenverordnung** zurückgegriffen. Danach zählen zur Wohnfläche die Grundflächen aller Räume innerhalb der Wohnung, einschließlich Wintergarten, Terrasse oder Balkon. Nicht dazu gehören Kellerräume, Speicher, Garage, Gartenflächen und so weiter, also Flächen außerhalb der eigentlichen Wohnung.

§ URTEIL

Nachmessen?

Der Mieter ist nicht verpflichtet, nach dem Bezug der Wohnung (oder bei der Nutzung) die Wohnfläche nachzumessen (BGH, Az. VIII ZR 61/23).

Die **Grundflächen in der Wohnung** werden voll angerechnet, wenn die Zimmer oder Raumteile mindestens zwei Meter hoch sind. Raumteile zwischen einem und zwei Metern zählen zur Hälfte und Raumteile unter einem Meter gar nicht mit. Die Flächen von Balkonen, Terrassen und so weiter zählen normalerweise zu einem Viertel mit, bei einer besonders guten Lage zur Hälfte.

Ist die Wohnung tatsächlich kleiner als im Mietvertrag angegeben, wirkt sich dieser Fehler bei der Miethöhe nur aus, wenn die Differenz bei der Wohnungsgröße mehr als 10 Prozent zum Nachteil des Mieters ausmacht. Dann kann er eine Reduzierung der Miete fordern. Diese **„10-Prozent-Toleranzgrenze“** gilt nicht für Mieterhöhungen und auch nicht für Betriebskostenabrechnungen. Hier zählt immer nur die tatsächliche Wohnfläche.

§ URTEIL

Mieterrechte

Ist die Wohnung tatsächlich mehr als 10 Prozent kleiner als im Mietvertrag angegeben, kann der Mieter die Miete mindern, fristlos kündigen und/oder Rückzahlung zu viel gezahlter Mieten fordern (BGH, Az. VIII ZR 142/08).

Die Miethöhe

Fast immer wird im Mietvertrag eine Nettokaltmiete vereinbart. Das bedeutet, Betriebskosten, wie Wasser, Abwasser, Grundsteuer und so weiter, aber auch Heizkosten kommen noch zur Miete hinzu.

Die eigentliche Miete, die **Nettokaltmiete**, kann grundsätzlich zwischen Mieter und Vermieter frei vereinbart werden. Dieser „Vertragsfreiheit“ werden mit Einführung der sogenannten Mietpreisbremse (→ Seite 41) Grenzen gesetzt. Der Vermieter darf danach – von Ausnahmen abgesehen – nur noch die ortsübliche Vergleichsmiete zuzüglich 10 Prozent fordern. Die Mietpreisbremse gilt aktuell in 13 Bundesländern und mehr als 400 Städten www.mieterbund.de.

In Städten ohne Mietpreisbremse können Vermieter bei Vertragsabschluss praktisch so hohe Mieten fordern, wie sie wollen. Wuchervorschriften im Gesetz schützen Mieter kaum. Zwar ist die Forderung einer unangemessenen Miete (Vergleichsmiete plus mehr als 20 Prozent) verboten, aber der Vermieter muss gleichzeitig ein geringes Angebot an vergleichbaren Wohnungen ausnutzen. Dieser Nachweis ist kaum möglich.

Soweit im Mietvertrag das Mieterhöhungsrecht nicht zumindest zeitlich befristet ausgeschlossen ist, kann der Vermieter die Miete auf die **ortsübliche Vergleichsmiete** anheben (→ Seite 33). Alternativ hierzu kann aber auch von vornherein eine **Staffelmiete** (→ Seiten F-31 bis F-40) oder **Indexmiete** (→ Seiten F-41 bis F-50) vereinbart werden. In diesen Fällen steigt die Miete regelmäßig um einen im Voraus festgelegten Betrag beziehungsweise richtet sich nach der Entwicklung des Verbraucherpreisindex, also praktisch nach der Inflationsrate.

Zum Gesamtpreis, der für die Wohnung zu zahlen ist, gehören auch die Betriebskosten (→ Seite 47). Die einzelnen, zusätzlich zur Miete zu zahlenden Betriebskostenarten können im DMB-Mietvertrag (→ Seiten F-7 bis F-16) unter § 3 Ziffer 2 eingesetzt werden. Die Kosten für die Heizung und gegebenenfalls für Warmwasser werden immer zusätzlich in Rechnung gestellt, soweit die Kosten verbrauchsabhängig abgerechnet werden (→ Seite 52).

§ URTEIL

Berufliche oder gewerbliche Nutzung der Wohnung kann verboten werden

Vermieter dürfen die berufliche oder gewerbliche Nutzung einer Mietwohnung verbieten, beispielsweise wenn es zu Lärmstörungen und Streit im Haus kommt. Letztlich droht dem störenden Mieter sogar eine Kündigung (BGH, Az. VIII ZR 213/12).

Für die **Zahlung der Betriebskosten** kann im Mietvertrag eine monatliche Pauschale vereinbart werden (Ausnahme: verbrauchsabhängig abzurechnende Heizkosten) oder eine monatliche Vorauszahlung. **Vorauszahlungen** dürfen nur in angemessener Höhe vereinbart werden. Sie können aber zu niedrig festgesetzt werden. Was sich zunächst als Vorteil für den Mieter darstellt, entpuppt sich spätestens bei der ersten Abrechnung der Betriebskosten als Nachteil, wenn hohe Nachforderungen auf den Mieter zukommen. Deshalb sollten sich Mieter vor Abschluss des Mietvertrags vergewissern, ob die Vorauszahlungen realistisch sind.

„Gibt es ein allgemeingültiges und verbindliches Mietvertragsformular?“

Nein. Es gibt Hunderte von verschiedenen Vertragsformularen. Egal, ob sie Mustermietvertrag oder Einheitsmietvertrag heißen, allgemein gültig und verbindlich sind sie nicht. Die meisten Mietvertragsformulare werden von Vermieter- und Eigentümerorganisationen herausgegeben und berücksichtigen sehr stark die Interessen der Vermieter. Der Mietvertrag des Deutschen Mieterbunds (DMB) ist dagegen mieterfreundlicher beziehungsweise orientiert sich an den gesetzlichen Regelungen.

Beginn und Dauer des Mietverhältnisses

Ab dem im Mietvertrag festgelegten Beginn des Mietverhältnisses muss Miete gezahlt werden. Der typische **unbefristete Mietvertrag** (→ Seiten F-7 bis F-16) läuft so lange, bis der Mieter kündigt (→ Seite 109) oder der Vermieter unter Angabe eines Kündigungsgrunds, zum Beispiel **Eigenbedarf**, kündigt (→ Seite 123). Dabei sind immer die **gesetzlichen Kündigungsfristen** zu beachten: drei Monate bei der Mieterkündigung, es sei denn, im Mietvertrag ist eine kürzere Frist vereinbart worden, beziehungsweise drei bis neun Monate, bei alten Mietverträgen unter Umständen zwölf Monate, für die Vermieterkündigung, abhängig von der Dauer des Mietverhältnisses.

§ URTEIL

Kündigungsverzicht des Vermieters immer schriftlich

Für Mieter in einem Einfamilienhaus oder einer Eigentumswohnung bestehen deutlich höhere Risiken, wegen Eigenbedarfs des Vermieters gekündigt zu werden. Sinnvoll ist es deshalb, beim Abschluss des Mietvertrags zu vereinbaren, dass der Vermieter auf die Kündigungsmöglichkeit wegen Eigenbedarfs oder wegen Hinderung angemessener wirtschaftlicher Verwertung verzichtet. Nach einer Entscheidung des Bundesgerichtshofs (BGH, Az. VIII ZR 235/11) ist ein derartiger Kündigungsverzicht aber nur wirksam, wenn er schriftlich erfolgt und Bestandteil des Mietvertrags ist.

Im Mietvertrag kann das Kündigungsrecht der Vertragsparteien beziehungsweise des Vermieters auch zeitlich befristet ausgeschlossen werden. Ein derartiger **Kündigungsausschluss oder Kündigungsverzicht** ist längstens für vier Jahre möglich. Gerechnet wird dabei vom Zeitpunkt des Vertragsabschlusses (nicht Mietbeginns) bis zum Ende der Kündigungsfrist.

§ URTEIL

Höchstens vier Jahre

Ein Kündigungsverzicht oder Kündigungsausschluss über einen Zeitraum von mehr als vier Jahren ist unzulässig. Gerechnet wird vom Abschluss des Mietvertrags bis zur Beendigung, das heißt, die Kündigungsfrist muss eingerechnet werden (BGH, Az. VIII ZR 86/10).

Trotz Kündigungsverzichts oder -ausschlusses bleibt der Mietvertrag ein unbefristeter Mietvertrag, der nur mit einer Kündigung beendet werden kann. Die einzige Besonderheit ist, dass in den ersten Jahren nicht gekündigt werden darf.

Per Individualvereinbarung – dazu muss der Inhalt der Vertragsklausel tatsächlich zwischen Mieter und Vermieter für den konkreten Einzelfall ausgehandelt werden – kann der Kündigungsverzicht

§ URTEIL

Individualvereinbarung

Mieter und Vermieter können individuell vereinbaren, das heißt aushandeln, dass die Regelung über den Kündigungsverzicht zehn Jahre lang gelten soll (BGH, Az. VIII ZR 98/10) oder sogar dauerhaft (BGH, Az. VIII ZR 200/17). Kann der Mieter zwischen mehreren anzukreuzenden Vertragsbedingungen wählen, ist das keine Individualvereinbarung (BGH, Az. VIII ZR 79/22).

§ URTEIL

Zwangsversteigerung

Achtung: Der vertraglich vereinbarte Kündigungsausschluss gilt nicht, wenn die Mietwohnung zwangsversteigert wird, gegenüber dem Ersteher (BGH, Az. VIII ZR 76/20).

auch ohne zeitliche Befristung, das heißt für die Dauer des Mietverhältnisses, abgeschlossen werden.

Alternativ zu einem unbefristeten Mietvertrag können Mieter und Vermieter auch einen **Zeitmietvertrag** abschließen. Dazu reicht es nicht aus, eine **konkrete Laufzeit** im Mietvertrag **oder ein festes Vertragsende** zu vereinbaren. Derartige Mietverträge werden rechtlich wie unbefristete Mietverträge behandelt. Zulässig sind nur qualifizierte Zeitmietverträge, in denen zusätzlich zur Befristung ein konkreter Grund für die Befristung genannt wird. Ein Beispiel eines befristeten Mietvertrags finden Sie ab **Seite F-19.**

Während der Laufzeit eines Zeitmietvertrags können Mieterhöhungen ausgeschlossen werden, wie § 3 des befristeten Mietvertrags **(→ Seite F-21)** zeigt. Allerdings sind qualifizierte Zeitmietverträge auch als Staffel- oder Indexmietverträge möglich.

Nicht nur Vermieter sind an einen befristeten Zeitmietvertrag gebunden, auch Mieter. Eine Kündigung während der Laufzeit des Vertrags ist ausgeschlossen. Deshalb sollten Mieter darauf drängen, eine **Nachmieterregelung** im Mietvertrag aufzunehmen, die es ihnen ermöglicht, schon vor Zeitablauf des Mietvertrags das Mietverhältnis zu beenden wie zum Beispiel im befristeten Mietvertrag, § 2 Ziffer 6 **(→ Seite F-21).**

Weitere Regelungen im Mietvertrag

Neben den oben genannten vier wichtigsten Punkten wird in Mietverträgen zusätzlich noch eine ganze Reihe von weiteren Fragen angesprochen, werden Rechte und Pflichten der Vertragsparteien beschrieben.

Der DMB-Mietvertrag auf den **Seiten F-7 bis F-16** beispielsweise regelt außerdem folgende Punkte:

Wohnungsmängel: § 7 des DMB-Mietvertrags orientiert sich an den gesetzlichen Regelungen und gibt eine Kurzinformation über Mieterrechte und -pflichten bei Wohnungsmängeln **(→ Seite F-10).** Das Recht zur Mietminderung ist zwingendes Recht, das heißt, im Mietvertrag darf hierzu keine für den Mieter zu seinem Nachteil abweichende Regelung vereinbart werden.

Instandhaltung, Instandsetzung und Modernisierung: Nach dem Gesetz ist der Vermieter verpflichtet, das Haus oder die vermietete Wohnung instand zu halten und gegebenenfalls instand zu setzen, also zu reparieren. Im Gegenzug ist der

Formular eines Standard-Mietvertrags mit Erläuterungen (→ Seite F-3 ff.)

Weiterhin stellen wir auf den Seiten F-17 bis Seiten F-50 eine Standard-Hausordnung sowie weitere Mietvertragsformulare wie Zeitmietvertrag, Staffelmietvertrag und Indexmietvertrag bereit.

Erläuterungen und Hinweise zu den einzelnen Verträgen finden Sie auf den Seiten F-3 bis F-5.

„Kann man einen Mietvertrag, der offensichtlich unwirksame Regelungen enthält, bedenkenlos unterschreiben?“

Ja. Ist die Klausel im Mietvertrag unwirksam, ist die Regelung rechtlich nicht existent. Der Mietvertrag enthält hier einen „weißen Fleck“. Anstelle der unwirksamen Klausel tritt die gesetzliche Regelung. Wer den Vermieter schon vor Abschluss des Mietvertrags auf eine unwirksame Klausel aufmerksam macht, riskiert, dass der Vermieter die Klausel nachbessert. Aber auch diese Regelung dürfte dann immer noch schlechter sein als die gesetzliche Regelung.

Mieter verpflichtet, derartige Arbeiten zu dulden. Diese Rechtslage ist in § 8 Absatz 1 des DMB-Mietvertrags (→ Seite F-11) noch einmal festgehalten. Die nachfolgenden Absätze 2 bis 4 fassen die wesentlichen Grundsätze des Modernisierungsrechts zusammen (→ Seite 59). Auch hier orientieren sich die Vertragsregelungen stark an den überwiegend zwingenden gesetzlichen Vorschriften zur Vermietermodernisierung. Allerdings wird in § 8 Absatz 3 auch klargestellt, dass Aufwendungen, die der Mieter während der Bauarbeiten hatte, der Vermieter zu ersetzen hat und er diese Kosten nicht über eine Mieterhöhung gleich wieder auf den Mieter abwälzen darf. Insbesondere bei größeren Modernisierungsmaßnahmen sollte versucht werden, eine spezielle **Modernisierungsvereinbarung** mit dem Vermieter abzuschließen (→ Seite F-91).

Mietermodernisierung: § 9 des DMB-Mietvertrags regelt Fragen der Mietermodernisierung (→ Seite 73). Absatz 2 beschreibt die Sonderfälle, dass der Mieter bauliche Maßnahmen vornehmen will, um Barrieren zu reduzieren, Balkonkraftwerke anzubringen, um Ladestationen für elektrisch betriebene Fahrzeuge einzurichten oder den Einbruchschutz zu verbessern.

Die nachfolgenden Absätze geben einen ersten Überblick über Rechte, Pflichten und auch Risiken, wenn der Mieter in die Mietsache investieren und bauliche Veränderungen vornehmen will. Auch hier empfiehlt es sich, bei größeren Investitionen eine zusätzliche Vereinbarung mit dem Vermieter zu schließen (→ Seite F-85).

Haustiere: Ob und inwieweit Mieter Haustiere in der Wohnung halten dürfen, wird typischerweise im Mietvertrag geregelt. Kleintiere sind immer erlaubt. Das sind zum Beispiel Wellensittiche, Hamster, Schildkröten oder Zierfische. Wird im Mietvertrag die Tierhaltung generell ausgeschlossen oder verboten oder jegliche Tierhaltung immer von einer Erlaubnis des Vermieters abhängig gemacht, ist eine solche Vertragsklausel unwirksam. Die Haltung von Kleintieren kann nicht verboten werden, einer Erlaubnis des Vermieters bedarf es nicht (§ 12 DMB-Mietvertrag).

Enthält der Mietvertrag keine Regelung zur Tierhaltung beziehungsweise speziell zur Hunde- oder Katzenhaltung, kommt es auf den Einzelfall an, ob die Haltung eines Hundes oder einer Katze vertragsgemäß ist oder nicht. Das Gleiche gilt, wenn im Mietvertrag eine unwirksame Haustierklausel vereinbart ist, und auch dann, wenn die Frage, ob Hund oder Katze mit einziehen dürfen, von einer vorherigen Zustimmung des Vermieters abhängig gemacht wird. Dann kann der Vermieter nicht einfach argumentieren: „Ein Hund kommt mir nicht ins Haus.“

Er kann auch nicht nach völlig freiem Ermessen, praktisch willkürlich, entscheiden, ob er einen Hund oder eine Katze im Haus akzeptiert oder nicht. Vielmehr muss er bei seiner Entscheidung zwischen seinen Interessen, den Mieterinteressen und denen der Nachbarn abwägen. Dabei kommt es zum Beispiel auf Art, Größe, Verhalten und Anzahl der Tiere an, auf Größe und Zustand der Wohnung sowie des Hauses. Alter und Interessen der Nachbarn spielen eine Rolle, die bisherige Handhabung des Vermieters und die besonderen Interessen und Bedürfnisse des Mieters, der einen Hund oder eine Katze halten will.

→ **TIPP** Wer mit Hund oder Katze oder sogar exotischen Haustieren auf Wohnungssuche geht, sollte von Anfang an mit offenen Karten spielen. Das Haustier zu verschweigen, macht keinen Sinn. Spätestens beim Vertragsabschluss muss in aller Regel die Zustimmung des Vermieters eingeholt werden, es sei denn, im Mietvertrag ist die Hunde- oder Katzenhaltung grundsätzlich erlaubt.

Garten: Ist der Garten mitvermietet, dürfen Mieter ihn so nutzen, wie sie wollen. Sie können Liegestühle, Gartenmöbel oder Sonnenschirme aufstellen, ein Gemüsebeet oder einen Komposthaufen anlegen, Gartenzwerge, Planschbecken, Hundehütte, Sandkasten oder Schaukel aufstellen, Blumen oder Sträucher pflanzen.

Zumindest bei Einfamilienhäusern gilt der Garten immer als mitvermietet, es sei denn, im Mietvertrag wird ausdrücklich etwas anderes vereinbart.

Bei Mehrfamilienhäusern muss dies im Mietvertrag ausdrücklich vereinbart werden. Ist der Garten nur an einen einzelnen Mieter, zum Beispiel den Bewohner der Erdgeschosswohnung, vermietet, hat er vergleichbare „Gartenrechte" wie der Mieter eines Einfamilienhauses. Sind aber alle Mieter des Mehrfamilienhauses zur Gartennutzung berechtigt, müssen die sich hinsichtlich der Möblierung und Nutzung des Gartens absprechen. Gelingt dies nicht und enthält auch die Hausordnung keine entsprechenden Vorgaben, muss der Vermieter Regelungen zur Gartennutzung aufstellen.

In einem Mietvertrag – siehe § 13 des DMB-Mietvertrags (→ Seite F-13) – kann geregelt werden, wer die **Pflege des Gartens** übernimmt und wer die Gartengeräte und das Material bezahlt. Bei Einfamilienhäusern wird das häufig der Mieter sein. Bei Mehrfamilienhäusern kann der Vermieter die Pflege des Gartens übernehmen, er wird dann in aller Regel die Kosten über die Betriebskostenabrechnung (→ Seite 47) auf die Mieter abwälzen.

Es geht aber auch anders. Muss der mitvermietete Garten laut Mietvertrag vom Mieter gepflegt werden, heißt das vor allem Rasen mähen, Unkraut jäten und Beete umgraben. Normalerweise ist der Mieter nur für einfache Arbeiten verantwortlich. Der Vermieter darf dem Mieter keine Vorgaben machen, wie die Gartenpflege konkret auszusehen hat. Der Vermieter hat insoweit kein Direktionsrecht. Das gilt auch dann, wenn der Mieter völlig andere Vorstellungen von Gartengestaltung und -pflege als der Vermieter entwickelt.

Besichtigungs- und Zutrittsrecht: Der Vermieter darf keinen Zweitschlüssel für die Mieterwohnung besitzen. Er hat kein Recht, die vermietete Wohnung in Abwesenheit oder gegen den Willen des Mieters zu betreten. Für Notfälle, zum Beispiel bei einem Wasserrohrbruch in der Wohnung und wenn der Mieter dann wegen Urlaubs nicht erreichbar ist, ist es sinnvoll, dass der Mieter einen Zweitschlüssel bei Freunden oder Nachbarn hinterlegt und den Vermieter oder die Hausverwaltung entsprechend informiert. § 14 Abs. 2 des DMB-Mietvertrags (→ Seite F-14) weist darauf ausdrücklich hin.

Sonst darf der Vermieter die Mieterwohnung nur besichtigen oder betreten, wenn er dafür einen triftigen Grund hat. Dieses Recht hat er oder ein von ihm beauftragter Dritter, wenn

- → in der Mieterwohnung Reparaturen durchzuführen sind,
- → Mängel, die der Mieter angezeigt hat, begutachtet werden sollen,
- → die Heizkostenverteiler abgelesen werden müssen,
- → Modernisierungsarbeiten vorbereitet oder durchgeführt werden,
- → das Haus verkauft oder die Wohnung neu vermietet werden soll,
- → ein Gutachten für eine Mieterhöhung vorbereitet werden soll (BGH, Az. VIII ZR 77/23).

BEISPIEL

Zwingendes Recht

- → Mietpreisbremse,
- → Bestellerprinzip bei der Wohnungsvermittlung,
- → Fragen, ob der Mieter Modernisierungen dulden muss oder nicht,
- → Fragen, ob der Mieter einer Modernisierung widersprechen darf,
- → das Recht des Mieters zur fristlosen Kündigung,
- → das Recht zur Mietminderung (allerdings gibt es Einschränkungen, wenn der Vermieter energetisch modernisiert),
- → Kündigungsmöglichkeiten des Vermieters,
- → die Kündigungsfristen,
- → das Widerspruchsrecht des Mieters gegen eine Vermieterkündigung.

Der Vermieter muss seinen „Besuch“ rechtzeitig vorher ankündigen, zum Beispiel drei bis vier Tage vorher, und mit dem Mieter abstimmen. Dabei sind persönliche Hinderungsgründe auf Mieterseite oder dessen Arbeitszeiten zu berücksichtigen. Die Besichtigung der Wohnung eines berufstätigen Mieters an einem Samstagvormittag kann der Vermieter nicht deshalb ablehnen, weil seine Hausverwaltung nur von montags bis freitags arbeitet.

Zwingende gesetzliche Regelungen und unangemessene Klauseln

In den im Kasten (→ linke Spalte) genannten Beispielfällen gilt die gesetzliche Regelung zwingend. Hiervon darf „keinen Millimeter“ abgewichen werden. Zudem enthalten viele Mietverträge Klauseln, die entweder gegen geltendes Recht verstoßen oder den Mieter unangemessen benachteiligen.

ACHTUNG → Solche Regelungen im Mietvertrag sind unwirksam!

§ URTEILE

Unwirksam, da unangemessene Benachteiligung

- → Baden und Duschen nach 22 Uhr verboten.
- → Das Halten von Haustieren ist unzulässig.
- → Bei Beendigung des Mietverhältnisses sind Dübeleinsätze zu entfernen, Löcher ordnungsgemäß und unkenntlich zu verschließen, durchbohrte Kacheln durch gleichartige zu ersetzen.
- → Schönheitsreparaturen müssen von Fachhandwerkern ausgeführt werden.
- → Der Mieter zahlt dem Vermieter eine unverzinsliche Kaution.
- → Die Untervermietung an Dritte ist verboten.
- → Der Vermieter darf die Mieträume jederzeit betreten.
- → An allen Reparaturen beteiligt sich der Mieter mit 20 Prozent.

Kaution, Provision, Abstand und Ablöse

Mit der Anmietung der neuen Wohnung entstehen meistens zusätzliche Kosten, die schnell ein paar tausend Euro ausmachen können. Aber nicht immer sind die Forderungen des Vermieters, des Maklers oder des Vormieters berechtigt.

Für den schnellen Einstieg

Die Mietkaution

Die Mietkaution ist eine Sicherheitsleistung des Mieters. Sie soll den Vermieter für den Fall absichern, dass der Mieter seinen Pflichten während der Mietzeit beziehungsweise beim Auszug nicht ordnungsgemäß und vollständig nachkommt.

Automatisch muss kein Mieter eine Mietkaution zahlen. Voraussetzung ist eine Vereinbarung zwischen Mieter und Vermieter wie in § 21 des DMB-Mietvertrags (→ Seite F-15). Im Gesetz ist festgelegt, dass die Mietsicherheit **höchstens drei Monatsmieten** betragen darf, ohne die Vorauszahlungsbeträge für Betriebskosten. Im Mietvertrag wird neben der Höhe der Mietkaution auch geregelt, in welcher Form der Mieter die Sicherheitsleistung erbringen muss.

Barkaution

In den meisten Fällen vereinbaren Mieter und Vermieter eine sogenannte Barkaution. Dann übergibt oder überweist der Mieter den Kautionsbetrag an den Vermieter. Der muss den Geldbetrag bei einer Bank oder Sparkasse auf einem **Kautions- oder Sonderkonto**, getrennt von seinem übrigen Vermögen, zu dem für Spareinlagen mit dreimonatiger Kündigungsfrist üblichen Zinssatz anlegen. Die anfallenden Zinsen erhöhen den Kautionsbetrag. Wird die Mietkaution am Ende des Mietverhältnisses an den Mieter zurückgezahlt, dann mit Zins und Zinseszins.

Der Mieter ist berechtigt, den Kautionsbetrag in Raten zu zahlen. Die erste Rate wird mit Beginn des Mietverhältnisses fällig, die zweite und dritte Rate muss jeweils mit den nachfolgenden Mietzahlungen überwiesen werden.

§ URTEIL

Sonderkonto notwendig

Haben Mieter und Vermieter als Mietsicherheit eine Barkaution vereinbart, muss der Vermieter die ihm überlassene Geldsumme getrennt von seinem Vermögen bei einem Kreditinstitut anlegen. Dann ist die Kaution bei einer eventuellen Vermieterinsolvenz vor dem Zugriff der Gläubiger des Vermieters gesichert. Der Vermieter muss deshalb für die Kaution ein treuhänderisches Sonderkonto anlegen. Voraussetzung ist weiter, dass der Treuhandcharakter der Anlage für jeden Gläubiger des Vermieters erkennbar ist. Nur wenn die Kaution auf einem offen ausgewiesenen Sonderkonto (Mietkautionskonto) angelegt wird, sind zum Beispiel auch Pfandrecht, Aufrechnungs- und Zurückbehaltungsrechte der Banken ausgeschlossen (BGH, Az. VIII ZR 324/14).

→ **WICHTIG** Kommt es am Ende der Mietzeit zum Streit zwischen Vermieter und Mieter, ob überhaupt eine Kaution geleistet wurde, muss der Mieter die Zahlung nachweisen. Deshalb ist es wichtig, Bankbelege oder Quittungen des Vermieters über die Kautionszahlungen sorgfältig aufzubewahren.

Die Mietsicherheit muss aber nicht in Form einer Barkaution geleistet werden. Mieter und Vermieter sind bei der Wahl der Anlageform frei. Denkbar sind auch Aktien-, Renten- oder Immobilienfonds, theoretisch auch Goldbarren und so weiter. Diese Anlageformen bergen aber entweder ein mehr oder weniger großes (Verlust-)Risiko oder sie bieten keinen schnellen und unproblematischen Zugriff auf die Mietsicherheit. Bei spekulativen Anlagen besteht keine Nachschusspflicht, das heißt, bei fallenden Aktienkursen muss der Mieter das Aktiendepot nicht auffüllen. Bei steigenden Kursen muss der Vermieter nichts auszahlen, zumindest so lange, wie das Mietverhältnis noch läuft. Aber dann! Der Vermieter muss nach Beendigung die Aktien unabhängig von den eingetretenen Kursgewinnen herausgeben. In einem Fall des Amtsgerichts Köln (Az. 203 C 199/21) war der ursprüngliche Aktienwert von 800 DM beziehungsweise 400 Euro auf 115.648 Euro geklettert. Realistisch und in der Praxis auch durchaus üblich sind dagegen die folgenden Kautionsformen.

Bankbürgschaft

Hier stellt der Mieter als Sicherheit eine Bürgschaft seiner Bank oder Sparkasse in Höhe der Kautionssumme. Das Geldinstitut wird dann gegebenenfalls Vermieterforderungen bis zur Höhe des verbürgten Betrags erfüllen. Der Mieter muss den entsprechenden Betrag anschließend seiner Bank zurückzahlen.

Kautionsbürgschaft oder -versicherung

Da nicht alle Geldinstitute bei Wohnraummietverhältnissen eine Bankbürgschaft anbieten, haben einzelne Versicherungen diesen Geschäftsbereich für sich entdeckt und bieten Kautionsbürgschaften an. Inhaltlich gibt es keinen Unterschied zur Bankbürgschaft. Gegen eine Gebühr verbürgt sich eine Versicherung statt eines Geldinstituts für eventuelle Vermieterforderungen. Muss die Versicherung an den Vermieter zahlen, holt sie sich das Geld beim Mieter danach zurück.

Verpfändetes Sparbuch

Bei dieser Kautionsform wird ein „Sparbuch" mit dem Kautionsbetrag auf den Namen des Mieters angelegt. Dann verpfändet der Mieter das „Sparbuch" an den Vermieter, das heißt, er übergibt das Sparbuch zusammen mit einer Verpfändungserklärung, die bei den Geldinstituten erhältlich ist, seinem Vermieter.

→ **WICHTIG** Egal, ob Barkaution, Bürgschaft oder verpfändetes Sparbuch – die Mietsicherheit darf höchstens drei Monatsmieten betragen. Der Vermieter darf auch nicht zusätzlich zur Barkaution über drei Monatsmieten noch eine Bürgschaft fordern.

Hiervon gibt es aber eine Ausnahme, und zwar freiwillige Bürgschaften, zum Beispiel Elternbürgschaften. Bieten Eltern zusätzlich zur Mietkaution noch freiwillig eine Bürgschaft für ihre Kinder an, die zum Beispiel noch über kein geregeltes Einkommen verfügen und so kaum eine Chance hätten, eine Wohnung zu bekommen, ist die zusätzliche Bürgschaft zulässig. Die „Freiwilligkeit" muss der Vermieter nachweisen.

§ URTEIL

Zwangsversteigerung

Endet das Mietverhältnis, muss der aktuelle Eigentümer und Vermieter die Mietkaution an den Mieter zurückzahlen. Das gilt auch dann, wenn der jetzige Eigentümer und Vermieter das Haus in der Zwangsversteigerung erworben und der frühere, insolvent gewordene Eigentümer und Vermieter die Mietsicherheit zwar vom Mieter erhalten, aber nicht insolvenzfest auf einem Sonderkonto angelegt hat. Ob der Ersteigerer den Kautionsbetrag erhalten hat oder nicht, spielt keine Rolle (BGH, Az. XII ZR 13/10).

„Wann darf der Vermieter auf die Mietsicherheit zurückgreifen?“

Der Vermieter wird sich in der Regel nach Beendigung des Mietverhältnisses aus der Kaution bedienen, wenn er noch Ansprüche gegenüber seinem ehemaligen Mieter hat. Er kann auch schon während der Mietzeit auf die Kaution zurückgreifen. Voraussetzung ist aber, dass der Vermieter einen unstreitigen oder rechtskräftig festgestellten Anspruch hat.

Rückzahlung der Mietkaution

Nach Beendigung des Mietverhältnisses muss der Vermieter die Mietkaution mit Zins und Zinseszins so schnell wie möglich zurückzahlen beziehungsweise die Bürgschaftsurkunde oder Verpfändungserklärung zurückgeben. Voraussetzung ist, dass er keine Ansprüche mehr gegenüber seinem Mieter hat. Ist das am Ende der Mietzeit nicht eindeutig feststellbar, hat der Vermieter zur Abklärung dieser Frage eine „angemessene“ Frist von drei Monaten, wie beispielsweise in § 21 des DMB-Mietvertrags (→ **Seite F-16**), in komplizierten Fällen auch schon einmal von sechs oder gar neun Monaten. Spätestens dann muss der Vermieter aber über die Kaution abrechnen und die Mietsicherheit abzüglich eventueller Gegenansprüche auszahlen und zurückgeben. Steht noch eine Betriebs- und Heizkostenabrechnung aus und erwartet der Vermieter daraus eine Nachzahlung, kann er einen entsprechend hohen Anteil der Kaution so lange zurückhalten, bis er über die Betriebskosten endgültig abgerechnet hat.

§ URTEIL

Zugriff auf Kaution

Im laufenden Mietverhältnis darf der Vermieter nur auf die Kaution zurückgreifen, wenn seine Forderung unstreitig oder rechtskräftig festgestellt ist (BGH, Az. VIII ZR 234/13). Nach Beendigung des Mietverhältnisses darf der Vermieter sich auch wegen streitiger Forderungen aus der Kaution bedienen (BGH, Az. VIII ZR 141/17).

§ URTEIL

Hausverkauf

Wer muss die Kaution zurückzahlen? Der Hausverkäufer, das heißt der alte/frühere Vermieter des Mieters, muss nach Beendigung des Mietverhältnisses die Mietkaution nur dann zurückzahlen, wenn der Mieter die Kaution von dem Käufer des Hauses, dem neuen Vermieter, nicht erlangen kann (BGH, Az. VIII ZR 143/12). Das bedeutet, der Mieter muss zunächst seinen aktuellen Vertragspartner in Anspruch nehmen, zumindest solange dies nicht aussichtslos erscheint, zum Beispiel wegen Zwangsverwaltung und Kontopfändung. Dann erst kann er sich an den früheren Vermieter halten, es sei denn, der Mieter hat hierauf laut Vertrag (Individualvereinbarung) verzichtet.

Die Maklerprovision

Früher war es üblich, dass die Maklerprovision vom Mieter getragen wurde. Diese Zeiten sind zum Glück vorbei. Selbst wenn der Makler Besichtigungs- oder andere Entgelte verlangt: Wer den Makler bestellt, der muss zahlen. Nur wenn Mieter selbst einen Makler beauftragt haben, fallen auch für sie Kosten an.

Seit dem 1. Juni 2015 gilt auch bei der Wohnungsvermittlung das sogenannte **Bestellerprinzip**. Während bis dahin in aller Regel der Mieter den Makler zahlen musste und zwei Monatsmieten plus Mehrwertsteuer fällig wurden, wenn ein Mietvertrag unter Einschaltung eines Maklers zustande kam, müssen Mieter heute nur noch ausnahmsweise für den Makler zahlen. **Im Regelfall zahlt jetzt der Vermieter als Auftraggeber des Maklers und Besteller der Leistung die Provision.** Das gilt für alle Fälle, in denen sich der Vermieter an einen Makler wendet und ihm dem Auftrag erteilt, einen Mieter für seine Wohnung zu suchen.

Mieter müssen eine Maklerprovision allenfalls noch zahlen, wenn sie den Makler selbst beauftragt haben – schriftlich oder in Textform – und der Makler dann ausschließlich aufgrund dieses Auftrags tätig wurde und eine Wohnung beschafft hat, über die anschließend ein Mietvertrag zustande kommt. Voraussetzung ist also, dass der Makler nach Beauftragung durch den Mieter tätig geworden ist – beispielsweise eine Anzeige geschaltet hat und sich daraufhin ein Vermieter mit einer passenden Wohnung meldet. Beweispflichtig für diesen Ablauf ist der Makler.

Gleichgültig, ob ein Mieter einen Maklerauftrag unterschrieben hat oder nicht, er muss nicht zahlen, wenn der Makler die vermittelte Wohnung bei Auftragserteilung schon in seiner Kartei hatte, zum Beispiel aufgrund eines vorherigen Vermittlungsauftrags des Vermieters. Das Gleiche gilt, wenn der Mieter bei einer Wohnungsbesichtigung einen Maklerauftrag unterschreiben soll. Offensichtlicher geht es gar nicht mehr. Hier hat der Makler eben nicht aufgrund des Mieterauftrags mit der Wohnungssuche für ihn begonnen, sondern der Makler hatte die jetzt zur Besichtigung stehende Wohnung schon vorher „an der Hand", natürlich aufgrund eines Vermieterauftrags.

§ URTEIL

Serviceentgelt

Wohnungsvermittler oder Makler dürfen nur ein erfolgsabhängiges Entgelt verlangen. Das heißt, nur wenn es tatsächlich zum Abschluss eines Mietvertrags gekommen ist, können sie für ihre Leistungen Geld fordern. Ein erfolgsunabhängiges „Serviceentgelt" kann der Wohnungssuchende zurückfordern. Der Anspruch verjährt nach drei Jahren (BGH, Az. III ZR 153/09).

Die gesetzliche Regelung kann auch nicht dadurch umgangen werden, dass Makler diverse Gebühren – Besichtigungs-, Reservierungs-, Bearbei-

„Darf der Makler von mir eine Schufa-Auskunft verlangen?“

Eigentlich nicht. Der Vermieter kann, wenn er sich für einen Wohnungsinteressenten als künftigen Mieter entschieden hat, sich noch einmal absichern und mithilfe einer Schufa-Auskunft versuchen abzuklären, ob der Mieter zahlungsfähig und -willig ist. Er kann aber nicht von Dutzenden Wohnungssuchenden, die sich für die Wohnung interessieren, vorab eine Schufa-Auskunft verlangen. Aber viele Vermieter umgehen die gesetzlichen Regelungen und fordern von Wohnungsinteressenten eine Selbstauskunft und/oder Mieter bieten „freiwillig“ eine Schufa-Auskunft an.

tungsgebühren und so weiter – fordern. Wer bestellt, der zahlt. Das gilt für die Provision und auch für eventuell anfallende Gebühren.

Hat der Mieter zu Unrecht eine Maklerprovision gezahlt, kann er sein Geld vom Makler zurückfordern. Sein Anspruch verjährt nach drei Jahren.

Ist der Mieter aber tatsächlich Auftraggeber des Maklers und beginnt dieser aufgrund dieses Auftrags mit der Wohnungssuche, muss der Mieter Provision zahlen, wenn der Makler erfolgreich gearbeitet hat.

Voraussetzung ist ein Maklervertrag, in dem unter anderem die Provision vereinbart ist. Sie darf höchstens zwei Monatsmieten plus Mehrwertsteuer betragen. Weitere Voraussetzung ist, dass aufgrund der Maklertätigkeit tatsächlich eine Wohnung gefunden wurde und es zum Abschluss des Mietvertrags mit dem Vermieter gekommen ist.

Kein Anspruch auf eine Provision besteht selbst dann, wenn der „Vermittler“ gleichzeitig Eigentümer, Verwalter, Mieter oder Vermieter ist oder es rechtliche bzw. wirtschaftliche Verflechtungen mit diesem Personen- oder Firmenkreis gibt. Auch für die Vermittlung von öffentlich geförderten Wohnungen gibt es keine Provision.

Aber: Möglicherweise hat der Wohnungssuchende wie bei anderen Verbraucherverträgen auch ein Widerrufsrecht. Dann kann der Mieter und Wohnungssuchende seine Willenserklärung, also seine Unterschrift unter den Maklervertrag, innerhalb von 14 Tagen widerrufen. Er muss dann nicht zahlen. Wurde im Maklervertrag nicht über das Widerrufsrecht belehrt, erlischt dieses Verbraucherrecht erst nach 12 Monaten und 14 Tagen.

Mietvertragsformulare mit Erläuterungen (→ Seite F-1 ff.)

Im zweiten Teil des Handbuchs finden Sie von **Seite F-7** bis **Seite F-41** Beispielformulare verschiedener Standard-Mietverträge, der jeweilige § 21 regelt die Kaution.

Erläuterungen zu den Mietverträgen finden Sie ab **Seite F-3**.

Abstand und Ablöse

Unter „Abstand“ ist ein Geldbetrag zu verstehen, der für das bloße Freimachen der Wohnung gefordert wird. Abstandsforderungen sind nach dem Wohnungsvermittlungsgesetz unzulässig – gleichgültig, ob sie ein Vermieter, Vormieter oder Makler erhebt.

Der bisherige Mieter der Wohnung, der mit Zustimmung des Vermieters einen Nachmieter sucht, darf keinen Abstand, keine „Auszugsprämie“ oder „Maklerprovision“ verlangen. Erlaubt ist lediglich die Forderung nach einer Erstattung der nachweislich entstandenen Umzugskosten.

Rechtlich zulässig sind **Ablösevereinbarungen**. Sie sind nichts anderes als Kaufverträge. Der neue Mieter verpflichtet sich, für bestimmte Einrichtungsgegenstände des Vormieters einen vereinbarten Preis zu zahlen. Das kann sinnvoll sein, wenn zum Beispiel die fast neue, für die Wohnung speziell angepasste Einbauküche des Vormieters gekauft werden kann.

Oft sind Ablösevereinbarungen aber „verkappte“ Abstandsforderungen. Deshalb schreibt das Wohnungsvermittlungsgesetz auch vor, dass der Preis für die „gekauften“ Möbelstücke nicht in einem auffälligen Missverhältnis zu deren Wert stehen darf. Damit ist zwar nicht jede überzogene Preisforderung des Vormieters unzulässig, aber ein auffälliges Missverhältnis besteht, wenn der Preis mehr als 50 Prozent über dem Zeitwert liegt.

BEISPIEL

Zeitwert der Möbel (abhängig von Alter und Zustand)	= 1.000 Euro
Ablöseforderung	= 4.000 Euro.

Gezahlt werden müssen hier höchstens 1.500 Euro, das entspricht dem Zeitwert plus 50 Prozent.
Hat der Mieter den vollen Preis gezahlt, kann er den zu viel geleisteten Betrag – hier: 2.500 Euro – zurückfordern. Sein Anspruch verjährt nach drei Jahren.

Mieterhöhung und Mietpreis-bremse

Wenn es um die Miethöhe geht, dreht sich alles um den Begriff der ortsüblichen Vergleichsmiete. In bestehenden Mietverhältnissen darf der Vermieter die Miete höchstens bis zur ortsüblichen Vergleichsmiete anheben. Bei der Wiedervermietung der Wohnung muss der neue Mieter höchstens eine Miete zahlen, die 10 Prozent über der ortsüblichen Vergleichsmiete liegt. So weit die Grundsätze, aber es gibt eine Reihe von Ausnahmen und Besonderheiten.

Für den schnellen Einstieg

1 Wie ermittle ich meine „ortsübliche Vergleichsmiete“?
→ Seite 33

2 Ist die Mieterhöhung mit der Zusendung sofort gültig?
→ Seite 34

3 Was ist ein Mietspiegel? → Seite 36

4 Wann muss ich der Mieterhöhung zustimmen?
→ Seite 34, 38

5 Was bedeuten Jahressperrfrist und Kappungsgrenze?
→ Seite 34, 38

6 Gilt die Mietpreisbremse auch für meine Wohnung?
→ Seite 41

Die Mieterhöhung

Plötzlich ist sie da: die Mieterhöhung. Doch ein Vermieter darf nicht beliebig die Miete erhöhen, er muss Argumente haben. Und auch dann ist er an gesetzliche Vorgaben gebunden.

Für bestehende Mietverhältnisse ist gesetzlich geregelt, wann, wie oft und wie umfangreich die Miete angehoben werden darf. Haben Mieter und Vermieter einen sogenannten Indexmietvertrag oder Staffelmietvertrag abgeschlossen (→ Seite 14) – Muster eines Staffel- und eines Indexmietvertrags (→ Seiten F-31 und F-41) –, sind regelmäßige Preissteigerungen fest vereinbart. Bei allen anderen Mietverträgen aber sind Mieterhöhungen immer nur bis zur ortsüblichen Vergleichsmiete möglich, es sei denn, der Vermieter führt Modernisierungsmaßnahmen durch und ist deshalb berechtigt, die Miete zu erhöhen (→ Seite 68).

Die ortsübliche Vergleichsmiete

Voraussetzung für eine Mieterhöhung auf die **ortsübliche Vergleichsmiete** ist, dass die bisher vom Mieter gezahlte Miete unter der Durchschnittsmiete für vergleichbare Wohnungen am Wohnort liegt. Entscheidend ist dabei nicht die Markt- oder Angebotsmiete – das ist die Miete, die in Wohnungsangeboten, Anzeigen oder Internetportalen genannt wird, wenn eine Wohnung neu angemietet werden soll. Entscheidend ist die Miete, die in bestehenden Mietverhältnissen gezahlt wird – die Miete, die vor Ort für Wohnungen vergleichbarer Art, Größe, Ausstattung, Beschaffenheit und Lage, einschließlich der energetischen Ausstattung und Beschaffenheit, in den letzten sechs Jahren vereinbart wurde oder sich in dieser Zeit durch Mieterhöhungen ergeben hat.

Die ortsübliche Vergleichsmiete ist somit ein repräsentativer Querschnitt der Mietpreise, die für die jeweiligen Wohnungskategorien gezahlt werden. In über 500 Städten und Gemeinden können diese Durchschnittsmieten in sogenannten **Mietspiegeln** abgelesen werden.

Form und Frist

Für die **Mieterhöhungserklärung des Vermieters** gilt „Textform". Das bedeutet, dass die Mieterhöhung **schriftlich** abgefasst sein muss. Sie kann – muss aber nicht – vom Vermieter persönlich unterschrieben sein. Eine Faksimileunterschrift oder eine maschinelle Unterschrift, ein „gez. Müller", reichen aus. Klar muss aber sein, wer Absender der Mieterhöhung ist.

Der Vermieter kann die Mieterhöhungserklärung dem Mieter persönlich übergeben, er kann sie per Post schicken oder per Fax beziehungsweise E-Mail, zumindest dann, wenn die Mietvertragsparteien auch sonst auf diesem Weg miteinander kommunizieren. **Mündliche Mieterhöhungen** – egal, ob im Treppenhaus zugerufen oder per Telefon mitgeteilt – **sind** dagegen **unwirksam.**

Die Mieterhöhungserklärung muss von allen Vermietern, gegebenenfalls also von beiden Ehepartnern, an alle Mieter, die den Mietvertrag unterschrieben haben, gerichtet sein. Bevollmächtigt der Vermieter zum Beispiel einen Rechtsanwalt, seine Hausverwaltung oder den Eigentümerverein

§ URTEIL

Textform

Für Mieterhöhungen, zum Beispiel auf die ortsübliche Vergleichsmiete, reicht „Textform“ aus. Die eigenhändige Unterschrift ist nicht mehr zwingend erforderlich. Es reicht aus, wenn die Erklärung lesbar, die Person des Absenders angegeben und der Abschluss der Erklärung erkennbar ist. Stammt die Mieterhöhung in Textform von einer juristischen Person (GmbH oder Aktiengesellschaft), ist es nicht erforderlich, den für die Gesellschaft tätig gewordenen Mitarbeiter namentlich zu nennen. Es genügt die Angabe des Namens der juristischen Person (BGH, Az. VIII ZR 72/14).

mit der Abgabe der Mieterhöhung, muss der Mieterhöhungserklärung dieses Dritten die **Originalvollmacht des Vermieters** beigefügt sein. Die Vollmacht ist allenfalls dann entbehrlich, wenn der Mieter die Bevollmächtigung kennt und seit Jahren weiß, dass alle Mietvertragsangelegenheiten, auch Mieterhöhungen, zum Beispiel von der Hausverwaltung abgewickelt werden.

Ist die Originalvollmacht nicht beigefügt, kann der Mieter die Mieterhöhungserklärung zurückweisen, sie ist unwirksam. Die Zurückweisung muss aber innerhalb von 14 Tagen erfolgen, sonst gilt die Bevollmächtigung als akzeptiert.

Mieterhöhungen auf die ortsübliche Vergleichsmiete kann der Vermieter nicht einseitig anordnen oder vorgeben. **Die Mieterhöhung wird nur wirksam, wenn der Mieter zustimmt.** Der Vermieter muss auf dieses Zustimmungsverfahren und entsprechende Fristen hinweisen (→ Seite 38).

Außerdem muss der Vermieter
- → die Jahressperrfrist einhalten,
- → die Mieterhöhung begründen und
- → die Kappungsgrenze beachten.

Die Jahressperrfrist

Der Vermieter darf Mieterhöhungen auf die ortsübliche Vergleichsmiete nicht so oft fordern, wie er will. Die **gesetzlich vorgegebene Jahressperrfrist** bestimmt, dass ein Mieter frühestens zwölf Monate nach Abschluss des Mietvertrags eine Mieterhöhung bekommen darf. Zwischen den einzelnen Mieterhöhungen müssen immer **mindestens zwölf Monate** liegen.

▶ BEISPIEL

Hat das Mietverhältnis im November 2023 begonnen, darf der Vermieter frühestens im November 2024 eine Mieterhöhung schicken. Die kann dann unter Berücksichtigung der Überlegungs- und Zustimmungsfrist des Mieters (→ Seite 38) frühestens zum 1. Februar 2025 wirksam werden.

Eine vorher verschickte Mieterhöhung, die die Jahressperrfrist nicht berücksichtigt, ist unwirksam. Mieter müssen hierauf nicht reagieren. Der Vermieter muss nach Ablauf der Jahressperrfrist eine neue Mieterhöhung schicken.

Die Begründung der Mieterhöhung

Der Vermieter kann die Mieterhöhung nicht mit allgemeinen Preissteigerungen, gestiegenen Handwerkerrechnungen oder damit begründen, dass er die Miete seit „ewigen Zeiten“ nicht mehr erhöht hat. Er kann nur fordern, dass die Miete auf die ortsübliche Vergleichsmiete, das heißt auf die Miete angehoben wird, die vor Ort für vergleichbare Wohnungen heute schon bezahlt wird.

Um die Ortsüblichkeit der geforderten Miete zu belegen, hat der Vermieter nach dem Gesetz vier Begründungsmöglichkeiten.

Mietdatenbank: Theoretisch kann der Vermieter die Auskunft einer Mietdatenbank einholen, die von der Gemeinde oder den örtlichen Eigentümer- und Mietervereinen geführt wird. Zurzeit existieren aber keine entsprechenden Mietdatenbanken, sodass diese Begründungsvariante in der Praxis entfällt.

Sachverständigengutachten: Dass ein Sachverständiger vom Vermieter eingeschaltet und beauftragt wird, die ortsübliche Vergleichsmiete für die Mietwohnung zu ermitteln, kommt eher selten vor. Grund hierfür ist, dass ein Sachverständigengutachten relativ teuer ist und der Vermieter es bezahlen muss.

Wenn der Vermieter diese Begründungsmöglichkeit wählt, muss das Sachverständigengutachten der Mieterhöhungserklärung in vollem Wortlaut beigefügt werden. Das Gutachten muss von einem qualifizierten Sachverständigen erstellt werden, der für ein Fachgebiet öffentlich bestellt und vereidigt sein muss, in dem es zumindest auch um Mietpreisbewertungen geht. Gutachten und Expertisen der Hausbank oder eines Maklers reichen nicht aus.

§ URTEIL

Sachverständigengutachten

Begründet der Vermieter die Mieterhöhung mit einem Sachverständigengutachten, muss er das Gutachten seinem Mieterhöhungsverlangen beilegen. Der Sachverständige muss im Gutachten eine Aussage über die tatsächliche ortsübliche Vergleichsmiete treffen und die zu beurteilende Wohnung in das örtliche Preisgefüge einordnen (BGH, Az. VIII ZR 69/15).

Das Sachverständigengutachten muss begründet und nachvollziehbar die begutachtete Wohnung in das örtliche Preisgefüge einordnen. Es reicht aus, wenn das Gutachten Angaben über Tatsachen enthält, aus denen die geforderte Mieterhöhung hergeleitet werden kann. Eine vorherige Besichtigung der Wohnung ist nicht erforderlich. Der Sachverständige kann seine Informationen über die Wohnung auch auf anderem Weg erhalten haben.

Vergleichswohnungen: Für den Vermieter einfach, für den Mieter oft problematisch ist das Begründungsmittel „Vergleichswohnungen“. Dabei muss der Vermieter mindestens drei Wohnungen nennen, in denen heute schon so viel Miete gezahlt wird, wie er mit seiner Mieterhöhung jetzt fordert. Dabei kann sich der Vermieter Wohnungen aussuchen, die besonders teuer sind. Die Wohnungen können auch aus dem eigenen Wohnungsbestand des Vermieters stammen. Letztlich haben die Mieten der drei Vergleichswohnungen mit der tatsächlichen ortsüblichen Vergleichsmiete nur wenig oder nichts zu tun. Als formale Begründung für eine Mieterhöhung reichen sie aber aus.

Der Vermieter muss im Mieterhöhungsschreiben die angegebenen Vergleichswohnungen genau beschreiben, Adresse, Geschoss und Quadratmeterpreis sowie gegebenenfalls den Namen des Wohnungsinhabers angeben. Die Vergleichswohnungen müssen nicht „identisch“ mit der Wohnung sein, für die der Vermieter die Miete erhöhen will. Insbesondere müssen die Vergleichswohnungen nicht gleich groß sein. Entscheidend ist in erster Linie der Quadratmeterpreis. Allerdings fällt bei gravierenden Unterschieden die Vergleichbarkeit weg. So ist die 70 Quadratmeter große Standardwohnung nicht mit einem hochpreisigen Appartement vergleichbar. Wohnungen mit Zentralheizung können nicht zur Begründung einer Mieterhöhung für eine Wohnung mit Ofenheizung herangezogen werden.

Begründet der Vermieter die Mieterhöhung mit der Miete von mindestens drei Vergleichswohnungen, kann er nur die Miete fordern, die für die günstigste dieser Vergleichswohnungen gezahlt wird. Er darf also keinen Durchschnittswert der Vergleichswohnungen bilden und diesen dann seiner Mieterhöhung zugrunde legen.

Mietspiegel: Das beste und zuverlässigste, aber auch transparenteste Begründungsmittel sind Mietspiegel. Das sind Preisübersichten über die ortsübliche Vergleichsmiete, die von der Gemeinde oder der nach Landesrecht zuständigen Behörde selbst erstellt oder gemeinsam von den Eigentümer- und Mietervereinen erarbeitet wurden.

Es gibt einfache und qualifizierte Mietspiegel. Im Sommer 2022 sind ein Mietspiegelreformgesetz und eine Mietspiegelverordnung in Kraft getreten. Offene Rechtsfragen, Auslegungsprobleme und Verfahrensfragen zur Erstellung von Mietspiegeln wurden geklärt. Unter anderem bestimmt das Mietspiegelreformgesetz, dass Gemeinden mit mehr als 50.000 Einwohnern verpflichtet sind, einen Mietspiegel zu erstellen. Ein erstmalig erstellter einfacher Mietspiegel musste bis spätestens 1. Januar 2023 veröffentlicht werden, ein qualifizierter Mietspiegel zum 1. Januar 2024.

Preisübersichten von Finanzämtern, Maklerverbänden, Geldinstituten oder Immobilienportalen sind keine Mietspiegel und können nicht zur Begründung einer Mieterhöhung herangezogen werden.

Will der Vermieter die Mieterhöhung mit einem Mietspiegel begründen, muss er die Mieterwohnung unter Berücksichtigung des Baujahrs des Hauses, der Wohnungsgröße, der Wohnungsausstattung, der Wohnlage, gegebenenfalls einschließlich der energetischen Ausstattung und Beschaffenheit, einem bestimmten Mietspiegelfeld zuordnen.

Häufig nennt der Mietspiegel in dem jeweiligen Mietspiegelfeld **Mietpreisspannen**. Dann darf der Vermieter den oberen Wert der Preisspanne bei der Begründung seiner Mieterhöhung angeben. Sieht das Mietspiegelfeld einen Preis von 6 bis 8 Euro pro Quadratmeter vor, kann der Vermieter also eine Erhöhung auf 8 Euro fordern. Das ist for-

§ URTEIL

Vergleichbarkeit von Mietspiegeln

Gibt es vor Ort keinen Mietspiegel, kann ein Vermieter sein Mieterhöhungsverlangen auf den Mietspiegel einer vergleichbaren Nachbargemeinde stützen (BGH, Az. VIII ZR 413/12). Gegen eine Vergleichbarkeit von zwei Gemeinden sprechen aber ein großer Unterschied bei der Einwohnerzahl, Unterschiede bei Einrichtungen der Grundversorgung, wie Kinos und Theater, und bei der Infrastruktur, U- und S-Bahn (BGH, Az. VIII ZR 255/18).

§ URTEIL

Bei Mieterhöhungen mit Mietspiegeln ist Stichtagszuschlag möglich

Wenn zwischen dem Erhebungsstichtag des Mietspiegels und dem Zugang der Mieterhöhung des Vermieters eine ungewöhnliche Steigerung der ortsüblichen Vergleichsmiete festzustellen ist, kann das Gericht auf die Mietspiegelwerte einen sogenannten Stichtagszuschlag vornehmen (BGH, Az. VIII ZR 295/15).

„Sind Mieterhöhungen immer nur nach den Regeln des Vergleichsmieten-verfahrens möglich?“

Nein, theoretisch können sich Vermieter und Mieter auch per Handschlag auf eine höhere Miete verständigen. Die gesetzlichen Regelungen zur Vergleichs-, Staffel- oder Indexmiete schützen Mieter aber vor überzogenen Vermieterforderungen oder einseitigen beziehungsweise willkürlichen Vorgaben und Vertragsänderungen.

mal in Ordnung. Ob das dann aber tatsächlich die ortsübliche Vergleichsmiete ist oder nicht eher der Mittelwert von 7 Euro pro Quadratmeter, ist eine Frage der inhaltlichen Richtigkeit, der Begründetheit der Vermieterforderung und muss notfalls, wenn sich Mieter und Vermieter nicht einigen, von einem Gericht entschieden werden.

Neben den „normalen“ oder „einfachen“ Mietspiegeln gibt es auch die **qualifizierten Mietspiegel**. Sie werden nach anerkannten wissenschaftlichen Grundsätzen, das heißt auf einer repräsentativen Datenbasis und aufgrund einer methodischen Auswertung, von spezialisierten Instituten erstellt. Die qualifizierten Mietspiegel müssen von der Stadt oder von den Interessenvertretern der Mieter und Eigentümer vor Ort anerkannt worden sein. Es gibt hier eine Vermutungsregelung, wonach der qualifizierte Mietspiegel anerkannten wissenschaftlichen Grundsätzen genügt, wenn er den Anforderungen der Mietspiegelverordnung entspricht.

Im Unterschied zu einem einfachen Mietspiegel kommt dem qualifizierten Mietspiegel in einem möglichen Gerichtsverfahren eine besondere Bedeutung zu. Hier wird vermutet, dass der qualifizierte Mietspiegel tatsächlich die ortsübliche Vergleichsmiete widerspiegelt. Der qualifizierte Mietspiegel ist damit nicht nur ein formal mögliches Begründungsmittel für die Mieterhöhung, wie zum Beispiel die Vergleichswohnungen, er gibt in aller Regel auch Auskunft darüber, wie hoch tatsächlich die Vergleichsmiete ist.

Existiert vor Ort ein qualifizierter Mietspiegel, kann der Vermieter trotzdem seine Mieterhöhung auch mit einem der anderen oben genannten Varianten, zum Beispiel Vergleichswohnungen oder einem Sachverständigengutachten, begründen. Er muss aber auch in diesen Fällen die maßgeblichen Preise aus dem qualifizierten Mietspiegel mitangeben. So kann der Mieter einordnen, inwieweit das Mieterhöhungsverlangen des Vermieters der tatsächlichen ortsüblichen Vergleichsmiete entspricht.

Qualifizierte Mietspiegel müssen alle zwei Jahre fortgeschrieben und so der aktuellen Mietpreisentwicklung angepasst werden. Alle vier Jahre müssen sie neu erstellt werden, muss eine neue Datenerhebung erfolgen. Geschieht dies nicht, verliert der Mietspiegel das Gütesiegel „qualifiziert“, er kann aber als einfacher Mietspiegel weiter genutzt werden.

Der einfache oder qualifizierte Mietspiegel muss dem Mieterhöhungsschreiben des Vermieters beigefügt sein. Anders, wenn der Mietspiegel allgemein zugänglich ist, wenn er im Amtsblatt der Kommune veröffentlicht wurde, beim Mieterverein erhältlich ist oder im Internet steht. Die Mietspiegelverordnung bestimmt jetzt, dass einfache und qualifizierte Mietspiegel kostenfrei im Internet zu veröffentlichen sind. Für Mietspiegel in gedruckter Form kann ein Entgelt gefordert werden. Dann muss der Vermieter im Mieterhöhungsschreiben nur klar und eindeutig angeben, in welches Mietspiegelfeld die Wohnung eingeordnet ist.

Die Kappungsgrenze

Die ortsübliche Vergleichsmiete ist die absolute Obergrenze für entsprechende Mieterhöhungen des Vermieters. Es gibt aber noch eine zweite Obergrenze, die sogenannte Kappungsgrenze.

Liegt die derzeitige Miete deutlich unter der ortsüblichen Vergleichsmiete, darf der Vermieter die Miete nicht „auf einen Schlag" auf das Vergleichsmietenniveau hieven. Er darf die Miete **innerhalb von drei Jahren höchstens um 20 Prozent** anheben.

BEISPIEL

Der Vermieter verlangt ab 1. Oktober 2024 eine Miete von 8 Euro pro Quadratmeter. Das ist die ortsübliche Vergleichsmiete. Aber vor drei Jahren, das heißt am 1. Oktober 2021, zahlte der Mieter 6 Euro pro Quadratmeter Miete. Das hat zur Konsequenz, dass der Vermieter die Miete jetzt nur auf 7,20 Euro erhöhen darf (20 Prozent Kappungsgrenze) und nicht auf die ortsübliche Vergleichsmiete von 8 Euro pro Quadratmeter.

In Gebieten mit angespannten Wohnungsmärkten gilt meistens sogar eine Kappungsgrenze von 15 Prozent. Dann hätte der Vermieter in dem oben genannten Beispiel die Miete nur auf 6,90 Euro pro Quadratmeter anheben dürfen.

Voraussetzung ist, dass das jeweilige Bundesland Städte festgelegt hat, in denen die ausreichende Versorgung der Bevölkerung mit Mietwohnungen zu angemessenen Bedingungen besonders stark gefährdet ist. Hier greift dann die 15-Prozent-Kappungsgrenze, zurzeit in13 Bundesländern und mehr als 400 Städten und Gemeinden: **www.mieterbund.de**

→ **WICHTIG** Die Kappungsgrenze darf nicht dahin gehend missverstanden werden, dass der Vermieter dadurch das Recht erhält, alle drei Jahre die Miete um 20 oder 15 Prozent zu erhöhen. Die Kappungsgrenze schützt Mieter vor heftigen Mietpreissprüngen. Mieten, die deutlich unter der Vergleichsmiete liegen, dürfen nur schrittweise auf deren Niveau angehoben werden. Die Vergleichsmiete bleibt nach wie vor die entscheidende Obergrenze für Mieterhöhungen.

Das Zustimmungsverfahren

Mieterhöhungen auf die Vergleichsmiete darf der Vermieter nicht einseitig festlegen oder einfach vorgeben. Voraussetzung, dass die Mieterhöhung wirksam wird, ist die Zustimmung des Mieters. Allerdings steht es nicht in dessen Belieben, ob er zustimmt oder nicht. Ist die Mieterhöhung formal in Ordnung und sachlich begründet, muss er zustimmen. Um dies abzuklären, hat der Mieter Zeit, die Mieterhöhung des Vermieters sorgfältig zu prüfen. Nach dem Gesetz hat er eine Überlegungs- oder Zustimmungsfrist von zwei bis drei Monaten. Die Zustimmungsfrist beginnt an dem Tag, an dem der Mieter die Mieterhöhung erhalten hat. Sie läuft den Rest des Monats und die beiden darauffolgenden Monate.

Stimmt der Mieter nicht zu, muss der Vermieter vor Gericht auf Zustimmung zur Mieterhöhung klagen, wenn er seine Mieterhöhung durchsetzen will. Spätestens drei Monate nach Ablauf der Überlegungsfrist muss er die Klage erhoben haben. Verpasst er diese Frist, ist die Mieterhöhung „vom

BEISPIEL

Der Mieter erhält die Mieterhöhung im Januar. Dann läuft die Zustimmungsfrist Ende März ab – egal, ob die Mieterhöhung Anfang oder Ende Januar beim Mieter eingetroffen ist. Stimmt der Mieter der Mieterhöhung zu, dann wird sie ab April wirksam.

Tisch". Der Vermieter kann dann höchstens eine neue Mieterhöhung schicken, und alle Fristen des Zustimmungsverfahrens beginnen von Neuem.

Hat der Vermieter aber rechtzeitig Klage erhoben, entscheidet das Gericht, ob die Mieterhöhung formal und sachlich in Ordnung ist. Das Gericht kann bei seiner Entscheidung einen qualifizierten oder auch einen einfachen Mietspiegel als Erkenntnisquelle nutzen. Die ortsübliche Vergleichsmiete kann aber auch durch einen Sachverständigen auf Grundlage eines einfachen Mietspiegels und der Heranziehung von Vergleichswohnungen ermittelt werden (BGH, Az. VIII ZR 223/21). Ist die Mieterhöhung in Ordnung, wird der Mieter zur Zahlung der erhöhten Miete verurteilt, und zwar rückwirkend ab dem Monat, der auf das Ende der Überlegungsfrist folgte. Der Mieter muss dann die zwischenzeitlich eingetretenen Mietrückstände nachzahlen (BGH, Az. VIII ZR 204/10). Die Kosten des **Mieterhöhungsverfahrens** trägt derjenige, der den Prozess verliert.

§ URTEIL

Rückwirkend

Verurteilt das Gericht den Mieter, die Mieterhöhung zu zahlen, muss er die erhöhte Miete rückwirkend von dem Zeitpunkt an zahlen, zu dem die vom Vermieter verlangte Mieterhöhung ursprünglich auch wirksam werden sollte (BGH, Az. VIII ZR 204/10).

Damit es gar nicht erst so weit kommt, sollten Mieter die Mieterhöhung während der Überlegungsfrist „auf Herz und Nieren" überprüfen, anhand der Checkliste zur Mieterhöhung (→ Seite F-59), und im Zweifel den örtlichen Mieterverein einschalten.

Abzuklären ist, ob die Vergleichsmietenerhöhung wegen der Vereinbarung eines Staffel- oder Indexmietvertrags unzulässig ist, ob eine Mieterhöhung vertraglich ausgeschlossen ist, zum Beispiel bei einem Zeitmietvertrag, ob der Vermieter die formalen Anforderungen an die Mieterhöhungserklärung

§ URTEIL

Wohnfläche im Mieterhöhungsverfahren

Der Vermieter, der eine Mieterhöhung verlangt, trägt die Darlegungs- und Beweislast auch für die in Ansatz zu bringende tatsächliche Wohnfläche. Trägt der Vermieter im Mieterhöhungsschreiben eine bestimmte Wohnfläche vor, ist das zunächst ausreichend. Hält der Mieter diese Angaben für falsch, reicht es nicht aus, dass er die angegebene Wohnungsgröße einfach nur bestreitet.

Der Mieter muss erläutern, von welchen tatsächlichen Umständen er ausgeht, warum er die Wohnflächenangaben des Vermieters für falsch hält (BGH, Az. VIII ZR 181/16). Dem Mieter sei es möglich und zumutbar, die Wohnfläche der gemieteten Wohnung überschlägig zu vermessen und gegebenenfalls abweichende Flächenwerte vorzutragen.

§ URTEIL

Tatsächliche Wohnfläche entscheidend

Der Bundesgerichtshof hat seine frühere Rechtsprechung korrigiert. Für Wohnflächenabweichungen gilt nicht mehr generell eine 10-prozentige Toleranzgrenze. Bei Mieterhöhungen gilt die tatsächliche Wohnfläche –egal, welche Wohnungsgröße im Mietvertrag vereinbart ist, und egal, wie hoch die prozentuale Abweichung ist (BGH, Az. VIII ZR 266/14).

eingehalten hat, ob er Kappungsgrenze und Jahressperrfrist beachtet und die Mieterhöhung ordnungsgemäß begründet hat, vor allem aber auch, ob die geforderte Miete tatsächlich der ortsüblichen Vergleichsmiete entspricht und ob die angegebene Wohnungsgröße im Mieterhöhungsschreiben richtig ist. Denn selbst wenn der Quadratmeterpreis der ortsüblichen Vergleichsmiete entspricht, kann die Mieterhöhung unzulässig hoch sein, wenn der Vermieter von einer zu großen Wohnfläche ausgegangen ist, also die Wohnung tatsächlich kleiner ist, als im Mieterhöhungsschreiben angegeben.

§ URTEIL

Zustimmung zur Mieterhöhung durch Zahlung

Die Zustimmung zur Mieterhöhung auf die ortsübliche Vergleichsmiete durch schlüssiges Verhalten, also Zahlung der geforderten Mieterhöhung, reicht aus. Der Vermieter hat keinen Anspruch auf eine schriftliche Zustimmung, entschied der Bundesgerichtshof (BGH, Az. VIII ZB 74/16).

Je nach Ausgang der Prüfung kann der Mieterhöhung auch nur teilweise zugestimmt werden. Verlangt der Vermieter eine Mieterhöhung von 80 Euro, kann der Mieter zustimmen, künftig zum Beispiel 50 Euro mehr zu zahlen. Vielfach wird der Vermieter diese **Teilzustimmung** akzeptieren – besser eine einvernehmliche Mieterhöhung mit dem Mieter, als vor Gericht zu prozessieren und das mit ungewissem Ausgang.

Akzeptiert der Vermieter die Teilzustimmung des Mieters nicht, muss er seine 80-Euro-Mieterhöhung einklagen beziehungsweise die Differenz, die im Vergleich zur Mieterzustimmung noch offensteht, also 30 Euro im Monat.

§ URTEIL

Kein Widerrufsrecht

Hat der Mieter der Mieterhöhung zugestimmt, ist das bindend. Er kann seine Zustimmung nicht widerrufen. Das gesetzliche Widerrufsrecht für Verbraucher gilt nicht bei Mieterhöhungen auf die Vergleichsmiete (BGH, Az. VIII ZR 94/17).

§ URTEIL

Mieterhöhung reduzieren

Der Vermieter kann seine ordnungsgemäße Mieterhöhungsforderung mit Erhebung der Zustimmungsklage zur Mieterhöhung noch reduzieren. Die dann niedrigere Forderung ist kein neues Mieterhöhungsverlangen (BGH, Az. VIII ZR 219/20).

Die Mietpreisbremse

Seit 2015 gibt es eine gesetzliche Regelung zur Begrenzung der Wiedervermietungsmieten, die sogenannte Mietpreisbremse. Die gesetzliche Regelung begrenzt jedoch weder die Mieterhöhungen in bestehenden Mietverhältnissen noch die Mietpreise im Wohnungsneubau.

Die Mietpreisbremse gibt Vermietern nur für diejenigen Fälle eine Obergrenze vor, in denen sie zum Beispiel nach einem **Mieterwechsel** die Wohnung wieder an einen neuen Mieter vermieten. Hier soll der Vermieter keine beliebig hohe Miete fordern dürfen, sondern normalerweise nur eine Miete, die höchstens 10 Prozent über der ortsüblichen Vergleichsmiete liegt.

Bis zum Inkrafttreten der Mietpreisbremse 2015 waren Mieter vor überzogenen Mietforderungen nur unvollkommen durch Wuchervorschriften im Strafgesetz und Wirtschaftsstrafgesetz geschützt. Aber auch die „Mietpreisbremse 2015" hat bisher nicht gehalten, was sich vor allem Mieter davon versprochen haben. Komplizierte Regelungen, viele Ausnahmen, mangelnde Transparenz und fehlende Sanktionen für Vermieter, die die gesetzlichen Regelungen missachten, sind die Gründe hierfür. Zwischenzeitlich hat der Gesetzgeber schon zweimal nachgebessert. Wichtig: Die Mietpreisbremse gilt praktisch für alle Wohnraummietverträge. Ausnahmen: Wohnungen, die nur zum vorübergehenden Gebrauch vermietet werden, wie Ferienwohnungen, und möblierter Wohnraum in der Vermieterwohnung sowie bestimmte Untermietverhältnisse, zum Beispiel in einer Gemeinde oder einem Wohlfahrtsverband, und Studierenden- oder Jugendwohnheime. Die Mietpreisbremse gilt ansonsten für unbefristete und Zeitmietverträge, für Staffel- und Indexmietverträge, für Untermietverträge und für Verträge über möblierte Wohnungen. Schwierig kann es hier werden, wenn in den Mietpreis ein Möblierungszuschlag eingerechnet wird. Fragen Sie Ihren Mieterverein.

§ URTEIL

Verfassungsrechtlich in Ordnung

Die Regelungen zur Mietpreisbremse sind nicht verfassungswidrig. Sie verstoßen nicht gegen die Garantie des Eigentums, die Vertragsfreiheit oder den allgemeinen Gleichheitssatz. Der Eingriff in das Eigentum ist verhältnismäßig und Vermietern zumutbar (BVerfG, Az. 1 BvL 1/18; 1 BvR 1595/18; 1 BvL 4/18).

Keine bundesweite Geltung

Die **Mietpreisbremse gilt nicht flächendeckend** in Deutschland. Sie gilt nur in Gebieten mit angespannten Wohnungsmärkten. Die können von den jeweiligen Landesregierungen für die Dauer von höchstens fünf Jahren festgelegt werden. Gemeint sind Städte, Gemeinden oder Teile einer Gemeinde, in denen die ausreichende Versorgung der Bevölkerung mit Mietwohnungen zu angemessenen Bedingungen besonders gefährdet ist. Dies kann zum Beispiel der Fall sein, wenn die Mieten

„Wann kann oder sollte sich ein Mieter auf die Mietpreisbremse berufen?“

Am besten so schnell wie möglich nach Abschluss des Mietvertrags. Wer vorher einen Verstoß gegen die Mietpreisbremse rügt, riskiert, die Wohnung gar nicht erst zu bekommen. Wer aber den Mietvertrag unterschrieben hat, kann gefahrlos auf seine Rechte pochen und die Mietpreisbremse ziehen.

> **BEISPIEL**
>
> Laut Mietspiegel beträgt die ortsübliche Vergleichsmiete für die Wohnung 6,50 Euro pro Quadratmeter. Nach einem Mieterwechsel darf die Miete für den neuen Mieter höchstens auf 7,15 Euro pro Quadratmeter steigen.

hier deutlich stärker steigen als im bundesweiten Durchschnitt beziehungsweise wenn die durchschnittliche Mietbelastung über dem Bundesdurchschnitt liegt, wenn es hier keinen ausreichenden Wohnungsneubau gibt und allenfalls geringer Leerstand besteht.

Die entsprechenden Landesverordnungen müssen anhand dieser Vorgaben ausreichend begründet und die Begründungen veröffentlicht werden. Soweit Landesverordnungen in der Vergangenheit diesen Anforderungen nicht entsprochen haben und deshalb unwirksam waren, sind die Probleme zwischenzeitlich gelöst, neue Verordnungen wurden erlassen. Mieter, die wegen einer ursprünglich unwirksamen Verordnung überhöhte Mieten zahlen mussten und nichts dagegen unternehmen konnten, haben keine Haftungs- oder Schadenersatzansprüche gegen das jeweilige Land (BGH, Az. VIII ZT 130/18). Im Saarland, in Schleswig-Holstein und in Sachsen-Anhalt gibt es keine Mietpreisbremsenverordnung. In den übrigen 13 Ländern schwankt die Zahl der Städte, in denen die Verordnung gilt, stark. Es sind mehr als 400 Städte. Fragen Sie im Zweifel Ihren örtlichen Mieterverein.

Ausnahmen

Der Vermieter darf bei der Wiedervermietung der Wohnung die bisherige Miete weiter fordern, wenn die schon über der Grenze „Vergleichsmiete plus 10 Prozent“ gelegen hat.

> **BEISPIEL**
>
> Die Vergleichsmiete beträgt 6,50 Euro pro Quadratmeter. Der Vermieter hat bisher 7,50 Euro verlangt. Bei der Wiedervermietung der Wohnung muss er die Miete nicht auf 7,15 Euro senken, er darf auch vom neuen Mieter 7,50 Euro pro Quadratmeter fordern.

Allerdings schreibt das Gesetz vor, dass Mieterhöhungen, die mit dem vorherigen Mieter innerhalb des letzten Jahres vor Beendigung des Mietverhältnisses vereinbart wurden, nicht mitzählen. So sollen Mauscheleien und Umgehungen zulasten des neuen Mieters verhindert werden.

§ URTEIL

Vormiete

Die Ausnahmeregelung ist nur anwendbar, wenn die Miete des unmittelbaren Mietvorgängers über der Mietpreisbremsen-Miete lag und diesem die Wohnung ebenfalls zu Wohnzwecken vermietet wurde (BGH, Az. VIII ZR 374/18).

Die infrage kommende Vormiete darf nicht schon selbst gegen die Mietpreisbremse verstoßen haben, sie muss geschuldet gewesen sein. Das bedeutet, sie muss nach dem Gesetz zulässig und der Vormieter zur Zahlung verpflichtet gewesen sein (BGH, Az. VIII ZR 29/22). Deshalb kann sich auch der Vermieter nicht auf eine mit dem Vormieter vereinbarte Staffel eines Staffelmietvertrags berufen, wenn das Vormietverhältnis beendet wurde, bevor die Mietstaffel wirksam und damit vom Vormieter geschuldet wurde. Hat der Vermieter während des vorherigen Mietverhältnisses modernisiert, die mögliche Mieterhöhung aber nicht geltend gemacht, oder modernisiert der Vermieter zwischen Beendigung des bisherigen und Abschluss des neuen Mietverhältnisses, so gilt: Der Vermieter darf die ortsübliche Vergleichsmiete für die nichtmodernisierte Wohnung plus 10 Prozent fordern zuzüglich des Modernisierungs-Mieterhöhungsbetrags, wie er auch in einem laufenden Mietverhältnis hätte gezahlt werden müssen, also 8 Prozent der Modernisierungskosten seit 2019 (→ Seite 68).

▶ BEISPIEL

Die bisherige Miete und Vergleichsmiete beträgt 8 Euro pro Quadratmeter. Nach Auszug des Mieters wird modernisiert, die anteiligen Modernisierungskosten für die 60 Quadratmeter große Wohnung betragen 10.000 Euro. Das würde einen Modernisierungszuschlag von 1,11 Euro pro Quadratmeter und Monat rechtfertigen. Bei einer Wiedervermietung darf die Miete jetzt auf 9,91 Euro pro Quadratmeter steigen (8 Euro plus 10 Prozent plus 1,11 Euro Modernisierungszuschlag).

Die **Mietpreisbremse gilt nicht für Neubauwohnungen**, die nach dem 1. Oktober 2014 erstmals genutzt und vermietet werden.

Die Mietpreisbremse gilt auch nicht für Wohnungen, die erstmals nach einer umfassenden Modernisierung vermietet werden. Gemeint sind Fälle, in denen Modernisierungsinvestitionen mindestens ein Drittel des notwendigen Aufwands für eine vergleichbare Neubauwohnung erreichen. Der Vermieter muss hier bei Vertragsabschluss nur mitteilen, dass umfassend modernisiert wurde. Weitergehende Angaben muss er erst machen, wenn der Mieter nach Einzelheiten und Nachweisen fragt (BGH, Az. VIII ZR 9/22).

Die Regelungen der Mietpreisbremse gelten auch für Staffelmietverträge, sowohl für die vereinbarte erste Miete als auch für die nachfolgenden Staffeln. Verstößt eine Mietenstaffel gegen die Vorschriften der Mietpreisbremse, bleibt der Staffelmietvertrag insgesamt wirksam. Die fragliche Staffel darf der Vermieter aber nicht fordern, schon geleistete Zahlungen muss der Vermieter zurückzahlen. Mit jeder neuen Staffelstufe entsteht ein selbstständiger Anspruch des Mieters auf Auskunftserteilung (BGH Az. VIII ZR 60/22). Die Mietpreisbremse gilt auch für Indexmietverträge, hier aber nur für die Ausgangsmiete.

Rechtsfolgen
Die durch die Mietpreisbremse gezogenen Obergrenzen sind zwingend. Vermieter müssen sich daran halten, und abweichende vertragliche Vereinbarungen sind unzulässig.

BEISPIEL

Vergleichsmiete: 8 Euro, Miete laut Mietvertrag: 10 Euro pro Quadratmeter. Der Vermieter nennt keine Gründe für die „überhöhte" Miete. Konsequenz: Er darf nur 8,80 Euro pro Quadratmeter verlangen. Nach der Rüge des Mieters ist die Miete von 10 auf 8,80 Euro abzusenken.

Wie müssen Mieter vorgehen?

Wenn Mieter sich vor Abschluss des Mietvertrags auf die Mietpreisbremse berufen, werden sie in der Praxis kaum eine Chance haben, die Wohnung zu bekommen. Deshalb können Mieter auch noch nach Abschluss des Mietvertrags den Gesetzesverstoß reklamieren. Auch das Gesetz geht davon aus, dass sich der Mieter im Regelfall während des laufenden Mietverhältnisses auf diese Regelung beruft beziehungsweise wenn er sich auf einen Verstoß gegen die Mietpreisbremse beruft.

Seit 2019 muss der Vermieter bei Abschluss des Mietvertrags angeben, ob und, wenn ja, auf welchen der oben genannten Ausnahmetatbestände, etwa die Vormiete, er sich beruft. Geschieht dies nicht, darf er höchstens die ortsübliche Vergleichsmiete plus 10 Prozent fordern. Es reicht aus, wenn der Vermieter die vertraglich vereinbarte Vormiete angibt. Er muss nicht prüfen, ob dies die gesetzlich zulässige Miete war. Der Mieter kann die Auskunft rügen, wenn diese Vormiete unzulässig hoch war (BGH, Az. VIII ZR 75/23).

Holt der Vermieter während des Mietverhältnisses die ursprünglich unterbliebenen Informationen nach, kann er sich zwei Jahre später auf den entsprechenden Ausnahmetatbestand berufen und gegebenenfalls eine höhere Miete fordern.

Mieter müssen einen Verstoß gegen die Vorschriften der Mietpreisbremse immer rügen. Es reicht aus, wenn schriftlich oder in Textform die zulässige Miete ermittelt oder sich darauf oder auf einen Verstoß gegen die Mietpreisbremse berufen wird.

Die überhöhte Miete, das heißt den unzulässig hohen Teil der Miete, muss der Vermieter nach Erhalt der Rüge reduzieren, wenn der Mieter zu Recht einen Verstoß gegen die Mietpreisbremse reklamiert hat. Mieter haben außerdem einen entsprechenden Rückforderungsanspruch. Neu seit 2020 ist, dass Mieter den überhöhten Anteil der Miete, also den Mietanteil, der gegen das Gesetz verstößt, rückwirkend, also von Beginn des Mietverhältnisses an zurückfordern können. Vorausgesetzt, sie rügen die überhöhte Miete innerhalb von 30 Monaten seit Vertragsabschluss. Bei einer späteren Rüge bleibt es bei der ursprünglichen Rechtslage: Nur die Mieten, die nach der Rüge fällig werden, sind abzusenken.

Der Anspruch besteht auch dann, wenn der Mieter bei Abschluss des Vertrags wusste, dass ein Verstoß gegen die Mietpreisbremse vorliegt.

§ URTEIL

Auskunftsanspruch
Der Auskunftsanspruch des Mieters verjährt nach drei Jahren. Die Frist beginnt mit dem Auskunftsverlangen des Mieters zu laufen (BGH, Az. VIII ZR 375/21).

Betriebs- und Heizkosten

Zusätzlich zur eigentlichen Miete (Grundmiete, Nettomiete oder Nettokaltmiete) müssen Mieter in aller Regel noch Betriebskosten zahlen. Dazu gehören auch die Heizkosten und die Warmwasserkosten.

Für den schnellen Einstieg

1 Welche Betriebskosten muss ich als Mieter bezahlen?
→ Seite 48

2 Wie oft muss der Vermieter abrechnen? → Seite 51

3 Was sind „warme“ und was „kalte“ Betriebskosten?
→ Seite 47

4 Wann darf der Vermieter die Vorauszahlungen erhöhen?
→ Seite 51

5 Welche Mindestangaben muss eine Betriebskostenabrechnung enthalten? → Seite 51

6 Wie wird in einem Mehrfamilienhaus ein Verteilerschlüssel festgelegt? → Seite 52

7 In welcher Frist muss ein Mieter Fehler bei der jährlichen Abrechnung reklamieren? → Seite 58

Die Betriebskosten

Meist ist die jährliche Betriebskostenabrechnung keine positive Überraschung, denn der Vermieter stellt oft Nachforderungen. Und oft sind die Abrechnungen schwer nachzuvollziehen.

Diese sogenannte „zweite Miete“ lag zuletzt in Deutschland im Durchschnitt bei 2,28 Euro pro Quadratmeter und Monat. Werden alle nur denkbaren und rechtlich zulässigen Betriebskosten Mietern in Rechnung gestellt, fallen oft Kosten von bis zu 3 Euro pro Quadratmeter und Monat an. Für eine 80 Quadratmeter große Wohnung sind das knapp 3.000 Euro im Jahr. Die hohen Kosten sowie komplizierte und fehlerhafte Abrechnungen sind nur einige Gründe, warum die Betriebskosten das Rechtsberatungsthema Nummer eins bei den örtlichen Mietervereinen sind.

Bezahlen müssen Mieter für Betriebskosten – auch Nebenkosten genannt – nur, wenn dies im Mietvertrag ausdrücklich vereinbart ist. Im Mietvertrag können die Betriebskostenarten alle einzeln aufgeführt werden. Fallen diese Kostenarten tatsächlich im Haus an, müssen Mieter diese Kosten dann zusätzlich zur Miete zahlen. Sind im Mietvertrag nur einzelne Betriebskostenarten wie zum Beispiel Wasser, Abwasser, Warmwasser und Heizung aufgeführt, müssen auch nur diese Kosten gezahlt werden – gleichgültig, ob noch weitere Betriebskosten vor Ort entstehen.

Alternativ zu der konkreten Benennung aller denkbaren Betriebskosten kann im Mietvertrag aber auch einfach vereinbart werden, dass der Mieter zum Beispiel die Kosten im Sinn der **Betriebskostenverordnung** oder – in älteren Mietverträgen – alle Kosten laut II. Berechnungsverordnung tragen muss. Dann sind die Zahlung der möglichen **14 „kalten“ Betriebskostenarten** und die Zahlung der **„warmen“ Betriebskosten**, also Heizung und Warmwasser, vertraglich vereinbart.

§ URTEIL

Vertragsvereinbarung „Mieter trägt Betriebskosten“

Zur Abwälzung aller Betriebskosten auf die Mieter des Hauses reicht eine formularmäßige Mietvertragsvereinbarung aus, wonach die Mieter die Betriebskosten zu tragen haben. Eine konkrete Auflistung der Betriebskosten ist nicht erforderlich, auch nicht die ausdrückliche Bezugnahme auf die Betriebskostenverordnung (BGH, Az. VIII ZR 137/15).

Theoretisch kann im Mietvertrag geregelt werden, dass der Mieter für diese Kosten eine monatliche Pauschale zahlt. In aller Regel werden im Mietvertrag aber monatliche Vorauszahlungen oder Abschlagszahlungen vereinbart, über die der Vermieter dann einmal im Jahr abrechnen muss.

Was sind Betriebskosten?

Betriebskosten sind die Kosten, die dem Eigentümer durch das Eigentum am Grundstück oder durch den bestimmungsgemäßen Gebrauch des

Gebäudes, der Nebengebäude, Anlagen, Einrichtungen oder des Grundstücks laufend entstehen. „Laufend entstehen" bedeutet, dass Betriebskosten die Kosten sind, die in regelmäßigen Abständen immer wieder anfallen, monatlich oder jährlich. Einmalkosten sind nie Betriebskosten. Auch Verwaltungs-, Instandsetzungs- oder Instandhaltungskosten sind keine Betriebskosten – so bestimmt es die Betriebskostenverordnung ausdrücklich.

Die **Betriebskostenverordnung** enthält aber nicht nur eine abstrakte Definition dessen, was Betriebskosten sind. Sie listet die einzelnen Betriebskostenarten, die auf den Mieter abgewälzt werden dürfen, abschließend auf. Danach können folgende Kosten durch eine Vereinbarung im Mietvertrag als Betriebskosten auf den Mieter umgelegt werden:

Heizkosten: Versorgt die Heizungsanlage im Haus mindestens zwei Wohnungen, müssen die Kosten verbrauchsabhängig abgerechnet werden. Die Kosten müssen dann immer zusätzlich zur Miete gezahlt werden, Pauschalen sind unzulässig. Zu den Heizkosten gehören die Brennstoffkosten, Wartungskosten, Kosten für Betriebsstrom, Kosten für Immissionsmessungen und für die Wärmemessdienstfirma.

Bei Einfamilienhäusern, Einzelöfen und so weiter ist in der Regel der Mieter für den Einkauf des Brennstoffs verantwortlich. Bei einer Etagenheizung schließen Mieter und Versorger einen entsprechenden Lieferungsvertrag ab.

Warmwasserkosten: Bei einer zentralen Warmwasserversorgung gelten die gleichen Grundsätze wie bei den Heizkosten. Die Kosten für die Erwärmung des Wassers müssen verbrauchsabhängig abgerechnet werden. Die Kosten einer Legionellenprüfung gehören beispielsweise zu den Warmwasserkosten.

Die Kosten der dezentralen Warmwasserversorgung, also zum Beispiel über einen Elektroboiler in der Wohnung, zahlen Mieter normalerweise direkt über ihre Stromrechnung an den Versorger.

Grundsteuer: In der Betriebskostenverordnung ist von „laufenden öffentlichen Lasten des Grundstücks" die Rede, gemeint ist die Grundsteuer. Sie wird von den Gemeinden oder Städten per Bescheid gegenüber dem Eigentümer geltend gemacht.

Kosten der Wasserversorgung: Zu den Wasserkosten gehören an erster Stelle die Kosten des Kaltwasserverbrauchs im Haus oder in der Wohnung. Dazu kommen gegebenenfalls die Kosten einer Wasseruhr inklusive regelmäßiger Eichkosten, die Kosten der Berechnung und Aufteilung, unter Umständen auch Kosten für eine Wasseraufbereitungs- oder eine Wasserhebeanlage. In den meisten Fällen erfolgt die Abrechnung der Wasserkosten nach dem Verteilerschlüssel „Kopfzahl" oder „Wohnfläche". Verbrauchsabhängig müssen die Wasserkosten im Neubau abgerechnet werden oder wenn in den Wohnungen Wasserzähler installiert sind.

Entwässerungskosten: Zu den Abwasser- oder Entwässerungskosten gehören die städtischen Kanalgebühren. Hierzu können aber auch die Kosten für eine private Anlage beziehungsweise die Kosten für Abfuhr und Reinigung einer eigenen Klär- und Sickergrube gezählt werden. Auch von der Gemeinde per Abgabenbescheid erhobene Kosten, wie Sielgebühren, Oberflächenentwässerung, Regenwasser oder Niederschlagswasser, gehören zu den Entwässerungskosten.

Aufzug: Befindet sich im Haus ein Aufzug, sind die laufenden Kosten hierfür Betriebskosten. Gemeint sind Kosten des Betriebsstroms, der Beaufsichtigung, Bedienung, Überwachung und Pflege der Aufzugsanlage, der regelmäßigen Prüfung der Betriebsbereitschaft und Betriebssicherheit, einschließlich der Einstellung durch einen Fachmann, sowie die Kosten der Reinigung der Anlage und die Kosten einer Notrufbereitschaft. Reparaturkosten für den Aufzug sind niemals Betriebskosten.

→ **TIPP** Der Deutsche Mieterbund veröffentlicht regelmäßig einen sogenannten **Betriebskostenspiegel**. Hier werden die im Bundesdurchschnitt gezahlten Beträge für die einzelnen Betriebskostenarten aufgelistet. Außerdem geben co2online und Deutscher Mieterbund jährlich einen **Heizspiegel** heraus, in dem die durchschnittlichen Heizkosten und -verbräuche, nach Größe des Hauses und Energieträger differenziert, veröffentlicht werden. Mehr dazu unter www.mieterbund.de/service.html

Straßenreinigung und Müllbeseitigung: Beide Kostenarten werden dem Vermieter in der Regel von den Städten und Gemeinden durch Abgabenbescheid in Rechnung gestellt. Straßenreinigungsgebühren fallen an für die Säuberung der Straßen und Fußwege. Zu den Kosten der Müllbeseitigung gehören in erster Linie die Kosten der Müllabfuhr. Hinzu kommen aber unter Umständen die laufenden Kosten für einen Müllschlucker, eine Müllschleuse oder andere Systeme zur Erfassung der Müllmengen. Keine Kosten der Müllbeseitigung sind es, wenn Container aufgestellt werden, um nach Umbau- oder Modernisierungsarbeiten Bauschutt abzufahren oder Sperrmüll zu entsorgen.

§ URTEIL

Müllmanagement

Zu den Kosten der Müllbeseitigung gehören auch die Kosten eines Müll- oder Behältermanagements, wenn ein externer Dienstleister die Restmüllbehälter regelmäßig kontrolliert (BGH, Az. VIII ZR 117/21).

Gebäudereinigung und Ungezieferbekämpfung: Das sind Kosten für die Säuberung der gemeinsam genutzten Gebäudeteile, wie Zugänge, Flure, Treppen, Keller, Bodenräume, Waschküchen und so weiter. Werden die Reinigungsarbeiten von einer Firma oder Reinigungskraft erledigt, können die Kosten in die Betriebskostenabrechnung eingestellt werden. Soweit Mieter laut Mietvertrag verpflichtet sind, die Gemeinschaftsräume selbst in regelmäßigen Abständen zu reinigen, fallen keine umlagefähigen Gebäudereinigungskosten an.

Die Kosten für die Ungezieferbekämpfung sind in der Regel gering. Gemeint sind hier laufend entstehende Kosten für vorbeugende Maßnahmen der Ungezieferbekämpfung.

Gartenpflege: Das sind die ständig wiederkehrenden Pflegekosten der zum Haus gehörenden Grünanlagen, einschließlich der Erneuerung von Pflanzen und Gehölzen, oder die Kosten der Fällung morscher, nicht mehr standsicherer Bäume (BGH, Az. VIII ZR 107/20). Hierunter können auch Kosten für die Pflege von Spielplätzen fallen, einschließlich der Erneuerung von Sand. Selbst wenn die Grünanlage des Hauses von den Mietern nicht genutzt werden darf, müssen sie derartige Gartenpflegekosten für den „Blick ins Grüne" zahlen. Anders, wenn der Garten nur vom Vermieter selbst oder nur vom Erdgeschossmieter genutzt wird. Dann müssen die übrigen Bewohner des Hauses nichts zahlen.

Kosten der Beleuchtung: Das sind die Kosten für den Allgemeinstrom, das heißt für die Außenbeleuchtung und die Beleuchtung der gemeinsam genutzten Gebäudeteile, wie Zugänge, Flur, Treppen, Keller, Bodenräume und Waschküche.

§ URTEIL

Versicherung

Die Kosten der Sach- und Haftpflichtversicherung dürfen in der Betriebskostenabrechnung in einer Summe ausgewiesen werden. Der Vermieter muss nicht die einzelnen Versicherungsarten aufschlüsseln, zum Beispiel Gebäudeversicherung, Glasversicherung, Haftpflichtversicherung für das Gebäude, für den Öltank oder für den Aufzug (BGH, Az. VIII ZR 346/08). Auch Frischwasser und Abwasser können zusammen abgerechnet werden, und zwar nach dem durch einen Zähler erfassten Frischwasserverbrauch (BGH, Az. VIII ZR 371/19). Derartige Zusammenfassungen sind nur für eng zusammenhängende Nebenkosten erlaubt. Trinkwasseruntersuchung, Dachrinnenreinigung und diverse Wartungskosten müssen deshalb einzeln ausgewiesen werden (BGH, Az. VIII ZR 371/19).

Schornsteinreinigung: Hierunter fallen Kosten für den Schornsteinfeger, also die Kehrgebühren, und unter Umständen auch Kosten für Immissionsmessungen.

Sach- und Haftpflichtversicherung: Gemeint sind Kosten der Versicherung des Gebäudes gegen Feuer-, Sturm- und Wasserschäden, Kosten der Glasversicherung, der Haftpflichtversicherung für Gebäude, Öltank und Aufzug. Auch Kosten für eine Versicherung gegen Elementarschäden, wie Überschwemmungen oder Erdbeben, zählen hierzu. Dagegen sind die Prämien für eine Rechtsschutzversicherung oder eine Hausratversicherung des Vermieters keine umlagefähigen Betriebskosten.

Hauswart: Zu den Hausmeister- oder Hauswartkosten gehören in erster Linie die Kosten für die Vergütung des Hausmeisters, inklusive Sozialbeiträge, beziehungsweise die Kosten einer Drittfirma, die die Hausmeisteraufgaben erledigt. Zu den typischen Hausmeisteraufgaben gehören körperliche Arbeiten, wie zum Beispiel Haus-, Treppen- und Straßenreinigung, Gartenpflege, Bedienung und Überwachung der Sammelheizung, der Warmwasserversorgung und des Fahrstuhls. Soweit der Hausmeister auch für Reparaturen oder Verwaltungsarbeiten im Haus zuständig ist, gehören die hierfür anteilig anfallenden Kosten nicht in die Betriebskostenabrechnung, sie müssen also aus den Hausmeisterkosten herausgerechnet werden.

Ist der Hausmeister auch für Gartenpflegearbeiten oder die Hausreinigung verantwortlich, fallen in aller Regel für diese Betriebskostenpositionen nicht noch einmal zusätzliche, eigenständig abzurechnende Kosten an – es sei denn, zusätzliche Arbeitskräfte oder Dienstleistungen werden als Hausreinigung beziehungsweise Gartenpflege abgerechnet.

Gemeinschaftsantenne und Kabelfernsehen: Die Kosten des Betriebs der Gemeinschaftsantennenanlage sind umlagefähige Betriebskosten. Bis zum 30. Juni 2024 galt das auch für die Kosten des Breitbandkabelnetzes. Durch eine Neuregelung des Telekommunikationsgesetzes ist dieses sogenannte „Nebenkostenprivileg“ entfallen und Kosten fürs Kabelfernsehen dürfen für Abrechnungszeiträume ab dem 1. Juli 2024 nicht mehr über die Betriebskosten umgelegt werden. Somit können in Jahresabrechnungen für 2024 die Kosten fürs Kabelfernsehen nur für die ersten sechs Monate geltend gemacht werden.

Einrichtungen für die Wäschepflege: Hat der Vermieter zum Beispiel im Keller Waschmaschinen, Wäschetrockner und so weiter für die Mieter aufgestellt, dürfen die laufenden Kosten dieser Geräte als Betriebskosten abgerechnet werden.

§ URTEIL

Erhöhung der Vorauszahlungen

Der Vermieter kann nur auf der Grundlage einer Betriebskostenabrechnung, die mit einem Saldo zu seinen Gunsten endet, die monatlichen Abschlagszahlungen (Vorauszahlungen) erhöhen. Voraussetzung ist, dass die Abrechnung korrekt und fehlerfrei ist (BGH, Az. VIII ZR 245/11 und VIII ZR 246/11).

Sonstige Kosten: Hierunter können die Kosten für ein Schwimmbad, eine Sauna oder andere Gemeinschaftseinrichtungen im Haus fallen. Auch Prüfgebühren für Feuerlöscher oder die Dachrinnenreinigung sind denkbare „sonstige Betriebskosten".

§ URTEIL

Rauchwarnmelder

Die Wartungskosten für Rauchwarnmelder sind „sonstige Betriebskosten". Die Kosten der Anmietung von Rauchwarnmeldern sind keine Betriebskosten (BGH, Az. VIII ZR 379/20, und BGH, Az. VIII ZR 117/21).

Voraussetzung ist immer, dass die Kosten laufend entstehen und ausdrücklich im Mietvertrag aufgeführt werden. Es reicht nicht aus, dass im Mietvertrag von „sonstigen Betriebskosten" die Rede ist oder auf Kosten gemäß der Betriebskostenverordnung verwiesen wird. Der Vermieter muss im Mietvertrag genau angeben, welche Kostenarten er als „sonstige Betriebskosten" abrechnen will.

Die Abrechnung

Sind im Mietvertrag monatliche Vorauszahlungen für die Betriebskosten vereinbart, muss der Vermieter einmal im Jahr abrechnen. Die Abrechnung muss **schriftlich** erfolgen, an die Mieter adressiert sein und ihnen zugeschickt werden.

In der Regel erhalten Mieter zwei Abrechnungen: Die verbrauchsabhängige Abrechnung der Heizkosten und des Warmwassers, genannt „warme" Betriebskosten, und die Abrechnung der „kalten" Betriebskosten. Beide Abrechnungen können zusammen oder einzeln verschickt werden.

Dabei müssen die Abrechnungen so gestaltet sein, dass sie ein durchschnittlicher, juristisch und betriebswirtschaftlich nicht geschulter Mieter, der nicht täglich mit solchen Dingen zu tun hat, nachvollziehen und überprüfen kann.

Ob die Abrechnungen von Vermietern, Hausverwaltungen oder Wärmemessdienstfirmen diesen Ansprüchen genügen, kann mit Fug und Recht bezweifelt werden. Auf den **Seiten F-63 bis F-70** finden Sie **Musterabrechnungen** für „Heizung und Warmwasser" sowie für „kalte Betriebskosten", jeweils mit Erläuterungen **(→ Seiten F-54 und F-58)**.

Folgende **Mindestangaben und Informationen** muss eine **Betriebskostenabrechnung** enthalten:

→ **Angabe des Abrechnungszeitraums:** Das kann der Zeitraum eines Kalenderjahrs sein, also vom 1. Januar bis 31. Dezember. Als Abrechnungszeitraum kommen aber auch Zeitspannen zwischen 1. Oktober und 30. September oder vom 1. April bis zum 31. März in Betracht. Wichtig ist, dass die Nebenkostenabrechnung sich immer auf einen Zeitraum von zwölf Monaten erstreckt.

→ **Zusammenstellung der Gesamtkosten:** Der Vermieter muss alle Kosten, die in seinem Haus in der angegebenen Abrechnungsperiode angefallen sind, zusammenstellen. Er muss die Kostenarten einzeln auflisten. Der Mieter soll auf einen Blick prüfen können, ob tatsächlich nur die gesetzlich zulässigen und vertraglich vereinbarten Kostenarten umgelegt werden.

→ **Verteilerschlüssel:** Die Gesamtkosten des Hauses müssen dann anhand des vereinbarten Aufteilungsmaßstabs auf die einzelnen Wohnungen im Haus, das heißt auf die einzelnen Mietparteien, verteilt werden. Der Vermieter muss in seiner Abrechnung die Rechenschritte hierzu erklären und angeben, welchen Verteilerschlüssel er anwendet.
Für die Verteilung der 14 „kalten" Betriebskostenarten gilt der im Mietvertrag vereinbarte Aufteilungsmaßstab oder der vom Vermieter festgelegte Verteilerschlüssel. Die gebräuchlichsten Verteilerschlüssel sind „Wohnungsgröße" oder „Personenzahl". Denkbar ist es auch, Kosten nach Wohneinheiten, nach Kubikmetern umbauten Raums oder nach Miteigentumsanteilen zu verteilen. Wasserkosten zum Beispiel können auch verbrauchsabhängig abgerechnet werden, wenn entsprechende Erfassungssysteme, also Wasseruhren in den Wohnungen, installiert sind. Ist nicht ausdrücklich ein Verteilermaßstab zwischen Mieter und Vermieter vereinbart, gilt die Wohnfläche als Verteilungsmaßstab, in Wohnungseigentumsanlagen die Miteigentumsanteile.

§ URTEIL

Verteilerschlüssel

An Nebenkostenabrechnungen dürfen keine hohen formalen Anforderungen gestellt werden. Die Erläuterung des Umlageschlüssels ist nur ausnahmsweise für die formale Ordnungsgemäßheit einer Abrechnung erforderlich. Der Verteilungsmaßstab „Fläche" ist verständlich (BGH, Az. VIII ZR 244/18).

→ **Berechnung des Kostenanteils für den einzelnen Mieter:** Kommt es hier auf die Wohnungsgröße an, müssen die Gesamtkosten einer Kostenart umgerechnet werden auf die Wohnfläche des ganzen Mietshauses. In einem zweiten Schritt wird dann dieser errechnete Quadratmeterpreis mit der Wohnfläche der einzelnen Mieterhaushalte multipliziert.

Wird nach Personenzahl verteilt, werden zunächst die Gesamtkosten auf alle Bewohner des Hauses aufgeteilt und dann der „Pro-Kopf-Preis" mit der Anzahl der Bewohner der einzelnen Haushalte multipliziert.

→ **Verrechnung der Kosten mit den Vorauszahlungen:** Am Ende der jeweiligen Betriebskostenabrechnung muss der Vermieter den auf den Mieter entfallenden Kostenanteil mit dessen in der Abrechnungsperiode geleisteten Vorauszahlungen verrechnen. Dann kann es zu Nachforderungen des Vermieters oder zu Rückzahlungen an den Mieter kommen.

Besonderheiten bei Heizung und Warmwasser

Die Heizkostenverordnung schreibt zwingend vor, dass Heizkosten verbrauchsabhängig abzurechnen sind, wenn zwei oder mehr Wohnungen von einer Heizanlage versorgt werden. Erfolgt hierüber auch die Erwärmung des Warmwassers, muss auch das Warmwasser verbrauchsabhängig abgerechnet werden.

Ausnahmen von der Pflicht zur Verbrauchsabrechnung gibt es nur, wenn die Verbrauchserfassung technisch nicht möglich oder unwirtschaftlich ist, wenn die Mieter den Wärmeverbrauch in ihren Wohnungen nicht beeinflussen können, in Alten- und Pflegeheimen, Studierenden- und Lehrlingsheimen oder in Passivhäusern, in denen praktisch keine Energie verbraucht wird. Die Pflicht beziehungsweise Notwendigkeit, verbrauchsabhängig abzurechnen, kann auch nicht durch Regelungen im Mietvertrag ausgeschlossen werden. Einzige Ausnahme: Bei einer zentralen Heizungsanlage in einem Zweifamilienhaus, in dem Mieter und Vermieter unter einem Dach wohnen, können die beiden Parteien auch einen anderen Verteilermaßstab, eine Inklusivmiete oder Heizkostenpauschale vereinbaren.

Verbrauchsabhängige Abrechnung bedeutet, der Vermieter muss mindestens 50 Prozent und höchstens 70 Prozent der Heiz- und Warmwasserkosten nach Verbrauch verteilen. Die restlichen 30 bis 50 Prozent werden auch bei einer verbrauchsabhängigen Abrechnung nach einem festen Maßstab, in der Regel nach Wohnfläche, verteilt. Zulässig ist aber auch die Verteilung dieser Kosten nach umbautem Raum oder nach der beheizten Fläche.

Von diesen Aufteilungsgrundsätzen gibt es noch zwei Ausnahmen:

- Sind sich Vermieter und alle Mietparteien einig, kann vereinbart werden, dass die Kosten zu 100 Prozent nach Verbrauch abgerechnet werden.
- 70 Prozent verbrauchsabhängig und 30 Prozent nach einem festen Maßstab muss in älteren Gebäuden abgerechnet werden, die schlecht wärmegedämmt sind und nicht die Anforderungen der Wärmeschutzverordnung von 1994 erfüllen. Weitere Voraussetzungen sind Öl- oder Gasheizung und freiliegende Heizleitungen, überwiegend gedämmt.

§ URTEIL

Schätzung der Heizkosten

Kann der am Heizkörper abgelesene Messwert aus zwingenden physikalischen Gründen nicht dem tatsächlichen Verbrauchswert entsprechen, muss der Vermieter den Wärmeverbrauch des Mieters schätzen (BGH, Az. VIII ZR 310/12). Hierzu kann der Vermieter entweder auf den Verbrauch der Räume in vergleichbaren früheren Abrechnungszeiträumen oder auf den Verbrauch vergleichbarer anderer Räume im jeweiligen Abrechnungszeitraum oder auch in anderen Gebäuden (BGH, Az. VIII ZR 264/19) zurückgreifen. Geschieht das nicht, kann der Vermieter die Heizkosten auch nach der Wohnfläche verteilen. Dann muss er aber in der verbrauchsunabhängigen Abrechnung die Kosten von vornherein um 15 Prozent kürzen.

Zur Durchführung der verbrauchsabhängigen Abrechnung müssen alle Wohnungen beziehungsweise Räume der Wohnung mit einem entsprechenden Erfassungssystem ausgerüstet sein, das dann einmal im Jahr abgelesen wird. Sind in der Wohnung Heizkostenverteiler, Verdunster oder einfache elektronische Heizkostenverteiler an den Heizkörpern montiert, muss ein Mitarbeiter des Vermieters, meistens aber ein Mitarbeiter der eingeschalteten Wärmemessdienstfirma, die Geräte in der Wohnung ablesen, natürlich nach vorheriger Ankündigung. Mieter müssen mindestens 10 bis 14 Tage vor dem Ablesetermin informiert werden – entweder per Brief oder durch einen Aushang an gut sichtbarer Stelle im Haus. Kann der Mieter den vorgegebenen Termin nicht einhalten, muss er den Vermieter beziehungsweise die Wärmemessdienstfirma informieren. Dann wird ein zweiter Ablesetermin angesetzt. Kosten dürfen die Wärmemessdienstfirmen dem Mieter hierfür nicht in Rechnung stellen.

„Gilt bei der Verteilung der Betriebskosten nach Quadratmetern die tatsächliche Wohnfläche oder die im Mietvertrag aufgeführte Fläche?"

Im Juni 2018 hat der Bundesgerichtshof (Az. VIII ZR 220/17) entschieden, dass die tatsächliche Wohnungsgröße und nicht die im Mietvertrag genannte oder vereinbarte Größe entscheidend ist. Von diesem Grundsatz gibt es keine Ausnahme, auch keine Toleranzgrenze, zum Beispiel von 10 Prozent.

Moderne elektronische Heizkostenverteiler sind mit Funktechnik ausgerüstet. Die Ablesewerte oder Verbrauchszahlen werden per Funk übertragen, ein Betreten der Wohnung ist dann nicht mehr notwendig. Die Heizkostenverordnung schreibt seit dem 1. Dezember 2021 vor, dass der Vermieter nur noch funkbetriebene Geräte neu einbauen darf. Vorhandene Systeme müssen bis Ende 2026 durch Geräte ersetzt werden, die fernablesbar sind. Neu ist aber auch, dass Mieter bestimmte Verbrauchsinformationen schriftlich oder elektronisch erhalten müssen, sobald es fernablesbare Geräte gibt. Die Informationen sind: Verbrauch des Mieters im letzten Monat und Vergleich mit dem Verbrauch im Vormonat und Vergleich mit dem entsprechenden Monatsverbrauch des Vorjahres sowie seit dem 1. Januar 2022 monatlich ein Vergleich mit dem Verbrauch eines Durchschnittsmieters.

→ **ACHTUNG Mieter hat Kürzungsrecht**
Mieter haben Anspruch auf eine verbrauchsabhängige Heiz- und Warmwasserkostenabrechnung. Rechnet der Vermieter nicht verbrauchsabhängig ab, können Mieter ihre Ansprüche einklagen, und sie haben das Recht, die auf sie entfallenden Heiz- oder Warmwasserkosten um 15 Prozent zu kürzen. Das gilt auch, wenn der Vermieter zur Abtrennung der Warmwasserkosten keine vorgeschriebenen Wärmezähler verwendet hat (BGH, Az. VIII ZR 151/20). Gekürzt werden dürfen die Warmwasser- und die Heizkosten. Ausnahme: Wärmezähler sind nur mit unzumutbar hohem Aufwand möglich. Anders wenn der Vermieter nach dem falschen Verteilungsmaßstab abrechnet. Hier hat der Mieter kein 15-prozentiges Kürzungsrecht, sondern nur einen Anspruch auf eine korrekte Abrechnung (BGH, Az. VIII ZR 123/17).

Hat der Vermieter entgegen seiner Verpflichtung keine fernablesbaren Erfassungssysteme installiert, darf der Mieter seinen Anteil an den Heiz- und Warmwasserkosten um drei Prozent kürzen. Ebenfalls ein dreiprozentiges Kürzungsrecht hat der

Checkliste Betriebskostenabrechnung (→ Seite F-71) und Checkliste Heizkostenabrechnung (→ Seite F-67)

Im zweiten Teil des Buchs finden Sie zur Überprüfung Ihrer jährlichen Abrechnungen die **Checkliste zur Betriebskostenabrechnung** und die **Checkliste zur Heizkostenabrechnung.**

Erläuterungen und Hinweise zu den Checklisten finden Sie auf den **Seiten F-54 bis F-58.**

Mieter, wenn der Vermieter seinen monatlichen Informationspflichten (siehe oben) nicht nachkommt. Außerdem kann der Mieter seine Heizkostenabrechnung um drei Prozent kürzen, wenn der Vermieter die nach dem CO_2-Kostenaufteilungsgesetz vorgegebenen Angaben und Mitteilungen nicht gemacht hat (gilt erstmals für Abrechnungszeiträume ab 2023).

Umsatzsteuersenkung
Wegen des Ukraine-Krieges wurde der Umsatzsteuersatz auf die Lieferung von Gas und Wärme über das Erdgas- und Wärmenetz vom 1. Oktober 2022 bis 31. März 2024 auf 7 Prozent gesenkt. Betroffen von dieser Regelung können Heizkostenabrechnungen sein, die die Jahre 2022 bis 2024 zumindest teilweise betreffen. Eine Überprüfung der Abrechnung kann sich hier lohnen.

CO_2-Abgabe
Seit 2021 gibt es die CO_2-Abgabe. Sie erhöht den Preis der Heiz- und Warmwasserkosten. Der festgelegte Preis betrug 25 Euro pro Tonne CO_2 im Jahr 2021, der Preis stieg 2022 und 2023 auf 30 Euro und im Jahr 2024 verteuern sich Öl und Gas um 45 Euro pro Tonne. Zunächst mussten Mieter den CO_2-Preisaufschlag auf die Heizkosten allein zahlen, obwohl sie keinen Einfluss auf den Energieträger oder den Modernisierungszustand in ihrem Gebäude hatten. Seit dem 1.1.2023 muss der Vermieter nach dem CO_2-Aufteilungsgesetz jedoch einen Teil der CO_2-Kosten selbst tragen. Diese Neuregelung gilt für alle Abrechnungsperioden, die am oder nach dem 1.1.2023 begonnen haben. Das Gesetz gilt für die Beheizung mit Erdgas, Flüssiggas, Heizöl und anderen fossilen Brennstoffen. Für die Versorgung mit Fern- und Nahwärme greift die CO_2-Kostenbeteiligung, soweit zur Wärmeerzeugung fossile Brennstoffe eingesetzt werden. Die Kostenaufteilung zwischen Vermieter und Mieter regelt ein Stufenmodell. Je höher der CO_2-Ausstoß eines Gebäudes (je Quadratmeter Wohnfläche), desto höher ist der vom Vermieter zu tragende Anteil.

Der Vermieter zahlt den CO_2-Zuschlag:
zu 90 Prozent bei einer Energiebilanz größer/ gleich 52 Kilogramm CO_2 pro Quadratmeter und Jahr,
zu 80 Prozent bei 47 bis 52 Kilogramm,
zu 70 Prozent bei 42 bis 47 Kilogramm,
zu 60 Prozent bei 37 bis 42 Kilogramm,
zu 50 Prozent bei 32 bis 37 Kilogramm,
zu 40 Prozent bei 27 bis 32 Kilogramm,
zu 30 Prozent bei 22 bis 27 Kilogramm,
zu 20 Prozent bei 17 bis 22 Kilogramm,
zu 10 Prozent bei 12 bis 17 Kilogramm
und 0 Prozent bei weniger als 12 Kilogramm CO_2.

Die Vermieterbeteiligung entfällt auch bei einem Anschluss und Benutzungszwang mit Fernwärme oder wenn Bestimmungen zum Denkmalschutz oder Milieuschutz energetischen Maßnahmen entgegenstehen. Die notwendigen Informationen zur Berechnung des CO_2-Ausstoßes müssen die Brennstofflieferanten in ihren Rechnungen ausweisen, zum Beispiel den Immissionsfaktor des Brennstoffs und den Energiegehalt des Brennstoffs in Kilowattstunden (kWh). Der Vermieter muss im Rahmen der jährlichen Heizkostenabrechnung seinen CO_2-Kostenanteil berechnen und von den umzulegenden Heizkosten abziehen. Unterbleibt die Berechnung des Vermieteranteils, kann der Mieter seine Heizkosten um 3 Prozent kürzen oder er kann seinen Anspruch auf Kostenbeteiligung beispielsweise dadurch durchsetzen, dass er einen Teil seiner Nachzahlung oder seiner Vorauszahlungen zurückbehält.

Weitere Gesetze und Verordnungen
Bedingt durch die Energiekrise kamen weitere Vorschriften zur Senkung der Energiekosten und zur Sicherung der Energieversorgung hinzu:

→ **Erdgas-Wärme-Soforthilfegesetz (Dezemberhilfe)**
Vermieter haben bei einer Gasheizung oder bei Wärmelieferung eine Entlastung in Höhe des Abschlags für einen Monat erhalten. Diese

Entlastung muss über die Heizkostenabrechnung für das Jahr 2022 an die Mieter weitergegeben werden (siehe Musterabrechnung, → Seite F-63).

- → **Verwaltungsvereinbarung zum Härtefallfonds für nichtleitungsgebundene Energieträger, wie Heizöl, Flüssiggas, Kohle oder Pellets**
  Hier erhält der Vermieter eine Entlastung, die er an seine Mieter weitergeben muss, wenn er für Heizöllieferungen in 2022 mehr als das Doppelte des Referenzpreises (für Heizöl zum Beispiel 0,71 Euro pro Liter inklusive Umsatzsteuer) gezahlt hat. Dann kann er von dem oberhalb dieser Grenze liegenden Betrag 80 Prozent, maximal jedoch 2.000 Euro, erstattet erhalten.
- → **Erdgas-Wärme-Preisbremsengesetz**
  Dieses Gesetz gilt für das Abrechnungsjahr 2023. Der Erdgas- beziehungsweise Wärmelieferant muss einen monatlichen Entlastungsbetrag gutschreiben. Für 80 Prozent des Verbrauchs erfolgt eine Reduzierung des Preises. Berechnungsgröße ist der im September 2022 prognostizierte Verbrauch oder der Verbrauch des Kalenderjahres 2021. Folge: Für die ersten 80 Prozent des Gasverbrauchs zahlt der Mieter (Verbraucher) 12 Cent pro Kilowattstunde beziehungsweise 9,5 Cent pro Kilowattstunde bei Fernwärme. Für die weiteren 20 Prozent zahlt er den vollen Preis.
- → **Strompreisbremse**
  Damit wurde 2023 der Strompreis bei 40 Cent pro Kilowattstunde gedeckelt, für 80 Prozent des gemessenen Vorjahresverbrauchs. Für den übrigen Verbrauch gilt der Marktpreis.
- → **Kurzfristenenergieversorgungssicherungsmaßnahmen-Verordnung**
  Sie galt bis zum 15.4.2023 und regelte Informationspflichten des Vermieters über Energieverbräuche des Hauses und der Wohnung sowie über Einsparpotenziale.
- → **Mittelfristenenergieversorgungssicherungsmaßnahmen-Verordnung**
  Sie gilt für die Zeit vom 1.10.2022 bis 30.9.2024 für Gasheizungen. Den Vermieter treffen Prüf- und Optimierungspflichten, um einen möglichst sparsamen Betrieb der Gasheizung sicherzustellen.
- → Um die drastischen Energiepreissteigerungen abzufedern, hatte die Bundesregierung schon 2022 **verschiedene Entlastungen** auf den Weg gebracht: Eine EEG-Umlage wird nicht mehr erhoben, es gibt einen Heizkostenzuschuss für Wohngeldbezieher, Bafög-Bezieher und Empfänger von Berufsausbildungsbeihilfe und eine Energiepreispauschale für alle einkommensteuerpflichtigen Personen und für Rentner sowie einen Familienzuschuss und eine Einmalzahlung für Transferleistungsbezieher.

Fristen

Für Betriebskostenabrechnungen gibt es eine Abrechnungs- und eine Ausschlussfrist. Spätestens **zwölf Monate nach Ende der Abrechnungsperiode** muss der Vermieter über die Betriebskosten abgerechnet haben. Das bedeutet, zu diesem Zeitpunkt muss der Mieter die Abrechnung erhalten haben. Hält der Vermieter diese Frist nicht ein und schickt er die Abrechnung erst zu einem späteren Zeitpunkt an den Mieter, muss der keine sich aus der Abrechnung ergebende Nachforderung mehr bezahlen. Dabei spielt es keine Rolle, ob die Abrechnung des Vermieters sachlich in Ordnung ist oder nicht.

Der Vermieter hält die zwölfmonatige Abrechnungsfrist schon dann ein, wenn er innerhalb dieser Zeit dem Mieter eine formell ordnungsgemäße Abrechnung zusendet. Sie muss nicht inhaltlich richtig sein, innerhalb der 12-Monatsfrist darf der Vermieter Fehler korrigieren. Nach Ablauf der zwölf Monate ist aber eine Korrektur zulasten des Mieters unzulässig. Anders allenfalls dann, wenn der

Fehler in der Abrechnung offensichtlich war, auf einem Versehen des Vermieters beruhte und der Mieter den Fehler leicht hätte erkennen können.

Rechnet der Vermieter verspätet ab und endet die Abrechnung mit einem Guthaben für den Mieter, muss der Vermieter dieses Guthaben auszahlen. Nur Nachforderungen aus der verspäteten Abrechnung kann er nicht mehr geltend machen.

Rechnet der Vermieter überhaupt nicht ab, kann der Mieter die Abrechnung einklagen, er kann auch Druck auf den Vermieter ausüben und die laufenden Vorauszahlungen stoppen.

Prüfung der Abrechnung

Nach den Erfahrungen des Deutschen Mieterbunds sind viele Betriebskostenabrechnungen unvollständig, unplausibel oder falsch. Deshalb sollten Betriebskostenabrechnungen immer sorgfältig geprüft werden. Checklisten zur Betriebskostenabrechnung und Heizkostenabrechnung finden Sie auf den **Seiten F-71 und F-67.**

Inhaltliche Fehler und formelle Mängel kann der Mieter reklamieren und entsprechende Korrekturen fordern. Tauchen einzelne Kostenarten neu, also das erste Mal in der Abrechnung auf oder gibt es nennenswerte Preisunterschiede bei einzelnen Betriebskosten gegenüber dem Vorjahr, kann der Vermieter auch aufgefordert werden, dies zu erklären. Reagiert er nicht oder sind die Informationen des Vermieters nicht ausreichend, kann der Mieter immer auch Einsicht in Belege und Rechnungsunterlagen nehmen, um die Abrechnung zu prüfen und nachvollziehen zu können.

Erscheinen dem Mieter die abgerechneten Kosten zu hoch, muss er die Belege und Unterlagen beim Vermieter prüfen. Er kann nicht einfach „ins Blaue hinein" behaupten, es wäre „zu teuer". Der Mieter hat das Recht, alle Unterlagen zu sichten und zu prüfen, die der Vermieter bei den abgerechneten Kosten zugrunde gelegt hat. Dazu gehören die Versicherungspolicen und -rechnungen, der Hausmeistervertrag oder die Wasserabrechnungen des Versorgers, der Grundsteuerbescheid, Verträge mit Reinigungsfirmen, Gärtnereien und deren Rechnungen oder auch die Heizkostenabrechnung für das Haus mit den einzelnen Verbrauchsdaten.

Solange der Vermieter die Belegeinsicht verweigert, muss der Mieter eine eventuelle Nachforderung aus der Abrechnung nicht zahlen.

§ URTEIL

Einsicht in Abrechnungsunterlagen

Mieter können Nachzahlungen aus einer Betriebskostenabrechnung zurückhalten, bis ihnen der Vermieter die Überprüfung der Abrechnung ermöglicht. Hierzu gehört auch die vom Mieter geforderte Einsicht in Abrechnungsunterlagen, zum Beispiel auch in Verträge des Vermieters mit Dritten. Das können Arbeitsverträge mit dem Hausmeister, Versicherungsverträge oder auch Wärmelieferungsverträge sein. Hier muss der Mieter die Möglichkeit haben, die Preisberechnungsformel und die Preisänderungsformel kennenzulernen. Das Zurückbehaltungsrecht gilt in diesen Fällen auch für die laufenden Vorauszahlungen (BGH, Az. VIII ZR 38/11). Hat der Vermieter einen Dritten mit einer Dienstleistung, wie zum Beispiel der Hausreinigung, beauftragt, und dieser wiederum ein Subunternehmen, hat der Mieter kein Einsichtsrecht in das Vertragsverhältnis zwischen dem Dritten und dem Subunternehmen. Anders, wenn zwischen Vermieter und Drittem keine Vergütung vereinbart war, sondern eine Kostenerstattung (BGH, Az. VIII ZR 102/21 und BGH, Az. VIII ZR 114/21).

§ URTEIL

Fehler reklamieren

Spätestens zwölf Monate, nachdem er die Nebenkostenabrechnung erhalten hat, muss der Mieter eventuelle Fehler reklamieren. Geschieht das nicht, muss er auf die falsche Abrechnung zahlen. Das gilt selbst dann, wenn der Vermieter Jahr für Jahr den gleichen Fehler in der Abrechnung macht und der Mieter in den vergangenen Jahren immer erfolgreich reklamiert hatte (BGH, Az. VIII ZR 185/09).

Der Vermieter ist grundsätzlich verpflichtet, die Rechnungsunterlagen im Original (BGH, Az. VIII ZR 66/20) in seinem Büro beziehungsweise im Büro seines Verwalters offenzulegen und vorzuzeigen. Die Vorlage von Kopien oder Scans reicht nur ausnahmsweise. Die Bundesregierung hat hier jedoch eine Änderung beschlossen. Künftig soll der Vermieter Belege auch in digitaler Form bereitstellen dürfen. Er muss keinen konkreten Termin für die Belegeinsicht vorschlagen. Es reicht aus, wenn er mitteilt, dass die Unterlagen zu den üblichen Geschäftszeiten zur Einsicht zur Verfügung stehen. Während der Belegprüfung im Büro des Vermieters oder der Hausverwaltung kann der Mieter die Unterlagen zumindest mit eigener Ausstattung fotografieren, scannen oder ablichten. Teilweise gibt die Rechtsprechung dem Mieter auch das Recht, Fotokopien zu fordern.

Befindet sich das Büro des Vermieters nicht am Wohnort des Mieters, muss der Vermieter für den Mieter die Möglichkeit organisieren, Belegeinsicht vor Ort zu nehmen oder er muss dem Mieter Belegkopien zusenden. Einen generellen Anspruch auf Zusendung von Belegkopien hat der Mieter aber nicht, es sei denn, dem Mieter ist die Einsichtnahme in den Räumen des Vermieters nicht möglich, wegen der großen räumlichen Entfernung oder wegen Krankheit.

Für das Prüf- und Einsichtsrecht gibt es keine besonderen Formvorschriften oder Fristen. Mieter haben in der Regel zwei bis vier Wochen Zeit zu prüfen, ob Einwendungen erhoben werden sollen oder nicht.

Unabhängig hiervon bestimmt das Gesetz, dass der Mieter **spätestens zwölf Monate nach Zugang der Abrechnung** Einwendungen gegen die Abrechnung erhoben haben muss. Danach kann er keine Fehler oder Ungereimtheiten in der Abrechnung mehr reklamieren. Das bedeutet aber nicht, dass der Mieter zwölf Monate Zeit hat, eine eventuelle Nachforderung des Vermieters zu bezahlen. Die zwölfmonatige Einwendungsfrist legt lediglich fest, ab welchem Zeitpunkt Beanstandungen durch den Mieter nicht mehr möglich sind – egal, wie falsch die Abrechnung des Vermieters ist.

§ URTEIL

Korrektur nach Treu und Glauben

Von der gesetzlichen Regelung, dass eine Betriebskostenabrechnung zwölf Monate nach Ende der Abrechnungsperiode nicht mehr zum Nachteil des Mieters korrigiert werden darf, gibt es eine Ausnahme „nach Treu und Glauben". Mieter können sich dann nicht auf die gesetzliche Abrechnungs- und Ausschlussfrist berufen, wenn der Fehler in der Abrechnung offensichtlich war, auf einem Versehen beruht und der Mieter den Fehler leicht hätte erkennen können. Hier hatte der Vermieter falsche Vorauszahlungsbeträge in die Abrechnung eingestellt (BGH, Az. VIII ZR 133/10).

Modernisierung

Wenn die Wohnung oder das Haus durch bauliche Maßnahmen modernisiert werden soll, gibt es oft Streit: Der Mieter muss Einschränkungen in Kauf nehmen, wenn saniert und erneuert wird, und außerdem hat der Vermieter das Recht, seine Kosten später auf die Miete umzulegen. Möchte ein Mieter modernisieren, gibt es auch hierfür Bestimmungen.

Für den schnellen Einstieg

1 Ist der Vermieter verpflichtet, Modernisierungsmaßnahmen anzukündigen? → Seite 64

2 Kann ich gegen die Modernisierungsabsicht meines Vermieters Widerspruch einlegen? → Seite 67

3 Welche Modernisierungsmaßnahmen darf ich als Mieter selbst durchführen? → Seite 73

4 Wann darf der Vermieter nach Modernisierungsmaßnahmen die Miete erhöhen? → Seite 70

5 Welche Mieterhöhungsmöglichkeiten gibt es? → Seite 72

6 Welche Kappungsgrenze gilt bei Modernisierungen? → Seite 69

7 Was ist, wenn ich meine Wohnung barrierefrei umbauen möchte? → Seite 74

8 Was ist ein vereinfachtes Mieterhöhungsverfahren? → Seite 72

Modernisierungsmaßnahmen

Neben der üblichen Instandhaltung, zu der der Vermieter verpflichtet ist, kann er auch Modernisierungsmaßnahmen vornehmen lassen, welche die Wohnung oder das Haus grundsätzlich verbessern – das klingt gut, hat aber für Mieter auch Nachteile.

Treten während der Mietzeit Mängel oder Schäden an der Mietsache auf, muss der Vermieter sie beseitigen und reparieren lassen. Er ist zur Instandhaltung und Instandsetzung verpflichtet (→ Seite 66). Eine Mieterhöhung darf er hierfür nicht verlangen.

Anders aber, wenn während der Mietzeit modernisiert oder die Mietsache durch bauliche Maßnahmen verbessert werden soll. Hierzu ist der Vermieter berechtigt. Was zunächst positiv klingt, hat aus Mietersicht einen gravierenden „Pferdefuß". Modernisierungen können teuer werden – und bezahlen muss sie im Endeffekt der Mieter. Der Vermieter kann für die positiv veränderte Mietsache eine Mieterhöhung fordern.

Auch wenn die Initiative zur Verbesserungen der „eigenen vier Wände" vom Mieter ausgeht und er selbst seine Wohnung modernisieren will, wird es teuer. Bezahlen muss die Modernisierung der Mieter. Er trägt die Investition und, wenn er keine anderslautende Vereinbarung getroffen hat, unter Umständen auch noch den Rückbau seiner Investition am Ende des Mietverhältnisses.

Sowohl für die Vermietermodernisierung als auch für eine Mietermodernisierung können vertragliche Vereinbarungen getroffen werden (→ Seiten F-91 und F-85), die den Umfang der Modernisierung, vor allem aber Rechte und Pflichten von Mietern und Vermietern vor, während und nach der Modernisierung festlegen.

Die Modernisierung durch den Vermieter

Haben Mieter und Vermieter keine Modernisierungsvereinbarung getroffen, gilt das Gesetz und damit der Grundsatz: Wenn der Vermieter modernisieren will, muss der Mieter dies dulden.

§ URTEIL

Widerruf einer Modernisierungsvereinbarung

Wird eine Modernisierungsvereinbarung zwischen Mieter und Vermieter „an der Haustür" getroffen, kann der Mieter diese Vereinbarung widerrufen. Selbst wenn zwischenzeitlich modernisiert wurde, muss er die vereinbarte Mieterhöhung nicht zahlen, genauso wenig wie einen Wertersatz (höhere Miete) aufgrund der eingetretenen Wohnwertsteigerung.
Der Vermieter kann allenfalls das gesetzlich zulässige Mieterhöhungsverfahren einleiten, aber dann nur für die Zukunft (BGH, Az. VIII ZR 29/16).

Was sind Modernisierungen?
Die häufigsten Modernisierungsmaßnahmen sind bauliche Veränderungen, durch die Endenergie eingespart werden soll, sogenannte energetische

Modernisierungen, der Einbau neuer „Erneuerbare-Energien-Heizungsanlagen“ nach dem Gebäudeenergiegesetz und bauliche Maßnahmen zur Erhöhung des Gebrauchswerts der Mietsache.

Energetische Modernisierung: Maßnahmen zur Einsparung von Endenergie sind letztlich Maßnahmen zur Reduzierung der Heizkosten. Hierzu zählen beispielsweise eine Verbesserung der Wärmedämmung des Gebäudes, eine neue Heizungsanlage oder neue Fenster.

Einbau einer Heizungsanlage im Sinne des Gebäudeenergiegesetzes: Das bedeutet Austausch von Öl- oder Gasheizungen gegen eine Heizung, die zumindest teilweise mit erneuerbaren Energien betrieben wird.

Gebrauchswerterhöhung: In Betracht kommen hier Verbesserungen beim Schallschutz, bei Belichtung und Beleuchtung, den sanitären Einrichtungen oder bauliche Maßnahmen für eine behindertengerechte Nutzung des Hauses oder der Wohnung. Auch die Errichtung eines eingezäunten und abschließbaren Müllplatzes, der Anbau eines Balkons, der Einbau eines Aufzugs oder einer massiven Wohnungstür als Schutz gegen Einbruch beziehungsweise die Errichtung eines Vordachs über dem Hauseingang als Regenschutz gelten insoweit als Modernisierungsmaßnahmen.

Gebäudeenergiegesetz (GEG): Zum 1. Januar 2024 sind Änderungen im Gebäudeenergiegesetz in Kraft getreten. Mit dem sogenannten „Heizungsgesetz“ soll der Klimaschutz im Gebäudebereich wesentlich verbessert werden. Vorgegeben wird der schrittweise Austausch von Öl- und Gasheizungen. Neu eingebaute Heizungen bzw. Heizungen im Neubau müssen zu mindestens 65 Prozent mit erneuerbaren Energie betrieben werden. Im Wohnungsbestand besteht keine Pflicht, funktionierende Heizungsanlagen auszutauschen. Eine vor 2024 eingebaute Öl- oder Gasheizung darf nach einem Defekt repariert und weiter betrieben werden. Bis längstens 31. Dezember 2044 dürfen Heizungen mit fossilen Brennstoffen betrieben werden. Vermieter dürfen die Heizungsanlagen aber bis dahin auch schon so modernisieren, dass das 65-Prozent-Ziel erreicht wird. Die daraus resultierende Mieterhöhung ist auf 50 Cent pro Quadratmeter und Monat begrenzt.

In Großstädten mit mehr als 100.000 Einwohnern müssen nach einem Austausch oder einer Umrüstung die 65-Prozent-Erneuerbare-Energien-Heizungen spätestens nach dem 30. Juni 2026 im Einsatz sein. Bis dahin muss vor Ort ein kommunaler Wärmeplan vorliegen und geklärt sein, ob zum Beispiel ein Anschluss an das Fernwärmenetz möglich ist. In kleineren Städten verlängern sich die Fristen bis 30. Juni 2028.

Auch wenn die Heizung nicht ab sofort ausgetauscht werden muss, muss künftig ein bestimmter Anteil an erneuerbaren Energien, wie Biomethan oder Wasserstoff, genutzt werden, ab 2029 sind das 15 Prozent, ab 2035 30 Prozent usw.

→ **ACHTUNG** Haben Mieter und Vermieter nicht ausdrücklich etwas anderes vereinbart, muss die Wohnung auch in einem unsanierten Altbau elektrischen Mindeststandards genügen. Die Stromversorgung muss den Betrieb handelsüblicher Haushaltsgeräte, wie zum Beispiel Waschmaschine und Geschirrspüler, ermöglichen und gleichzeitig den Betrieb eines normalen „Kleingeräts“, wie zum Beispiel eines Staubsaugers. Im Bad müssen Beleuchtung und Steckdosen existieren, der Einsatz kleinerer Elektrogeräte muss also möglich sein. Maßnahmen des Vermieters, um diesen Mindeststandard zu erreichen, gelten als Mängelbeseitigung und nicht als Modernisierung.

§ URTEIL

Modernisierung setzt Verbesserung der Mietsache im gegenwärtigen Zustand voraus

Bei Prüfung der Frage, ob die vom Vermieter geplante Modernisierung tatsächlich eine Wohnwertverbesserung für den Mieter mit sich bringt, kommt es auf den gegenwärtigen Zustand der Mietsache einschließlich der vom Mieter rechtmäßig vorgenommenen Verbesserungen an, nicht auf den ursprünglichen Zustand der Mietsache beim Abschluss des Mietvertrags (BGH, Az. VIII ZR 56/12). Hier hatte der Mieter ursprünglich eine Wohnung mit Einzelofen-Heizung angemietet. Im Lauf der Mietzeit baute er mit Einverständnis des Vermieters auf eigene Kosten eine Gasetagenheizung ein. Jahre später kündigte der Vermieter umfangreiche Modernisierungsmaßnahmen an, unter anderem den Einbau einer Zentralheizung. Aber: Gegenüber der vorhandenen Gasetagenheizung stellt eine Zentralheizung keine Wohnwertverbesserung dar.

Weitere Modernisierungsmaßnahmen, die das Gesetz ausdrücklich aufzählt, sind:

- Maßnahmen zur Einsparung von Wasser, zum Beispiel die Umrüstung von Spülkästen oder der Einbau von Wassermengenreglern und Wasserzählern,
- Maßnahmen zur Verbesserung der allgemeinen Wohnverhältnisse, zum Beispiel das Anlegen von Spielplätzen, Grünanlagen oder Stellplätzen,
- Maßnahmen, durch die die Wohnung erstmalig mittels Glasfaser an ein öffentliches Netz mit sehr hoher Kapazität angeschlossen wird. Voraussetzung für eine Modernisierungsmieterhöhung ist, dass der Mieter seinen Anbieter von Telekommunikationsdiensten über den neuen Anschluss frei wählen kann und der Vermieter kein Bereitstellungsentgelt als Betriebskosten umlegt.
- Maßnahmen, zu denen der Vermieter aufgrund einer gesetzlichen Regelung oder behördlichen Anordnung verpflichtet ist, die er aber selbst nicht zu vertreten hat, zum Beispiel den Einbau von Rauchwarnmeldern. Diese Pflicht geht zurück auf Regelungen in den Landesbauordnungen.

§ URTEIL

Rauchwarnmelder

Der erstmalige Einbau von Rauchwarnmeldern ist eine Modernisierung. Die Erneuerung von Rauchwarnmeldern ist – ohne technische Verbesserung – aber keine Modernisierung (BGH, Az. VIII ZR 213/21).

Modernisierungsmaßnahmen, die der Mieter ebenfalls in aller Regel zu dulden hat, die den Vermieter aber – anders als die oben genannten Modernisierungen – nicht zu einer Mieterhöhung berechtigen, sind:

- Maßnahmen, durch die nicht erneuerbare Primärenergie nachhaltig eingespart oder das Klima nachhaltig geschützt wird. Das kann der Anschluss an ein Fernwärmenetz mit Kraft-Wärme-Kopplung sein oder die Umstellung der Heizung von Öl auf Holzpellets, ohne dass dies Einfluss auf den Endenergieverbrauch hat.
- Maßnahmen, durch die neuer Wohnraum geschaffen wird. Gemeint ist zum Beispiel der Dachgeschossausbau.

Die Ankündigungspflicht des Vermieters

Einfach los zu modernisieren und die Handwerker zu schicken, ist unzulässig. Der Vermieter ist verpflichtet, die geplante Modernisierungsmaßnahme anzukündigen. Er muss mindestens drei Monate vor Beginn der Arbeiten seine Mieter schriftlich informieren, wobei Textform ausreicht, über:

- → die Art der geplanten Modernisierung,
- → den voraussichtlichen Umfang der Arbeiten,
- → den voraussichtlichen Beginn und die Dauer der Maßnahme und
- → die zu erwartende Mieterhöhung und die voraussichtlichen künftigen Betriebskosten.

Der Vermieter hat seine Modernisierungspläne nur in wesentlichen Zügen darzustellen. Der Mieter soll eine ungefähre Vorstellung von den Modernisierungsvorhaben erhalten. So kann er überprüfen, ob er das Vorhaben dulden muss oder ob er sich ausnahmsweise auf eine Härte berufen kann (→ Seite 65). Außerdem soll er die Auswirkungen der Arbeiten, zum Beispiel auf die Möblierung seiner Wohnung, abschätzen können oder erfahren, welche Miete er künftig zahlen muss.

§ URTEIL

Modernisierungen und Instandsetzungen

Erneuerungen der Gegensprechanlage und der Kellerelektrik sind keine Modernisierungsmaßnahmen, die eine Mieterhöhung rechtfertigen. Wird durch eine Baumaßnahme die vorhandene Gegensprechanlage durch eine neue Anlage ersetzt, liegt eine bloße Instandsetzung der defekten Anlage vor, aber keine Wohnwertverbesserung (BGH, Az. VIII ZR 88/13).

§ URTEIL

Ankündigungsfrist keine Höchstfrist

Spätestens drei Monate vor Beginn der Bauarbeiten muss die Modernisierung angekündigt werden. Aber wann frühestens? Es gibt keine Höchstfrist. Der Vermieter kann auch schon elf Monate vor dem Beginn der Bauarbeiten die Modernisierung ankündigen. Eines engen zeitlichen Zusammenhangs zwischen Modernisierungsankündigung und dem voraussichtlichen Beginn der Arbeiten bedarf es nicht (BGH, Az. VIII ZR 305/19). So lehnte der Bundesgerichtshof die erste Musterfeststellungsklage ab. Geklagt hatte der Mieterverein München.

Der Vermieter muss deshalb erklären, welche Teile des Hauses, welche Zimmer der Wohnung von der Modernisierungsmaßnahme betroffen sind und welche Bauteile „angefasst" werden müssen, zum Beispiel Heizung oder Fenster. Der Mieter soll erkennen können, welche Beeinträchtigungen auf ihn zukommen. Die schlagwortartige Beschreibung „Heizungs- und Fenstermodernisierung" reicht nicht aus. Bei energetischen Modernisierungen muss der Vermieter angeben, inwieweit durch die Modernisierung Energie eingespart wird. Hierbei kann er sich auf allgemein anerkannte Pauschalwerte berufen beziehungsweise auf Energiebedarfsberechnungen.

Beim Einbau einer Heizungsanlage im Sinne des Gebäudeenergiegesetzes sollte auf den neuen Mieterhöhungstatbestand hingewiesen werden, also darauf, dass die neue Heizungsanlage mit mindestens 65 Prozent erneuerbaren Energien laufen soll, dass öffentliche Fördermittel in Anspruch genommen werden und dass von den erwarteten Kosten pauschal 15 Prozent für den ersparten Erhaltungsaufwand abgezogen werden.

Häufig sind die geplanten Modernisierungsarbeiten gleichzeitig Modernisierung und Instandsetzung, zum Beispiel oft bei einer Fassadendämmung. Auch derartige Baumaßnahmen müssen korrekt angekündigt werden, der konkrete Instandsetzungsabzug muss in der Ankündigung aber noch nicht erläutert werden. Es reicht die Angabe einer Quote.

In die Modernisierungsankündigung gehören auch die Angabe des voraussichtlichen Beginns und der voraussichtlichen Dauer der Arbeiten. „Die Arbeiten werden demnächst beginnen und einige Wochen andauern" reicht nicht aus. Zumindest muss die Kalenderwoche, in der die Modernisierung starten soll, angegeben und die Zeitspanne für die Arbeiten in Tagen und Wochen genannt werden. Plant der Vermieter gleichzeitig mehrere Modernisierungsmaßnahmen, muss für jede einzelne der Beginn und die Dauer genannt werden.

Für die Angabe der zu erwartenden Mieterhöhung aufgrund der geplanten Modernisierung genügt es, einen Betrag zu nennen, zum Beispiel 50 Euro pro Monat. Eine genauere und nähere Berechnung ist hier noch nicht erforderlich.

Der im Ankündigungsschreiben genannte Mieterhöhungsbetrag muss aber schon in etwa stimmen – nicht nur, weil sich der Mieter im Hinblick auf seine weitere Vorgehensweise und Planung daran orientieren muss, auch im Interesse des Vermieters selbst. Denn liegt die später geforderte tatsächliche Mieterhöhung mehr als 10 Prozent über dem angekündigten Betrag, verschiebt sich die Wirksamkeit der Mieterhöhung um sechs Monate (→ Seite 71).

Auch die künftigen Betriebskosten müssen genannt werden. Das kann insbesondere bei energetischen Modernisierungen eine Rolle spielen oder wenn ein Aufzug eingebaut wird.

→ **WICHTIG** Hat der Vermieter seine geplante Modernisierungsmaßnahme nicht korrekt angekündigt, muss der Mieter den Beginn der Arbeiten nicht dulden. Er muss Handwerker, die „vor seiner Tür" stehen, nicht in die Wohnung lassen. Er kann unter Umständen Baumaßnahmen, die das Haus betreffen, widersprechen und mithilfe einer einstweiligen Verfügung verhindern. Von dieser Möglichkeit sollten Mieter aber nur nach vorheriger Rechtsberatung durch den örtlichen Mieterverein Gebrauch machen. Erweist sich die einstweilige Verfügung später als unberechtigt, ist der Mieter unter Umständen zum Schadensersatz verpflichtet.

Ausnahmen: Bagatellmaßnahmen müssen nicht angekündigt werden. Die oben beschriebene umfassende Ankündigungspflicht des Vermieters entfällt bei Maßnahmen, die nur unerhebliche Einwirkungen auf die Wohnung mit sich bringen und nur zu einer unerheblichen Mieterhöhung führen. Wo hier die Grenze zu ziehen ist, ist nicht eindeutig. Zum Teil wird von einem Mieterhöhungsbetrag von 10 Euro ausgegangen, andere bejahen eine Bagatellmaßnahme nur, wenn die zu erwartende Mieterhöhung weniger als 5 Prozent ausmacht. Typische Bagatellmaßnahmen sind demnach der Einbau von Rauchwarnmeldern, moderneren Thermostatventilen oder Wassermengenreglern.

Unzumutbare Härte

Ausnahmsweise muss der Mieter eine Modernisierung des Vermieters nicht dulden, wenn die geplanten Arbeiten für ihn oder für Mitglieder seines Haushalts eine unzumutbare Härte bedeuten würden. In diesem Fall muss eine Abwägung zwischen den behaupteten Härtegründen des Mieters einerseits und den berechtigten Interessen des Vermieters und der anderen Mieter im Haus stattfinden. In diese Abwägung müssen gegebenenfalls auch die Belange des Klimaschutzes und der Energieeinsparung miteinbezogen werden. Können sich

„Warum ist die Unterscheidung zwischen ‚Instandsetzungen' und ‚Modernisierungen' so wichtig?"

Instandsetzungen sind Reparaturen. Die muss der Vermieter durchführen, darauf haben Mieter einen Anspruch. Die Miete erhöhen darf der Vermieter deshalb aber nicht. Anders bei Modernisierungen: Das sind Wohnwertverbesserungen oder zum Beispiel Maßnahmen zur Einsparung von Heizkosten. Hier kann der Vermieter entscheiden, ob er modernisieren will oder nicht. Modernisiert er, kann er deshalb die Miete erhöhen.

Mieter und Vermieter hier nicht einigen, muss notfalls ein Gericht entscheiden.

Härtegründe auf Seiten des Mieters werden nur berücksichtigt, wenn sie dem Vermieter rechtzeitig mitgeteilt werden. Hat der Vermieter die Modernisierung ordnungsgemäß angekündigt und auch auf die Form und die Frist für den Härteeinwand hingewiesen, muss der Mieter seine Härtegründe bis zum Ende des Monats, der auf den Zugang der Modernisierungsankündigung folgt, schriftlich, das heißt in Textform, geltend machen.

Nur wenn der Mieter diese Frist unverschuldet versäumt hat, kann er später noch Härtegründe nachschieben, zum Beispiel wenn die Härtegründe erst nach Ablauf der Frist entstanden sind.

> **BEISPIEL**
>
> In der Modernisierungsankündigung vom 15. August hat der Vermieter auf Form und Frist möglicher Härteeinwände hingewiesen. Der Mieter muss dann seine Härtegründe bis Ende September benennen.

Ohne einen entsprechenden Hinweis des Vermieters im Ankündigungsschreiben auf die Möglichkeit, Härtegründe zu benennen, gelten die Form- und Fristvorschriften für den Mieter nicht. Er kann sich dann noch bis zum Beginn der Modernisierungsmaßnahmen auf Härten berufen.

Mögliche Härtegründe

Auf welche Härtegründe sich Mieter berufen können, steht nicht (mehr) ausdrücklich im Gesetz. Es ist aber davon auszugehen, dass die früher im Gesetz genannten Härtegründe zählen.

In Betracht kommen die vorzunehmenden Modernisierungsarbeiten selbst, zum Beispiel übermäßiger Baulärm und Schmutz; Küche und Bad sind wochenlang nicht zu benutzen, oder eine geplante Heizungssanierung soll mitten im Winter beginnen. Auch der Umstand, dass ein Mieter aufgrund von Nachtarbeit tagsüber schlafen muss, kann ein Härtegrund sein, wenn es um **lärmintensive Bauarbeiten** geht.

Die **„baulichen Folgen"** sind ein möglicher Härtegrund, wenn die Vergrößerung des Bades mit Einbau einer Dusche dazu führt, dass ein anderes Zimmer in der Wohnung wegfällt, oder wenn sich der Zuschnitt der Wohnung zum Nachteil verändert, wenn benötigte Stellflächen in der Wohnung verschwinden.

Keine zu duldende Modernisierung ist es, wenn die bisherige Mietsache „komplett auf den Kopf gestellt" und grundlegend verändert werden soll. Geht es bei der Baumaßnahme nicht um Energieeinsparung beziehungsweise um Verbesserungen der Mietsache, sondern soll etwas völlig neu geschaffen werden, ist die Identität der Räume vor und nach der Modernisierung nicht mehr gewahrt, werden zusätzliche Zimmer geschaffen, der Grundriss der Wohnung verändert und so weiter, ist das keine zu duldende Modernisierung.

Auch **„vorausgegangene Aufwendungen"** des Mieters können einen Härteeinwand begründen, wenn die durch die angekündigten Modernisierungsarbeiten des Vermieters zerstört oder überflüssig werden. Gemeint sind zum Beispiel Fälle, in denen ein Mieter mit Einverständnis des Vermieters eine Gasetagenheizung eingebaut hat und jetzt eine Zentralheizung im Haus installiert werden soll.

Ist die zu erwartende Mieterhöhung für den Mieter „unbezahlbar", ist das kein Härteeinwand, mit dem die Modernisierung selbst verhindert werden kann. Dieser Härteeinwand kann aber bei der Frage, ob die Mieterhöhung tatsächlich bezahlt werden muss, berücksichtigt werden. Würde die Miete nach Modernisierung auf mehr als 30 Prozent des Haushaltsnettoeinkommens steigen, kann dies unter Umständen als Härte geltend gemacht werden. Entscheidend ist hier aber vor allem auch, wie viel Geld dem Mieterhaushalt nach Zahlung der Miete zum Leben übrig bleibt. Die Mieterhöhung ist keine Härte, wenn sie überwiegend durch Wohngeld oder ganz im Rahmen von Bürgergeld aufgefangen wird beziehungsweise wenn durch die Modernisierungsmaßnahme ein „allgemein üblicher" Zustand hergestellt wird, der bei mindestens zwei Dritteln aller Wohnungen gleichen Alters innerhalb eines Bundeslandes besteht, oder wenn der Vermieter die Durchführung der Modernisierung nicht zu vertreten hat, weil er hierzu von Gesetzen, Verordnungen oder Satzungen verpflichtet wird. Anders beim Heizungsanlagenaustausch nach dem Gebäudeenergiegesetz: Selbst wenn der Vermieter nach diesem Gesetz verpflichtet ist, die Erneuerbare-Energien-Heizungsanlage einzubauen, kann der Mieter den Härteeinwand erheben.

Mieterrechte bei Modernisierungen

Die Rechtsposition des Mieters ist bei einer Vermietermodernisierung nicht stark. Er kann auf Einhaltung der Ankündigungspflichten pochen, er kann sich unter Umständen auf Härten berufen und er kann kündigen, die Miete in bestimmten Fällen mindern und gegebenenfalls Ersatz für seine Aufwendungen fordern.

Kündigungsrechte: Hat der Vermieter die Modernisierungsmaßnahme angekündigt, kann der Mieter bis zum Ablauf des Monats, der auf den Zugang der Mitteilung folgt, für den Ablauf des nächsten Monats kündigen.

Im Klartext: Hat der Vermieter am 15. September Modernisierungsmaßahmen angekündigt, kann der Mieter bis Ende Oktober kündigen, und zwar zu Ende November.

Vorausgesetzt, in dieser Zeit ist tatsächlich ein Umzug möglich und es wird eine bezahlbare Alternative gefunden, bringt dieses außerordentliche Kündigungsrecht Mietern, die einen unbefristeten Mietvertrag abgeschlossen haben, nur wenig. Sie können immer – ohne Angabe von Gründen – mit einer Frist von drei Monaten kündigen. Von diesem außerordentlichen Kündigungsrecht profitieren daher, wenn überhaupt, nur Mieter mit einem Zeitmietvertrag oder einem Kündigungsausschluss im Mietvertrag – Mieter also, die sonst keine Möglichkeit hätten, mit Dreimonatsfrist zu kündigen.

Schickt der Vermieter nach Abschluss der Modernisierungsmaßnahmen seine Mieterhöhung, haben Mieter ein zweites Mal die Chance, außerordentlich zu kündigen. Sie können bis zum Ablauf des zweiten Monats nach dem Zugang der Mieterhöhung zum Ablauf des übernächsten Monats kündigen.

Mietminderung: Wird durch die Modernisierungsarbeiten der Wohnwert beeinträchtigt, zum Beispiel durch Baulärm, Schmutz und so weiter, ist der Mieter berechtigt, die Miete zu kürzen. Diese Mietminderung ist auch möglich, wenn der Mieter der Modernisierungsmaßnahme zugestimmt hat. Der Umfang der Mietminderung richtet sich nach dem Ausmaß und der Dauer der Wohnwertbeeinträchtigung.

Allerdings ist nach dem Gesetz bei energetischen Modernisierungen eine Mietminderung in den ersten drei Monaten ausgeschlossen – egal, wie stark die Wohnwertbeeinträchtigungen sind. Bei einer Fassadendämmung, dem Einbau einer neuen Heizung oder neuer Fenster spielt die Mietminderung so gut wie keine Rolle.

Aufwendungsersatz: Eigentlich ist der Vermieter bei Modernisierungsarbeiten in der Wohnung für das Beiseiteräumen der Möbel, das Abdecken von Einrichtungsgegenständen oder die notwendigen Reinigungsarbeiten verantwortlich. Geschieht dies nicht und wird der Mieter insoweit tätig, kann er Aufwendungsersatz fordern. Der Vermieter muss insoweit angefallene Kosten in einem angemessenen Umfang ersetzen. Der Vermieter kann sich diesen Aufwendungsersatz aber praktisch über die Mieterhöhung wieder zurückholen. Der Aufwand erhöht die Modernisierungskosten, die er mit 8 Prozent auf die Jahresmiete umlegen darf.

Ist die Küche aufgrund der Baumaßnahme längere Zeit nicht benutzbar, gehört auch die Erstattung von Essenskosten zum Aufwendungsersatz. Ist die Wohnung wegen der umfangreichen Bauarbeiten nicht bewohnbar, muss der Vermieter eine Ersatzunterkunft stellen und bezahlen.

Schadensersatz: Oft werden teure und umfassende Modernisierungen angekündigt, um den Mieter zur Beendigung des Mietverhältnisses zu drängen, um ihn loszuwerden. In § 559d BGB und in § 6 Wirtschaftsstrafgesetz hat der Gesetzgeber bestimmt, dass derartiges Verhalten eine Ordnungswidrigkeit ist, eine Geldbuße nach sich zieht und Schadensersatzansprüche des Mieters bestehen.

Die Modernisierungs-Mieterhöhung

Es gibt verschiedene Möglichkeiten für den Vermieter, die Miete nach Abschluss der Modernisierungsarbeiten zu erhöhen. Der Vermieter hat die Wahl. Bei der „klassischen" Mieterhöhungsvariante nach § 559 BGB darf der Vermieter die Miete erhöhen, wenn durch die Modernisierung

- der Gebrauchswert der Wohnung nachhaltig erhöht wird oder
- die allgemeinen Wohnverhältnisse auf Dauer verbessert werden oder
- nachhaltig Endenergie oder Wasser eingespart wird oder
- erstmaliger Glasfaseranschluss an ein öffentliches Netz mit sehr hoher Kapazität oder
- bauliche Veränderungen aufgrund von Umständen durchgeführt werden, die der Vermieter nicht zu vertreten hat.

In diesen Fällen darf der Vermieter 8 Prozent der Modernisierungskosten auf die Jahresmiete aufschlagen.

Begrenzung oder Ausschluss der Mieterhöhung

Die Mieterhöhung wegen einer Modernisierung ist ausgeschlossen, wenn Mieter und Vermieter einen Staffelmietvertrag abgeschlossen haben. Ähnlich ist das bei Indexmietverträgen. Hier ist eine Mieterhöhung nur zulässig, wenn die bauliche Maßnahme aufgrund von Umständen erforderlich war, die der Vermieter nicht zu vertreten hat.

Auch wenn der Vermieter modernisiert hat, ohne den Mieter vorher ordnungsgemäß zu informieren, ist die Mieterhöhung unzulässig, wenn der Mieter der Maßnahme nicht zugestimmt hat und er dazu auch nicht verpflichtet gewesen wäre, weil bei ihm Härtegründe vorlagen. Der Vermieter muss darlegen und beweisen, dass die Baumaßnahmen Modernisierungs- und nicht Erhaltungsmaßnahmen sind und wie hoch die umlagefähigen Kosten sind.

§ URTEIL

Härteeinwand

Beruft sich der Mieter auf eine finanzielle Härte, das heißt auf die Unbezahlbarkeit der Wohnung nach der Modernisierungsmieterhöhung, kann der Vermieter nicht einfach argumentieren, die Wohnung sei für den Mieter zu groß und deshalb zu teuer, er solle in eine kleinere und für ihn dann bezahlbare Wohnung umziehen (BGH, Az. VIII ZR 21/19). Bei einer umfassenden Interessenabwägung ist neben der Wohnungsgröße die Wohndauer der Mieter, deren Gesundheitszustand und Verwurzelung in der Wohnung zu berücksichtigen.

Die Mieterhöhung ist ganz oder teilweise ausgeschlossen, wenn sie für den Mieter eine nicht zu rechtfertigende Härte bedeuten würde. Voraussetzung ist hier, dass sich der Mieter form- und fristgerecht nach Erhalt der Modernisierungsankündigung auf diesen Härtegrund berufen hat. Eine feste Grenze, wann die Mieterhöhung eine Härte sein kann, gibt es nicht. Nach einem Referentenentwurf des Justizministeriums aus dem Jahr 2016 sollte eine Härte vorliegen, wenn die Miete nach der Modernisierung einschließlich der Heizkosten mehr als 40 Prozent des Nettoeinkommens des Mieterhaushalts übersteigt. Gesetz geworden ist diese Regelung bisher aber nicht.

Zum Teil wird eine Härte aber auch schon dann bejaht, wenn die Miete für die modernisierte Wohnung mehr als 30 Prozent des Haushaltsnettoeinkommens ausmachen würde.

BEISPIEL

Entfallen Modernisierungskosten in Höhe von 25.000 Euro auf die Mieterwohnung, kann der Vermieter 8 Prozent davon, also 2.000 Euro im Jahr beziehungsweise 166,67 Euro im Monat, als Mieterhöhung fordern. Für den Mieter einer 40 Quadratmeter großen Wohnung sind das 4,17 Euro pro Quadratmeter.

Kappungsgrenze bei Modernisierungen

Auch bei Modernisierungsmieterhöhungen gibt es eine Kappungsgrenze. Danach darf die Mieterhöhung nach einer Modernisierung innerhalb von sechs Jahren höchstens 3 Euro pro Quadratmeter betragen. Das bedeutet, Modernisierungskosten von 25.000 Euro für eine Wohnung führen zwar eigentlich aufgrund der „8-Prozent-Umlage" zu einer rechnerischen Mieterhöhung von 166,67 Euro im Monat. Wegen der Kappungsgrenze darf der Vermieter aber zum Beispiel für eine 40 Quadratmeter große Wohnung höchstens 120 Euro und für eine 50 Quadratmeter große Wohnung höchstens 150 Euro Mieterhöhung fordern.

Zahlte der Mieter bisher weniger als 7 Euro Miete pro Quadratmeter, dann fällt die Mieterhöhung noch niedriger aus. Dann liegt die Kappungsgrenze für Mieterhöhungen nach Modernisierungen schon bei 2 Euro pro Quadratmeter. Auch bei einer 25.000 Euro teuren Modernisierung darf die Mieterhöhung höchstens 2 Euro pro Quadratmeter betragen. Der Mieter der 40 Quadratmeter großen Wohnung zahlt 80 Euro mehr Miete im Monat, der Mieter mit 50 Quadratmetern 100 Euro mehr.

Was sind Modernisierungskosten?

Grundlage für die Mieterhöhung nach einer Modernisierung sind die Bau- und Baunebenkosten, die dem Vermieter infolge der Modernisierungsmaßnahme entstanden sind. Das sind die Kosten für Material und Handwerker, unter Umständen auch für Eigenleistungen des Vermieters. Hinzu kommen Aufwendungen, die erforderlich sind, zum Beispiel Reinigungs- oder Renovierungskosten, um die Spuren der Bauarbeiten zu beseitigen.

Nicht berücksichtigt werden bei den Modernisierungskosten Kreditzinsen beziehungsweise die Kosten für die Beschaffung eines Kredits, fällige Instandsetzungskosten beziehungsweise fiktive Erhaltungskosten und unnötige, unzweckmäßige oder überhöhte Modernisierungsaufwendungen.

Mieterhöhungserklärung mit Erläuterungen

Die Mieterhöhungserklärung muss in Textform beziehungsweise **schriftlich** erfolgen, frühestens nach Abschluss der Modernisierungsarbeiten. Die Mieterhöhungserklärung soll dem Mieter die Möglichkeit geben, die Berechtigung der geforderten Mieterhöhung gegebenenfalls durch Hinzuziehung von sachkundigen Personen zu überprüfen. Es genügt, wenn der Mieter den Grund und den Umfang der Mieterhöhung anhand der Erläuterungen als plausibel nachvollziehen kann. Hinsichtlich eines ersparten Instandsetzungsaufwands reicht die Angabe einer entsprechenden Quote aus (BGH, Az. VIII ZR 29/92). Werden mehrere unterschiedliche, voneinander trennbare Modernisierungsmaßnahmen durchgeführt, zum Beispiel eine energetische Sanierung, ein Balkonanbau und eine neue Eingangstür, kann der Vermieter mehrere Mieterhöhungen bezüglich der jeweils abgeschlossenen Maßnahme fordern (BGH, Az. VIII ZR 5/20).

Die Mieterhöhung ist wirksam, wenn in ihr die Erhöhung aufgrund der nachzuweisenden tatsächlichen Kosten berechnet und erläutert wird. Dazu gehört auch, dass der Vermieter die Gesamtkosten, die für das Haus angefallen sind, angemessen auf die einzelnen Wohnungen verteilt. Dies kann zum Bespiel bei einer Fassadendämmung auf Grundlage der Wohnfläche geschehen. Werden neue Fenster eingebaut, ist die Zahl der Fenster in der jeweiligen Wohnung zu berücksichtigen.

§ URTEIL

Wirksame Mieterhöhung

Die formal wirksame Modernisierungsmieterhöhung muss die tatsächlichen Modernisierungskosten als Gesamtsumme beziffern und den Instandsetzungsanteil durch die Angabe einer Quote oder eines Betrags ausweisen. Eine Aufteilung der Kosten nach Gewerken ist nicht nötig (BGH, Az. VIII ZR 399/21).

Bei energetischen Modernisierungen muss der Mieter anhand der Erläuterungen des Vermieters erkennen können, ob tatsächlich nachhaltig Heizenergie eingespart werden kann. Dies kann durch Wärmebedarfsberechnungen geschehen, ausreichend ist aber die Angabe von Wärmedurchgangswerten beziehungsweise allgemein anerkannten Pauschalwerten, zum Beispiel einer DIN-Norm.

Der Vermieter muss in seiner Mieterhöhung zum einen erklären, inwieweit durch die Modernisierung fällige Reparaturen oder Instandsetzungen

INFO

Die Mieterhöhungserklärung muss enthalten:

- die Angabe der Gesamtkosten der Baumaßnahme,
- die Aufteilung der Kosten für die Mieterwohnungen,
- den Abzug für Instandsetzungs- und für fiktive Erhaltungskosten,
- den Abzug öffentlicher Fördermittel und
- den konkreten Mieterhöhungsbetrag.

URTEIL

Erhaltungskosten

Bei einer Mieterhöhung nach Modernisierung sind fiktive Erhaltungskosten für die Erneuerung noch funktionsfähiger, aber abgenutzter Bauteile und Einrichtungen zu berücksichtigen. Zur Bestimmung des notwendigen Abzugs genügt eine Schätzung, die sich an der üblichen Lebensdauer der erneuerten Bauteile oder der erneuerten Einrichtung und dem bereits eingetretenen Abnutzungsgrad orientiert (BGH, Az. VIII ZR 81/19).

eingespart werden. Der ersparte Reparaturaufwand muss von den Modernisierungskosten abgezogen werden. Gemeint sind zum Beispiel Fälle, in denen die Hausfassade erst dann gedämmt wird, wenn die Fassade schadhaft ist und der Putz bröckelt. Die Baukosten für die notwendige Instandsetzung (Reparatur) einschließlich der Baunebenkosten, wie Baustelleneinrichtung und Gerüst, müssen abgezogen werden. Auch wenn alte und morsche Fenster oder die defekte Heizungsanlage ausgetauscht werden, sind die eingesparten Instandsetzungskosten abzuziehen.

Zum anderen aber muss der Vermieter schon einen Abzug für die Kosten von Erhaltungsmaßnahmen durchführen, wenn das betreffende Bauteil oder die betreffende Einrichtung zwar noch funktionsfähig, aber schon über einen nicht unerheblichen Zeitraum ihrer Nutzungsdauer abgenutzt wurde, sodass der Vermieter durch die Modernisierung in erheblichem Umfang fiktive Erhaltungskosten einspart. Kurz: Ein Abzug muss nicht erst erfolgen, wenn die Fassade bröckelt oder die Heizung defekt ist. Es reicht aus, wenn diese alt sind.

Hat der Vermieter öffentliche Fördermittel in Anspruch genommen, Zuschüsse oder zinsverbilligte Darlehen, muss er die Mieter informieren und die hieraus entstehenden finanziellen Vorteile aus den Modernisierungskosten herausrechnen (BGH, Az. VIII ZR 416/21).

URTEIL

Auslegung

Bei der Auslegung der Mieterhöhungserklärung kann auf die in Bezug genommene Erklärung in der Modernisierungsankündigung zurückgegriffen werden (BGH, Az. VIII ZR 106/21).

Die erhöhte Miete muss der Mieter dann ab dem dritten Monat nach Zugang der Mieterhöhungserklärung zahlen. Eine im September zugegangene Mieterhöhung wird also ab Dezember wirksam.

Diese Frist verlängert sich um sechs Monate, wenn der Vermieter die Mieterhöhung nicht ordnungsgemäß angekündigt hat oder die tatsächliche Mieterhöhung gegenüber der Ankündigung um mehr als 10 Prozent höher ausfällt.

→ **WICHTIG** Der Mieterhöhungsbetrag fällt nicht nach neun oder zehn Jahren weg. Er bildet mit der bisherigen Miete die „neue Miete“, muss also dauerhaft gezahlt werden.

Vereinfachtes Modernisierungsverfahren

Für Modernisierungen bis 10.000 Euro kann der Vermieter nach § 559c BGB ein vereinfachtes Mieterhöhungsverfahren wählen. Er muss Kosten für Instandsetzungsarbeiten nicht mehr konkret aus den Modernisierungskosten herausrechnen, sondern kann stattdessen hierfür pauschal 30 Prozent von den Modernisierungskosten abziehen. Für die verbleibenden Modernisierungskosten von dann maximal 7.000 Euro kann der Vermieter 8 Prozent, also höchstens 560 Euro im Jahr oder 46,67 Euro im Monat, als Mieterhöhung verlangen. Wählt der Vermieter diese Variante der Mieterhöhung für seine 10.000-Euro-Modernisierung, sind für die nächsten fünf Jahre weitere Modernisierungsmieterhöhungen ausgeschlossen.

Modernisierungsvereinbarung

Das Gesetz erlaubt es Mietern und Vermietern, eine Modernisierungsvereinbarung zu treffen, insbesondere über die

- zeitliche und technische Durchführung der Maßnahmen,
- Gewährleistungsrechte und Aufwendungsersatzansprüche des Mieters,
- künftige Höhe der Miete.

→ **WICHTIG** Wurde die Modernisierungsvereinbarung „zwischen Tür und Angel“ in einer sogenannten Haustürsituation außerhalb der Geschäftsräume des Vermieters geschlossen und gilt der Vermieter als Unternehmer, hat der Mieter ein Widerrufsrecht. Enthält die Modernisierungsvereinbarung eine entsprechende Widerrufsbelehrung, kann der Mieter innerhalb von 14 Tagen nach Abschluss der Vereinbarung widerrufen. Ohne ausdrückliche Widerrufsbelehrung kann der Mieter sogar noch nach zwölf Monaten und 14 Tagen die Vereinbarung wirksam widerrufen. Folge ist, dass er die zwischenzeitlich gezahlten Mieterhöhungsbeträge zurückfordern kann. Der Vermieter kann dann nur für die Zukunft eine Modernisierungsmieterhöhung nach den gesetzlichen Vorschriften durchführen.

GEG-Modernisierung

Seit Januar 2024 gibt es eine neue Mieterhöhungsvariante im Modernisierungsrecht. Der Vermieter kann nach dem Einbau einer neuen 65-Prozent-Erneuerbare-Energien-Heizungsanlage 10 Prozent der Kosten auf die Jahresmiete aufschlagen. Gemäß § 559e BGB muss der Vermieter öffentliche Fördermittel in Anspruch genommen haben. Die müssen von den Modernisierungskosten abgezogen werden, genauso wie pauschal 15 Prozent für ersparte Erhaltungsaufwendungen. Die Mieterhöhung wird gedeckelt bei 50 Cent pro Quadratmeter und Monat.

Kombinierte Modernisierungsmieterhöhung

Werden zusätzlich zur GEG-Heizungsanlagen-Modernisierung weitere Modernisierungsmaßnahmen vorgenommen, zum Beispiel eine Fassadendämmung, richtet sich die Mieterhöhung hierfür nach § 559 BGB. Der Vermieter kann 8 Prozent der Kosten der Fassadendämmung auf die Jahresmiete aufschlagen. Für die Modernisierung der Heizungsanlage und der Hausfassade gilt eine einheitliche Kappungsgrenze von 3 beziehungsweise 2 Euro pro Quadratmeter und Monat.

GEG-Modernisierung ohne öffentliche Fördermittel

Lässt der Vermieter eine neue 65-Prozent-Erneuerbare-Energien-Heizungsanlage einbauen, nimmt aber keine öffentlichen Fördermittel in Anspruch, kann er 8 Prozent der Modernisierungskosten auf die Jahresmiete aufschlagen. Von den Modernisierungskosten muss er die tatsächlich ersparten Erhaltungsaufwendungen abziehen. Auch hier wird die Mieterhöhung auf 50 Cent pro Quadratmeter und Monat gedeckelt.

Wärmepumpen-Modernisierung nach § 71o GEG
Lässt der Vermieter eine Wärmepumpe einbauen, darf er die gesamten Modernisierungskosten bei der Mieterhöhung nur ansetzen, wenn er nachweisen kann, dass die Jahresarbeitszahl der Wärmepumpe über 2,5 liegt. Gelingt der Nachweis nicht, darf der Vermieter nur 50 Prozent der auf die Wohnung entfallenen Modernisierungskosten mit 8 Prozent (§ 559 BGB) oder 10 Prozent (§ 559e BGB) umlegen.

Und: Denkbar ist auch eine Mieterhöhung auf die ortsübliche Vergleichsmiete einer schon entsprechend modernisierten Wohnung oder eine Modernisierungsvereinbarung zwischen Mieter und Vermieter (→ Seiten F-88 und F-91).

Die Modernisierung durch den Mieter

Viele Mieter wollen während der Mietzeit selbst modernisieren und stecken mehr oder weniger viel Geld in die Wohnung. Die rechtliche Absicherung ihrer Investitionen ist bisher für die wenigsten ein Thema. Dabei kann es sehr leicht zu Ärger und Streit mit dem Vermieter kommen, wenn der Mieter modernisiert. Vorab ist zu klären, ob die geplanten Baumaßnahmen dem Mieter überhaupt erlaubt sind beziehungsweise ob die Erlaubnis des Vermieters eingeholt werden muss.

Auch beim Auszug aus der Wohnung kann es zu bösen Überraschungen kommen. Der Vermieter denkt überhaupt nicht daran, die Investitionen zu übernehmen oder gar hierfür zu bezahlen. Stattdessen fordert er den Rückbau der Mietermodernisierung oder die Rückgabe der Mietwohnung im ursprünglichen Zustand. Das kann dann teuer werden.

§ URTEIL

Verjährung

Vermieterersatzansprüche wegen Veränderung oder Verschlechterung der Mietsache verjähren sechs Monate nach Rückgabe der Mietsache. Ansprüche des Mieters auf Aufwendungsersatz oder Gestattung der Wegnahme einer Einrichtung verjähren sechs Monate nach Beendigung des Mietverhältnisses (BGH, Az. VIII ZR 132/20).

Zustimmung erforderlich
Bauliche Veränderungen, das heißt alle Modernisierungsarbeiten, die zu Eingriffen in die Bausubstanz des Hauses oder der Wohnung führen, sind nur mit Zustimmung des Vermieters zulässig. Das gilt für eine aufwendige Badsanierung, den Einbau einer zusätzlichen Dusche, Fußbodenerneuerung, Parkett- oder Laminatverlegung, Einbau einer Gasetagenheizung und so weiter. Aber auch bei kleineren Baumaßnahmen sollte der Vermieter vorher um Erlaubnis gefragt werden. Wer eine Zwischenwand einzieht, Holzverkleidungen anbringt, Türblätter kürzt oder Sicherheitsschlösser und Türspion einbaut, läuft Gefahr, dass der Vermieter noch während des Mietverhältnisses den Rückbau dieser Mieterinvestition fordert. Selbst wenn die Rückgängigmachung dieser Mietermodernisierung während der Mietzeit gegen „Treu und Glauben" verstoßen sollte, spätestens am Ende der Mietzeit wird über diese Fragen neu verhandelt und gestritten.

Hat der Mieter ohne Zustimmung des Vermieters beispielsweise Laminatboden in seiner Wohnung verlegt und führt dies zu verstärkten Wohn- und Schrittgeräuschen in der darunter liegenden Wohnung, kann der betroffene Mieter die Miete kürzen. Der Vermieter hat eventuell Schadensersatzansprüche, kann Rückbau oder Trittschallverbesserungen fordern.

Maßnahmen, die dem vertragsgemäßen Gebrauch dienen und keinen erheblichen Eingriff in die Substanz des Gebäudes erfordern und sich bei Beendigung des Mietverhältnisses leicht wieder beseitigen lassen, darf der Mieter auch ohne Zustimmung des Vermieters vornehmen.

Muss aber zur Umsetzung der Mietermodernisierung in die Bausubstanz eingegriffen werden, bleibt es dabei: Die Zustimmung des Vermieters ist erforderlich. Gleichgültig, ob es um den Einbau eines Bades, einer Etagenheizung, einer Sauna oder von Isolierglasfenstern geht oder ob der Mieter einen Wanddurchbruch plant.

Ausnahmsweise kann der Vermieter verpflichtet sein, auch umfassenderen Eingriffen in die Bausubstanz zuzustimmen. Zum Beispiel dann, wenn die beabsichtigte Maßnahme des Mieters die Bewohnbarkeit der Wohnung erst herstellen soll oder wenn die Baumaßnahme aufgrund des technischen Fortschritts eine Selbstverständlichkeit geworden ist. Etwa die Verlegung einer Starkstromleitung, Installation einer Steckdose im Bad, Verlegung neuer Stromleitungen, damit mehr als ein elektrisches Großgerät genutzt werden kann.

Barrierefreiheit
Mit der Mietrechtsreform 2001 hat der Gesetzgeber einen denkbaren Fall der Mietermodernisierung ausdrücklich in § 554 BGB geregelt: Ein behinderter Mieter beziehungsweise ein Mieter, der mit einem behinderten Angehörigen oder Lebensgefährten zusammenwohnt, kann vom Vermieter die Zustimmung zu baulichen Veränderungen fordern, soweit sie für eine behindertengerechte Nutzung der Wohnung oder einen barrierefreien Zugang erforderlich sind.

BEISPIEL

Mietermodernisierung für eine barrierefreie Nutzung der Wohnung

- → Einbau eines Lifts im Treppenhaus
- → Verbreiterung von Türen
- → behindertengerechtes Bad
- → Haltegriffe
- → Notrufeinrichtung
- → Rollstuhlrampe.

Elektromobilität und Einbruchschutz
Mit dem Wohnungseigentums-Modernisierungsgesetz, das am 1. Dezember 2020 in Kraft getreten ist, gibt es zwei weitere bauliche Maßnahmen, bei denen Mieter von ihrem Vermieter die Zustimmung zu einer Mietermodernisierung fordern können: zum einen, wenn sie Ladestationen für elektrisch betriebene Fahrzeuge einrichten wollen, zum anderen, wenn Mieter den Schutz vor Einbrüchen verbessern möchten. Der Vermieter kann seine Zustimmung – wie auch beim barrierefreien Umbau – hierbei nur ausnahmsweise verweigern. Voraussetzung wäre, dass sein Interesse an einem unveränderten Zustand des Gebäudes beziehungsweise die Interessen der anderen Mietparteien im Haus überwiegen.

Balkonkraftwerk
Im Jahr 2024 wird der Katalog des § 554 BGB noch einmal erweitert, um die Variante „Stromerzeugung durch Steckersolargeräte". Mithilfe dieser, auch Balkonkraftwerk oder Minisolaranlage oder steckerfähige PV-Anlage genannten Geräte können Privathaushalte Strom für den Eigenbedarf produzieren. Der Gesetzentwurf der Bundesregierung vom 13. September 2023 sieht vor, dass Mieter einen gesetzlichen Anspruch bei einer entsprechenden Mietermodernisierung haben. Bisher müssen Mieter die Erlaubnis des Vermieters einho-

len, wenn sie ein Balkonkraftwerk installieren wollen. Der Vermieter kann die Erlaubnis verweigern, wenn durch die Installation in die bauliche Substanz eingegriffen wird, zum Beispiel bei der Befestigung des Solarpanels, dem Verlegen neuer Leitungen oder wegen optischer Beeinträchtigungen. Tritt die Gesetzesänderung 2024 in Kraft, wird der Vermieter ein gewünschtes Balkonkraftwerk im Regelfall gestatten müssen. Es sei denn, dem Vermieter ist die entsprechende bauliche Maßnahme nicht zuzumuten oder der Denkmalschutz steht dem entgegen. Künftig werden aber Einwände wie optische Beeinträchtigung, Einfluss auf Lichtverhältnisse beim Nachbarn oder kurzzeitige Blendeffekte weniger schwer wiegen als das Mieterinteresse, einen Beitrag zum Gelingen der Energiewende zu leisten oder Geld zu sparen. Bei der Frage, wie das Balkonkraftwerk zu installieren ist, müssen sich Mieter und Vermieter einigen. Der Vermieter darf hier aber nicht durch überzogene Forderungen den Mieteranspruch praktisch unmöglich machen.

Interessenabwägung
Bei einer Interessenabwägung, die notfalls das Gericht anstellen muss, ist zu berücksichtigen:

- → Art, Dauer und Schwere einer Behinderung
- → Umfang und Erforderlichkeit der baulichen Maßnahmen
- → Dauer der Bauzeit
- → Möglichkeit des Rückbaus
- → Baurechtsfragen, Denkmalschutz
- → Beeinträchtigung der Mitmieter.

Außerdem: Der Vermieter kann seine Zustimmung davon abhängig machen, dass der Mieter eine Haftpflichtversicherung abschließt und zusätzliche Sicherheit leistet, eine Art zweiter Mietkaution. Angemessen bedeutet hier, die Sicherheit soll so hoch sein, dass der Vermieter einen möglichen Rückbau bei Beendigung des Mietverhältnisses damit finanzieren kann.

Investitionen und Auszug
Schon vor Beginn der Modernisierungsarbeiten sollten Mieter aber auch daran denken, welche Rechte und Pflichten sie bei einem späteren Auszug hätten. Meistens geht es hier um die Fragen:

- → Kann ich die Einbauten ohne Weiteres in der Wohnung zurücklassen?
- → Habe ich dann Anspruch auf eine Entschädigung?
- → Darf ich, wenn ich will, die eingebauten Gegenstände auch mitnehmen?

Hat der Mieter zum Beispiel die Zimmerhöhe durch Herabziehen der Decke verringert oder Einbauschränke installiert, macht es bei seinem Auszug keinen Sinn, die Investitionen „mitzunehmen". Der Mieter hat aber auch kein Interesse daran, den ursprünglichen Zustand wiederherzustellen.

Ob der Mieter beim Auszug einen finanziellen Ausgleich für seine Modernisierungen fordern kann, hängt entscheidend davon ab, ob es entsprechende vertragliche Vereinbarungen zwischen ihm und dem Vermieter gibt. Allein aus der Zustimmung des Vermieters zu den Investitionen folgt nicht, dass der Mieter bei Vertragsende eine Entschädigung für seine Arbeiten bekommt. Allenfalls kann er davon ausgehen, dass er nicht zur Wiederherstellung des ursprünglichen Zustands verpflichtet werden kann. Zumindest dann, wenn der Vermieter während der Mietzeit aufwendigen Mieterinvestitionen ohne Vorbehalt zugestimmt hat oder wenn die Wohnung durch die Mieterarbeiten erst in einen vertragsgemäßen Zustand versetzt wurde.

Verlässt sich der Mieter nur auf gesetzliche Regelungen, hat er also keine Vereinbarungen und Absprachen mit dem Vermieter getroffen, gibt es drei Möglichkeiten:

- Der Mieter kann seine Investitionen – Einbauten oder Einrichtungen – beim Auszug entfernen und mitnehmen. Der Vermieter kann das durch Zahlung einer angemessenen Entschädigung verhindern.
- Der Vermieter akzeptiert, dass der Mieter alles mitnimmt. Der Mieter muss aber dann den „alten Zustand“ der Wohnung wiederherstellen, also mit den alten Badezimmerarmaturen und dem alten Fußbodenbelag.
- Der Vermieter fordert den Mieter ausdrücklich auf, seine Einbauten und Einrichtungen mitzunehmen, und verlangt, dass die Wohnung im ursprünglichen Zustand zurückgegeben wird.

In der Praxis ist das Mitnahmerecht des Mieters also meistens ein „zahnloser Tiger”. Da der Vermieter das Recht hat, den Rückbau zu fordern, sitzt er am längeren Hebel. Meistens sind die Einrichtungen und Einbauten in der neuen Wohnung für den Mieter nicht zu gebrauchen. Fast immer ist die Mitnahme dieser Gegenstände aber zumindest wirtschaftlich unsinnig. Bezahlen muss der Mieter die Kosten des Ausbaus, und er muss den früheren Zustand der Wohnung wiederherstellen. Bei Fußböden ist dies praktisch unmöglich, das heißt, es muss ein neuer Bodenbelag verlegt werden. Sind die alten Badezimmerarmaturen nicht mehr vorhanden, müssen neue gekauft werden.

Vermieter müssen im Regelfall keine Erstattung dafür anbieten, dass Mieterinvestitionen in der Wohnung bleiben. Oft können Mieter froh sein, wenn der Vermieter nicht die Rückgabe der Wohnung im ursprünglichen Zustand fordert und er ihnen „erlaubt“, die Investitionen in der Wohnung zu lassen. Von einer Entschädigung ist dann keine Rede.

Schützen können sich Mieter nur dadurch, dass sie vor Beginn ihrer Modernisierungen, bevor sie in die Wohnung investieren, feste Absprachen und Vereinbarungen mit dem Vermieter treffen.

Modernisierungsvereinbarung

Insbesondere bei umfassenden Mietermodernisierungen sollten Mieter und Vermieter eine konkrete vertragliche Vereinbarung schließen. Mustervereinbarungen finden Sie auf den **Seiten F-85 bis F-90.** Lassen Sie sich dabei von Ihrem örtlichen Mieterverein beraten.

Mängel, Reparaturen, Minderung

Wohnungsmängel sind das zweithäufigste Beratungsthema der örtlichen Mietervereine des Deutschen Mieterbunds. Fast jede fünfte Rechtsberatung dreht sich um Mängel in der Wohnung beziehungsweise im Haus und damit um die sogenannten Gewährleistungsrechte des Mieters.

Für den schnellen Einstieg

Wohnungsmängel

Ein ewig tropfender Wasserhahn, Feuchtigkeit und Schimmelbildung im Bad, die Fenster schließen nicht mehr richtig, oder die Wohnung ist kleiner als im Vertrag angegeben: Wenn Mängel in der Wohnung auftreten und der Vermieter sie nicht beseitigt, kann ein Mieter einiges unternehmen. Auch Umweltmängel, also Beeinträchtigungen von außen, können hierbei zum Tragen kommen.

Das bekannteste Mieterrecht bei Wohnungsmängeln ist die Mietminderung. Aber Mieter können hier zusätzlich eine Reihe von weiteren Rechten geltend machen:

- Sie können bei Wohnungsmängeln einen Teil der Miete zurückbehalten.
- Sie haben Anspruch auf Beseitigung des Mangels, zum Beispiel durch eine Reparatur.
- Sie können unter Umständen die Mängelbeseitigung auf Kosten des Vermieters selbst vornehmen.
- Sie haben Schadensersatzansprüche.
- Sie können unter Umständen fristlos kündigen.

Voraussetzung ist aber immer zunächst ein Wohnungsmangel.

> § URTEIL
>
> **Wohnungsmängel – Zurückbehaltungsrecht**
>
> Zwar dürfen Mieter bei Wohnungsmängeln ihren Vermietern Druck machen und neben der Mietminderung auch einen Teil der Miete zurückbehalten, aber zeitlich nicht unbegrenzt und auch nicht in jeder beliebigen Höhe (BGH, Az. VIII ZR 19/14). Der insgesamt einbehaltene Betrag muss in einer angemessenen Relation zur Bedeutung des Mangels stehen.

Was sind Wohnungsmängel?

Ein Mangel liegt vor, wenn der Gebrauch der Wohnung beeinträchtigt ist und der Mieter die Wohnung nicht so nutzen kann, wie er es aufgrund von Gesetz und Mietvertrag erwarten darf. Jede nachteilige Abweichung des tatsächlichen Zustands der Mietsache vom vertraglich vorausgesetzten Zweck ist ein Mangel.

Auch ohne ausdrückliche Vereinbarung können Mieter erwarten, dass die Mietsache so beschaffen ist, dass sie zum Wohnen geeignet ist und einen vertragsgemäßen Gebrauch ermöglicht sowie dem üblichen Standard entspricht. Das bedeutet, die Wohnung muss den zum Zeitpunkt der Errichtung geltenden Normen zum Schall- oder Wärmeschutz oder zur Elektroinstallation entsprechen, Richt- und Grenzwerte für Schadstoffe müssen eingehalten werden.

Typische Mängel, die der Mietsache, also der Mietwohnung, den Nebenräumen und der Gemeinschaftsräumen, selbst anhaften, sind:

- falsche Wohnflächenangaben, wenn die Wohnung tatsächlich mehr als 10 Prozent kleiner ist als vereinbart,
- Feuchtigkeitsschäden und Schimmelpilzbefall in der Wohnung oder in einzelnen Räumen,
- undichte Dächer, schadhafte, morsche, winddurchlässige Fenster,
- Heizungsausfälle oder -defekt, Beheizung der Wohnung auf Mindesttemperaturen zwischen 20 und 22 Grad Celsius nicht möglich,
- Ausfall der Warmwasserversorgung, unzureichende Wassertemperaturen,
- verstopfte Abflüsse, nicht benutzbare Toiletten, beschädigte Badewanne,
- reparaturbedürftiger Balkon,
- Ausfall der Elektrik in der Wohnung, ständige Kurzschlüsse, defekter Aufzug, Gegensprech- und Klingelanlage oder Hausbeleuchtung defekt,
- Unbenutzbarkeit von Keller, Garten oder Garage,
- verschlissener Teppichboden, beschädigtes Parkett.

Umweltmängel, von außen kommend, aber unmittelbar Einfluss nehmend auf die Mietsache, sind zum Beispiel:

- Staub- und Schmutzbeeinträchtigungen,
- Baulärm im Haus oder aus der Nachbarschaft,
- Lärmbeeinträchtigungen aus Nachbarwohnungen, zum Beispiel wegen unzureichendem Schallschutz,
- Lärmstörungen von nebenan, wie lautes und/oder nächtliches Feiern, Tierhaltung, mit zum Beispiel ständigem Hundegebell, Hausmusik oder ein zu laut eingestelltes TV-Gerät,
- Gestank aus der Nachbarwohnung, zum Beispiel wegen nicht artgerechter Tierhaltung,
- Zigarettenrauch oder Rauchschwaden vom Holzkohlegrill,
- Geruchsbelästigungen durch Gaststätten im Haus oder Gewerbebetriebe in der Nachbarschaft,
- Ungezieferbefall, Mäuse, Kakerlaken, Käfer, Tauben (auf dem Balkon),
- Prostitution im Haus.

§ URTEIL

Trittschall

Mieter haben kein Recht zur Mietminderung wegen Mängeln der Trittschalldämmung, wenn die zum Zeitpunkt des Hausbaus geltenden DIN-Normen eingehalten wurden (BGH, Az. VIII ZR 85/09).

§ URTEIL

Bolzplatz-Urteil

Bei einigen Umweltmängeln (zum Beispiel Lärmeinwirkungen auf die Mietsache von außen) können Mieter wegen einer späteren Verschlechterung oder einer nachträglichen Veränderung nur dann die Miete mindern, wenn sie beim Abschluss des Mietvertrags eine Vereinbarung über die Beschaffenheit der Wohnung getroffen haben. Ohne eine solche Vereinbarung kommt es bei nachträglichen Lärmstörungen auf den Einzelfall an beziehungsweise darauf, ob der Vermieter von den störenden Dritten (etwa Nachbarbaustelle oder Sportplatz) Ausgleichszahlungen verlangen kann (BGH, Az. VIII ZR 197/14).

Zugesicherte Eigenschaften

Der Vermieter ist dafür verantwortlich, dass die Wohnung die von ihm zugesicherten Eigenschaften tatsächlich aufweist. Fehlt eine dieser Eigenschaften oder fällt sie später, während der Mietzeit, weg, kann der Mieter Gewährleistungsrechte geltend machen, zum Beispiel die Miete mindern.

Anders als bei den oben beschriebenen Wohnungsmängeln muss aber die fehlende zugesicherte Eigenschaft die vertragsgemäße Nutzung der Wohnung nicht beeinträchtigen.

BEISPIEL

Beim Abschluss des Mietvertrags sichert der Vermieter zu, die vorhandenen, einfach verglasten Fenster innerhalb von zwei Monaten durch neue, dreifachverglaste Energiesparfenster zu ersetzen. Hält sich der Vermieter nicht an diese Zusicherung, kann der Mieter nach zwei Monaten die Miete kürzen. Ob die Fenster mangelhaft oder funktionstüchtig waren, spielt keine Rolle.

Allerdings ist nicht jede Äußerung des Vermieters im Zusammenhang mit dem Abschluss des Mietvertrags als Zusicherung einer Eigenschaft zu verstehen. Allgemeine Anpreisungen, Beschreibungen des Mietobjekts oder die Bestätigung selbstverständlicher Eigenschaften sind keine Zusicherungen. Stattdessen ist erforderlich, dass der Vermieter rechtlich verbindlich erklärt, die Gewähr – praktisch die Garantie – übernehmen zu wollen, dass bestimmte Eigenschaften vorhanden sind oder geschaffen werden. Dazu müssen Inhalt und Umfang der Zusicherung genau erkennbar sein, und die Zusicherung muss Vertragsbestandteil geworden sein, regelmäßig also schriftlich erteilt werden. Aus der **Vermieterzusicherung** muss sich dann ergeben, dass er für die angegebenen Eigenschaften ohne Wenn und Aber eintreten will.

§ URTEIL

Elektroversorgung

Auch Mieter einer nicht modernisierten Altbauwohnung haben Anspruch auf eine Elektroversorgung, die sicherstellt, dass mehrere Haushaltsgeräte gleichzeitig genutzt werden können, zum Beispiel Waschmaschine und Staubsauger. Einschränkungen im Mietvertrag sind unzulässig (BGH, Az. VIII ZR 343/08).

Mietminderung

Die Mietminderung ist weder Druckmittel noch eine Strafaktion für den Vermieter. Sie ist vielmehr der Ausgleich dafür, dass die Wohnung nicht hundertprozentig in Ordnung ist, Mängel hat und somit nicht vertragsgemäß ist.

Hinter dem Gedanken der Mietminderung steht das Bild einer Waage. Auszugehen ist davon, dass die beim Abschluss des Mietvertrags zwischen Mieter und Vermieter ausgehandelte Miete dem Wert der Wohnung entspricht, also 100 Prozent Miete für 100 Prozent Wohnung. In der einen Waagschale befindet sich die Wohnung, in der anderen die zu zahlende Miete. Die Waage ist beim Beginn des Mietverhältnisses völlig ausgeglichen. So soll es auch während der Mietzeit bleiben. Tritt aber während der Mietzeit ein Mangel auf, nimmt der Wert der Wohnung ab, ist sie nicht mehr 100 Prozent wert. Dann muss der Mieter auch weniger Miete zahlen (dürfen), damit die Waage im Gleichgewicht bleibt. Ist die Wohnung nur noch 50 Prozent wert, muss der Mieter auch nur 50 Prozent Miete zahlen.

Kein Antrag erforderlich – Miete automatisch gemindert

Die Mietminderung muss nicht beim Vermieter beantragt werden. Sie ist – wie auch die anderen Gewährleistungsrechte – ein gesetzliches Recht, das der Mieter einseitig, also ohne Zustimmung des Vermieters, geltend machen kann. Der Mieter muss auch keine besonderen Ansprüche erheben. Vielmehr führt die Mangelhaftigkeit der Mietsache dazu, dass die Miete automatisch gemindert ist, von Beginn der Wohnwertbeeinträchtigung an, auch ohne ausdrückliche Geltendmachung.

Aber: Auch wenn die Mietminderung kraft Gesetz wirkt, der Mieter muss sich auf die Mietminderung berufen. Solange er die Miete nicht kürzt, passiert nichts.

Mängelanzeige

Treten im Lauf der Mietzeit Wohnungsmängel auf, muss der Mieter den Vermieter informieren. Das gilt für Mängel in der Wohnung selbst, aber auch für Mängel in Gemeinschaftsräumen, im Treppenhaus oder beim Aufzug, soweit sie für den Mieter erkennbar sind.

Solange keine Mängelanzeige durch den Mieter erfolgt, kann er weder die Miete mindern noch sonstige Gewährleistungsrechte geltend machen. Der Vermieter wird erst durch die Mängelanzeige über vorhandene Wohnungsmängel informiert und in die Lage versetzt, den ordnungsgemäßen Zustand der Mietsache wiederherzustellen.

Hinzu kommt, dass der Mieter sich unter Umständen schadensersatzpflichtig macht, wenn er Mängel nicht anzeigt, zum Beispiel dann, wenn bei rechtzeitiger Information ein größerer Schaden hätte vermieden werden können.

Die Mängelanzeige kann zwar mündlich abgegeben werden, sinnvoll ist aber schon aus Beweisgründen immer die schriftliche Mängelanzeige beziehungsweise die Anzeige per E-Mail. Anders na-

> **§ URTEIL**
>
> **Darlegungslast**
>
> Es reicht aus, wenn der Mieter einen konkreten Sachmangel darlegt und beschreibt, der die Tauglichkeit der Mietsache zum vertragsgemäßen Gebrauch beeinträchtigt. Dabei muss er nur die Mangelsymptome – Heizungsausfall, Fäkaliengestank, undichtes Rohr und so weiter – beschreiben, nicht aber die Ursachen für die Mängel erklären. Auch das Maß der Gebrauchsbeeinträchtigung oder einen bestimmten Minderungsbetrag braucht er nicht vorzutragen (BGH, Az. VIII ZR 125/11).

türlich in Notsituationen, also zum Beispiel bei einem Heizungsausfall im Winter. Hier muss ein Telefonat, am besten im Beisein eines potenziellen Zeugen, ausreichen.

Ausnahmsweise ist eine Mängelanzeige entbehrlich, und zwar:

- → wenn der Vermieter oder sein Hausmeister oder Hausverwalter den Mangel kennt oder kennen muss, zum Beispiel wenn der Aufzug defekt ist und eine der oben genannten Personen mit im Haus wohnt.
- → wenn der Vermieter den Mangel gar nicht abstellen kann, zum Beispiel wenn eine lärmintensive Baustelle im Haus eingerichtet ist.

Grund und Ursache spielen keine Rolle

Für die Frage, ob ein Wohnungsmangel vorliegt oder nicht und ob der Mieter die Miete deshalb mindern kann, spielen Grund und Ursache des Mangels keine Rolle. Es kommt nicht darauf an, ob der Vermieter überhaupt in der Lage ist, den Mangel zu beseitigen, oder ob er den Mangel gar verschuldet, also zumindest fahrlässig herbeigeführt hat.

Die Konsequenz daraus ist, dass der Mieter seine Miete beispielsweise um 50 Prozent kürzen kann, wenn die Heizung ausfällt oder er nachts aufgrund des Lärms aus einer benachbarten Diskothek nicht mehr schlafen kann. Demgegenüber kann der Vermieter nicht darauf verweisen, dass er für diese Mängel nicht verantwortlich sei und sie erst recht nicht verschuldet habe. Ob ein Heizungsausfall immer mal passieren kann, eine Art höhere Gewalt ist und für den Diskothekenlärm letztlich der Betreiber der Diskothek oder Eigentümer des benachbarten Grundstücks verantwortlich ist, spielt keine Rolle.

Entscheidend ist allein, dass ein Wohnungsmangel vorliegt und für die Mieter eine Wohnwertbeeinträchtigung eintritt. So kann der Mieter auch die Reparatur der bei einem Einbruch beschädigten Wohnungstür verlangen oder die Wiederherstellung des durch Wildschweine zerstörten Rasens und bis zur Beseitigung des Mangels die Miete kürzen.

Deshalb besteht das Mietminderungsrecht auch, wenn der Vermieter Instandsetzungsarbeiten im oder am Haus durchführt oder er modernisiert, zum Beispiel einen Balkon oder Aufzug an- beziehungsweise einbaut. Ausgeschlossen – zumindest für einen bestimmten Zeitraum – ist das Mietminderungsrecht aber, wenn der Vermieter energetische Modernisierungen durchführt (→ Seite 68). Die ersten drei Monate darf die Miete nicht gemindert werden – egal, wie laut und dreckig es wird.

Mietminderung ausgeschlossen

Eine Mietminderung ist in den folgenden Fällen ausgeschlossen.

Unerhebliche Beeinträchtigung

Führt der Mangel nur zu einer unerheblichen Beeinträchtigung, kann die Miete nicht gemindert werden. Das Recht, die Reparatur oder die Beseitigung des Mangels zu fordern, bleibt aber bestehen.

> BEISPIEL
>
> Wegen einer defekten Glühbirne im Treppenhaus kommt eine Mietminderung nicht in Betracht, aber der Mieter kann fordern, dass die Glühbirne ersetzt wird.

Letztlich soll nicht jede „Kleinigkeit“ zu einer Reduzierung der monatlichen Mietzahlung führen können. Voraussetzung ist also eine spürbare Nutzungsbeeinträchtigung der Wohnung.

Typische unerhebliche Beeinträchtigungen sind:

- Müllschlucker wird stillgelegt
- defekte Glühbirne im Hausflur
- geringfügige Lärmbelästigungen durch Mitmieter, zum Beispiel das Betätigen der Wasserspülung, das Laufenlassen von Wasser, das Öffnen und Schließen von Fenstern nach 22.00 Uhr
- Haarrisse in der Zimmerdecke einer Altbauwohnung
- Wasserfleck an der Badezimmerdecke
- Sprung in der Fensterscheibe

Mangel war bereits bekannt

Kannte der Mieter beim Abschluss des Mietvertrags den Mangel schon, ist eine Mietminderung ebenfalls ausgeschlossen. Das ist der Fall, wenn Mieter und Vermieter den mangelhaften Zustand der Mietsache ausdrücklich als vertragsgemäß vereinbart haben.

Befand sich beispielsweise beim Abschluss des Mietvertrags das Einfamilienhaus in einem stark renovierungsbedürftigen Zustand und hatten die Vertragsparteien vereinbart, dass sich der Mieter das Haus nach seinen Bedürfnissen wohnlich herrichten und für die Dauer von sechs Jahren nur „170 Euro“ Miete zahlen sollte, ist der Zustand des Hauses als „vertragsgemäß“ vereinbart. Der Mieter hat insoweit keine Erfüllungsansprüche oder Gewährleistungsrechte.

Auch ohne ausdrückliche Vereinbarung ist zum Beispiel in folgenden Fällen davon auszugehen, dass der Mieter den Mangel kannte beziehungsweise kennen musste: Wer eine Wohnung in einem Neubaugebiet anmietet, darf sich wegen Baulärm in der Nachbarschaft nicht beschweren. Wer eine preiswerte Wohnung mit alten Fenstern und unklaren Scheiben mietet, soll nach seinem Einzug deshalb nicht weniger Miete zahlen dürfen. Positive Kenntnis ist auch bei stadtbekannten (geplanten) Großbauprojekten oder bei offensichtlichen Baumaßnahmen in unmittelbarer Nachbarschaft der neu angemieteten Wohnung bejaht worden.

Selbst wenn der Mieter den Mangel aus grober Fahrlässigkeit nicht erkannt hat, ist eine Mietminderung unter Umständen ausgeschlossen. Grundsätzlich muss der Mieter das Objekt vor oder beim Vertragsabschluss prüfen. Auf Mängel, die er ohne Weiteres hätte erkennen müssen, kann er später eine Mietminderung nicht stützen.

„Ist bei Feuchtigkeitsschäden und Schimmelpilz in der Wohnung immer eine Mietminderung gerechtfertigt?"

Grundsätzlich ja, es sei denn, der Mieter ist selbst für die Feuchtigkeitsschäden verantwortlich. Das kann der Fall sein, wenn sich der Schimmel aufgrund falschen Heiz- und Lüftungsverhaltens gebildet hat. Bei regelmäßigem Lüften – am besten Durchzug, je nach Wohnungsnutzung zwei- bis dreimal am Tag – und „normalem" Heizen hat der Mieter aber in aller Regel alles Notwendige veranlasst, sodass er für eventuelle Schäden nicht verantwortlich ist.

§ URTEIL

Baulärm

Der Lärm einer benachbarten Großbaustelle rechtfertigt grundsätzlich keine Mietminderung, zumindest dann nicht, wenn die Baustelle genehmigt ist, der Vermieter selbst nichts dagegen unternehmen kann und es für ihn auch keine Entschädigungsmöglichkeit gibt (BGH, Az. VIII ZR 258/19).

Mieter hat den Mangel hervorgerufen
Das Mietminderungsrecht entfällt auch, wenn der Mieter den Mangel selbst zu vertreten hat. So kann der Mieter die Miete nicht wegen einer defekten Fensterscheibe mindern, die er kurz vorher selbst beschädigt hat.

Auch bei Feuchtigkeitsschäden und Schimmelpilz in der Wohnung kann es sein, dass der Mieter diese Mängel zu vertreten hat, zum Beispiel weil er zu wenig geheizt und gelüftet hat und ein Sachverständiger festgestellt hat, dass die Feuchtigkeitsschäden in der Wohnung nachgewiesenermaßen ausschließlich auf falschem Heiz- und Lüftungsverhalten beruhen.

Mieter verhindert die Beseitigung des Mangels
Verhindert oder erschwert der Mieter die Mängelbeseitigung, lehnt er beispielsweise die vom Vermieter beabsichtigten Reparaturen ab, obwohl sie zur Beseitigung der Wohnungsmängel geeignet wären, verliert er ebenfalls sein Mietminderungsrecht. Das Gleiche gilt, wenn er die vom Vermieter beauftragten Handwerker gar nicht erst in die Wohnung lässt.

Berechnung der Mietminderung

Ausgangspunkt für eine Mietminderung ist die sogenannte Bruttomiete. Das ist die tatsächlich gezahlte Gesamtmiete, also die Grund- oder Kaltmiete plus Vorauszahlungen für die Betriebskosten, inklusive der Heizkosten, oder die Grund- beziehungsweise Kaltmiete plus Betriebskostenpauschalen oder eine sogenannte Inklusivmiete, in der alle Kostenfaktoren zusammengefasst sind.

Nach dem Gesetz ist der Mietpreis bei Mängeln in angemessenem Umfang reduziert. Dabei richtet

§ URTEIL

Wohnfläche

Ist die tatsächliche Wohnfläche mehr als 10 Prozent kleiner, als im Mietvertrag angegeben, hat der Mieter Anspruch auf eine Mietminderung, und er kann für die Vergangenheit die zu viel gezahlten Mieten zurückfordern (BGH, Az. VIII ZR 33/18)

sich die Höhe der Mietminderung nach dem Umfang der Wohnwertbeeinträchtigungen. Einfach gesagt: Je stärker sich die Mängel auswirken, desto mehr darf die Miete gekürzt werden, hier gilt das „Prinzip Waage“ (→ Seite 82). Dabei muss bewertet werden, in welchem Verhältnis die durch die Mängel geschuldete Leistung des Vermieters (Wohnung) zur Höhe der Mieterleistung, das heißt zur Zahlung der Miete, steht.

Einfach ist dies nur bei dem Wohnungsmangel „zu geringe Wohnfläche“: Tatsächlich 15 Prozent kleinere Wohnfläche als im Mietvertrag angegeben, heißt 15 Prozent Mietminderung; 20 Prozent geringere Wohnfläche bedeuten 20 Prozent Mietminderung.

Bei allen anderen Wohnungsmängeln sind das geschätzte Ausmaß der Wohnwertbeeinträchtigung und damit die Festlegung der Minderungsquote schwierig. Berücksichtigt werden muss zum Beispiel, ob alle Räume der Wohnung von einem Mangel betroffen sind, welche Größe und welchen Wohnwert die mangelhaften Räume im Vergleich zur Restwohnung haben, und natürlich, wie lange der Mangel andauerte, bis er abgestellt wurde. Soweit in Mietminderungstabellen oder -listen Mietminderungsquoten genannt werden, wird davon ausgegangen, dass der Mangel einen kompletten Monat lang vorgelegen hat.

Durchführung der Mietminderung

Miete mindern heißt, weniger Miete zahlen. Fällt am 15. Januar die Heizung aus und erfolgt die Reparatur am 30. Januar, kann der Mieter die Zahlungen für diesen Zeitraum, das heißt für den halben Monat Januar, kürzen.

Allerdings ist die Januarmiete bereits zu Beginn des Monats – so bestimmen es in aller Regel der Mietvertrag und das Gesetz – bis zum dritten Werktag gezahlt worden.

Hat der Mieter dem Vermieter für die Miete eine Einzugsermächtigung erteilt, kann er beim Auftreten eines Mangels der Lastschrift des vollen Mietzinses für diesen Monat „nachträglich“ gegenüber seiner Bank widersprechen und dann nur die gekürzte Miete an den Vermieter überweisen.

Bei einem Dauerauftrag oder einer Einzelüberweisung ist ein Rückruf nicht möglich. Hier hat der Mieter für den Monat Januar zu viel gezahlt. Der Vermieter ist „ungerechtfertigt bereichert“, der Mieter hat in Höhe des Minderungsbetrags ein Rückforderungsrecht. Diese Rückforderung kann der Mieter unabhängig von den laufenden Mietzahlungen geltend machen. Er kann diesen Anspruch aber auch dadurch realisieren, dass er den Betrag mit künftigen Mietzahlungen verrechnet, zum Beispiel mit der Februarmiete.

Folgen und Risiken einer unberechtigten oder überhöhten Mietminderung

Hält der Vermieter die Mietminderung für unzulässig oder die Minderungsquote für zu hoch, kann er die aus seiner Sicht ausstehenden Mietbeträge einklagen. Dann entscheidet das Gericht, ob und in welcher Höhe eine Mietminderung erfolgen durfte.

Befindet sich der Mieter mit seinen Mietzahlungen im Rückstand oder in Verzug, kann der Vermieter das Mietverhältnis fristlos kündigen. Zahlungsverzug liegt vor, wenn der Mieter an zwei aufeinander folgenden Terminen mit mehr als einer Monatsmiete oder über einen längeren Zeitraum mit einem Gesamtbetrag in Höhe von zwei Monatsmieten im Rückstand ist.

War die Mietminderung berechtigt, stellt sich die Frage nach einem Kündigungsrecht des Vermieters natürlich nicht. Anders, wenn eine Mietminderung praktisch „ins Blaue" erklärt wird, der Mieter wegen eines Mangels mindert, den er selbst verschuldet hat, oder er zum Beispiel wegen einer defekten Glühbirne im Hausflur 50 Prozent weniger Miete zahlt und ein Mietrückstand von einer oder zwei Monatsmieten entsteht. Hier kommt eine Kündigung in Betracht.

Bevor der Mieter mindert, muss er die Rechtslage sorgfältig prüfen und, soweit erforderlich, Rechtsrat einholen, zum Beispiel bei einem örtlichen Mieterverein oder einem Rechtsanwalt. Die höchstrichterliche Rechtsprechung ist zu beachten, und eine Falschberatung des Anwalts muss sich der Mieter zurechnen lassen.

Erfüllungs- und Reparaturanspruch

Mängel der Mietwohnung, die der Mieter angezeigt hat, muss der Vermieter innerhalb einer angemessenen Frist beseitigen. Dabei gilt als Faustregel: Je schwerer der Mangel beziehungsweise je leichter die Fehlerbehebung, desto kürzer die Frist.

Treten Wohnungsmängel auf, hat der Mieter vor allem ein Interesse daran, dass die Mängel abgestellt werden. Er will eine ordentliche und fehlerfreie Wohnung haben, so wie beim Vertragsabschluss. Sind die Fenster der 500 Euro teuren Mieterwohnung undicht, hilft es dem Mieter wenig, wenn er seine monatliche Miete um 5 Prozent kürzen und hier 25 Euro weniger Miete zahlen kann. Ziel des Mieters muss es sein, dass die Fenster repariert oder ausgetauscht werden.

Fällt die Gasetagenheizung aus, muss der Vermieter sie reparieren lassen. Er kann nicht alternativ die Modernisierung der Heizungsanlage ankündigen. Die Mängelbeseitigung hat Vorrang (BGH, Az. VIII ZR 194/21).

Anders als möglicherweise bei der Mietminderung spielt es keine Rolle, ob die Mieter die Mängel längere Zeit widerspruchslos hingenommen haben oder ob der Mangel eine erhebliche Beeinträchtigung ist. Der Reparaturanspruch bleibt; er ist während der Mietzeit unverjährbar.

§ URTEIL

Opfergrenze

Der Vermieter muss reparieren. Er kann nicht einfach behaupten, das Gebäude sei marode, die Sanierungskosten seien zu hoch. Unzureichende Instandhaltung, Überalterung oder hohe Kosten entbinden den Vermieter nicht davon, zu sanieren. Anders unter Umständen, wenn die Nutzung des Gebäudes zum Beispiel durch Brand, Überflutung oder Explosion stark beeinträchtigt oder aufgehoben ist (BGH, Az. V ZR 225/20). So auch, wenn das Einfamilienhaus einen Verkehrswert von 28.000 Euro hat, aber die Mängelbeseitigung zwischen 47.500 und 95.000 Euro kosten würde. Hier ist die Opfer- oder Zumutbarkeitsgrenze für den Vermieter überschritten (BGH, Az. VIII ZR 131/09).

Weigert sich der Vermieter, den Mangel zu beheben, oder rührt er sich gar nicht, kann der Mieter auf Mängelbeseitigung, also auf Herstellung des ordnungsgemäßen Zustands, klagen. Das Gericht kann den Vermieter dann verurteilen, den Mangel (zum Beispiel Feuchtigkeit) dauerhaft abzustellen. Ist der Vermieter aber in diesen Fällen nur zu unzureichenden Malerarbeiten bereit oder setzt er unqualifizierte Hilfskräfte ein, ist der Mieter berechtigt, diese Arbeiten als „untauglich" abzulehnen. Das Gericht kann dem Mieter das Recht geben, selbst die Reparatur auf Kosten des Vermieters zu veranlassen, und den Vermieter zur Zahlung eines entsprechenden Vorschusses verurteilen.

§ URTEIL

Verjährung

Der Anspruch eines Mieters auf Beseitigung von Mängeln in der Wohnung oder im Haus kann nicht verjähren (BGH, Az. VIII ZR 104/09).

→ **ACHTUNG** Liegt ein Wohnungsmangel vor, muss sich der Mieter nicht entscheiden, ob er die Miete mindern oder eine Reparatur verlangen soll. Beide Rechte beziehungsweise alle Gewährleistungsrechte stehen nebeneinander und können gleichzeitig eingesetzt werden.

Wem es zu lange dauert, bis der Vermieter eine Reparatur veranlasst, und nicht warten kann (will), bis endlich ein Gericht entscheidet, kann nicht nur über die Mietminderung versuchen, den Vermieter zu einem Tätigwerden zu veranlassen. Auch das Zurückbehaltungsrecht und das Selbstbeseitigungsrecht sind dann unter Umständen wirksame Instrumente.

Zurückbehaltungsrecht

Das Zurückbehaltungsrecht ist ein **Leistungsverweigerungsrecht**. Der Vermieter erbringt seine Leistung aus dem gegenseitigen Vertrag nicht ordnungsgemäß, solange die Mängel in der Wohnung nicht beseitigt sind. Dann – so die gesetzliche Regelung – kann auch der Mieter seine Leistung, die Mietzahlung, entsprechend verweigern.

Das Zurückbehaltungsrecht ist – anders als die Mietminderung – ein echtes Druckmittel. Der Mieter hält die Miete, zumindest einen Teil davon, so lange zurück, bis der Vermieter die Wohnwertbeeinträchtigung oder den Wohnungsmangel beseitigt hat.

Das Zurückbehaltungsrecht kann neben der Mietminderung geltend gemacht werden. Der wesentliche Unterschied ist: Bei einer Mietminderung

„Wie wird die Wohnfläche, also die Wohnungsgröße, richtig festgestellt?“

Normalerweise wird die Wohnungsgröße seit 2004 – Abschluss des Mietvertrags – nach der Wohnflächenverordnung ermittelt, wenn nicht etwas anderes im Mietvertrag vereinbart ist. Hierbei werden die Grundflächen aller Räume innerhalb der Wohnung, auch des Flures, mitgezählt, einschließlich Balkon oder Terrasse. Voll angerechnet werden Räume beziehungsweise Raumteile mit mindestens zwei Metern Höhe. Raumteile zwischen ein und zwei Metern werden zur Hälfte und Raumteile unterhalb einer Höhe von einem Meter gar nicht angerechnet.
Die Fläche des Balkons oder der Terrasse wird in der Regel zu einem Viertel angesetzt, höchstens zur Hälfte. Hier kommt es auf die Lage und Nutzbarkeit von Balkon oder Terrasse an.

sind die geminderten Mietanteile für den Vermieter verloren. Er kann auch nach der Mängelbeseitigung keine Mietnachzahlungen fordern. Anders beim Zurückbehaltungsrecht: Hier muss der Mieter die zurückbehaltenen Mieten nachzahlen, wenn der Mangel beseitigt ist. Das Zurückbehaltungsrecht ist ein Druckmittel, die Mietminderung – Prinzip Waage – ist die Anpassung der Mietzahlung an den verminderten Wohnwert der Wohnung.

Der Umfang des Zurückbehaltungsrechts ist nicht eindeutig festgelegt. Lange galt, dass Mieter den drei- bis fünffachen Mietminderungsbetrag zurückhalten dürfen. War der Mieter wegen eines Wohnungsmangels berechtigt, die Miete um 10 Prozent zu mindern, durfte er gleichzeitig oder stattdessen bis zu 50 Prozent der Miete zurückbehalten. Insgesamt jedoch durfte der zurückbehaltene Betrag, unter Umständen über mehrere Monate gerechnet, nicht höher ausfallen als die Kosten der vollständigen Mängelbeseitigung.

So pauschal lässt sich das nicht mehr sagen. Sicher ist, dass das Zurückbehaltungsrecht nicht unbegrenzt und auch nicht in jeder beliebigen Höhe geltend gemacht werden darf (BGH, Az. VIII ZR 19/14). Wo aber die Grenze liegen soll, hat der Bundesgerichtshof nicht erklärt. Der Grundsatz der Verhältnismäßigkeit sei einzuhalten. Der zurückbehaltene Betrag müsse in einer angemessenen Relation zur Bedeutung des Mangels stehen.

Voraussetzung für die Geltendmachung des Zurückbehaltungsrechts ist, dass es sich nicht nur um einen unerheblichen Mangel handelt. Und, solange der Vermieter keine Kenntnis von dem in Rede stehenden Mangel hat, kann der Mieter das Zurückbehaltungsrecht nicht geltend machen. Das ist erst gegenüber den Mietzahlungsforderungen des Vermieters möglich, die nach der Mängelanzeige fällig werden, also zu zahlen sind.

Schadensersatz

Mängel der Mietsache führen in drei zu unterscheidenden Fällen zu Schadensersatzansprüchen des Mieters:

→ Wenn der Mangel von Anfang an vorlag, also schon beim Vertragsabschluss. Hier spricht man auch von Garantiehaftung. Der Vermieter haftet auch ohne eigenes Verschulden auf Schadensersatz.
Dabei muss der Mangel nicht schon von An-

fang an sichtbar gewesen sein. Es reicht aus, wenn er latent vorhanden war, beispielsweise eine defekte Heizungsanlage. Das Gleiche gilt, wenn aufgrund gravierender Baumängel, die schon beim Abschluss des Mietvertrags vorlagen, später Feuchtigkeitsschäden in der Mietwohnung auftreten. Der Mieter kann Ersatz für Schäden an Tapeten, Möbeln, Fußböden und so weiter verlangen.

→ Wenn der Mangel nach Vertragsabschluss entstanden ist und der Vermieter ihn zu vertreten hat. Hier ist also ein Verschulden des Vermieters notwendig. Das liegt vor, wenn er seine mietvertraglichen Erhaltungspflichten nicht erfüllt.

Der Vermieter haftet auch für das Fehlverhalten und Verschulden seines Hausmeisters oder seiner Putzfrau beziehungsweise seiner beauftragten Handwerker.

BEISPIEL

Aufgrund des schadhaften Treppengeländers und einer beschädigten Stufe stürzt der Mieter die Treppen hinunter und bricht sich ein Bein.

→ Wenn sich der Vermieter mit der Mängelbeseitigung in Verzug befindet und dem Mieter hierdurch ein Schaden entsteht. Dabei ist es nicht notwendig, dass der Vermieter den ursprünglichen Mangel selbst auch zu vertreten hat.

Verzug bedeutet, dass der Mieter einen fälligen Mängelbeseitigungsanspruch hat: Er hat die Mängelbeseitigung noch einmal angemahnt, oder Mieter und Vermieter haben einen festen Termin zur Beseitigung des Mangels vereinbart, und der Vermieter hat die Verzögerungen der Arbeiten zu vertreten.

BEISPIEL

Der Mieter zeigt den Mangel „undichtes Dach“ an und mahnt die Schadensbeseitigung noch einmal zusätzlich an. Trotzdem reagiert der Vermieter nicht. Beim nächsten großen Platzregen werden Einrichtungsgegenstände des Mieters durch Regenwasser beschädigt. Der Vermieter muss hierfür Schadensersatz zahlen.

Selbstbeseitigungsrecht in Notfällen

Unter bestimmten Voraussetzungen kann der Mieter die Mängelbeseitigung auch selbst in Auftrag geben. Die Kosten hierfür muss der Vermieter übernehmen.

→ Im Fall eines **Verzugs des Vermieters bei der Mängelbeseitigung** muss der Vermieter über das Vorliegen eines Wohnungsmangels zunächst informiert werden. Lässt der Vermieter eine „angemessene“ Frist zur Schadensbeseitigung tatenlos verstreichen, muss der Mieter ihn im Regelfall noch einmal mahnen und so in Verzug setzen, verbunden mit der Aufforderung, die konkret beschriebenen Mängel zu beseitigen.

Bleibt der Vermieter jetzt immer noch untätig, kann der Mieter von seinem Selbsthilferecht Gebrauch machen. Er muss dann aber den Reparaturauftrag im eigenen Namen vergeben. Damit erhält er auch die Rechnung. Deshalb kann der Mieter von seinem Vermieter einen

Vorschuss auf diese Reparaturkosten in Höhe der voraussichtlichen Kosten der Mängelbeseitigung fordern.

Weigert sich der Vermieter, den Vorschuss zu zahlen, kann der Mieter diesen Anspruch einklagen, in dringenden Fällen kann er sogar eine einstweilige Verfügung beantragen.

Zahlt der Vermieter keinen Vorschuss und will oder kann der Mieter nicht prozessieren, kann er seinen Vorschussanspruch auch mit den aktuellen Mietforderungen des Vermieters verrechnen. Eine Möglichkeit ist die, dass der Mieter die Reparaturkosten vorfinanziert und dann gegenüber dem Vermieter geltend macht beziehungsweise dann seinen Anspruch mit den fälligen Mieten verrechnet.

→ Bei **Gefahr in Verzug** ist das oben beschriebene Verfahren viel zu kompliziert. In Notfällen – wenn sofort gehandelt werden muss – kann der Mieter den Mangel auch beheben lassen, ohne beim Vermieter vorher noch einmal ausdrücklich die Mängelbeseitigung angemahnt zu haben. So zum Beispiel auch, wenn der Mieter nachts seine Wohnung nicht betreten kann, weil das Schloss mit Leim verklebt wurde. Hier kann der Mieter eine Notöffnung durch einen Schlüsseldienst veranlassen und verlangen, dass die entstandenen Kosten vom Vermieter ersetzt werden. Anders allenfalls, wenn der Vermieter informiert hat, dass er Tag und Nacht erreichbar ist, rund um die Uhr.

Ähnlich ist die Rechtslage, wenn die Selbsthilfemaßnahme des Mieters „zum Erhalt des Bestands der Mietsache notwendig" ist. Hier kann der Mieter Ersatz der erforderlichen Aufwendungen für Maßnahmen zur umgehenden Beseitigung des Mangels beanspruchen, soweit sie zum Erhalt oder zur Wiederherstellung des Bestands der Mietsache notwendig sind. Ersetzen muss der Vermieter aber nur die „erforderlichen" Aufwendungen, die nach Auskunft von Fachleuten geeignet und notwendig sind. Kann ein undichtes Fenster abgedichtet werden, darf der Mieter selbstverständlich nicht auf Kosten des Vermieters ein neues Fenster einbauen lassen.

Kündigungsrecht

Ist die Wohnung wegen des Fehlers oder Mangels in einem Zustand, der die Gesundheit des Mieters gefährdet, kann der Mieter fristlos kündigen. Das Kündigungsrecht steht ihm nicht erst zu, wenn der Gesundheitsschaden schon eingetreten ist. Es reicht, wenn die Gesundheit bedroht ist, ein Schaden, etwa Krankheit, möglich und naheliegend ist.

Dass die Gesundheit in der Wohnung tatsächlich gefährdet ist, muss der Mieter beweisen. Die Gefahr liegt aber beispielsweise bei völliger Durch-

BEISPIEL

Gesundheitsgefährdende Mängel:

- völliger Heizungsausfall während der Wintermonate,
- ungenügende Beheizung,
- im Wohnzimmer kann keine höhere Temperatur als 17 Grad Celsius erreicht werden,
- gravierende Feuchtigkeitsschäden mit Schimmelpilzbefall,
- ständige nächtliche Ruhestörungen durch lautstarke Auseinandersetzungen der Nachbarn,
- eine gegenüber der vereinbarten um mehr als 10 Prozent niedrigere Wohnfläche.

feuchtung, mehrere Zentimeter hoch stehendem, mit Schlamm und Fäkalien durchsetztem Abwasser, Hochwasser und Nichtbeheizbarkeit der (unbewohnbaren) Wohnung oder erheblichem Schimmelbefall auf der Hand.

Die schriftliche Kündigung muss nicht nur den Kündigungsgrund „Gesundheitsgefahr" nennen, sondern im Einzelnen darlegen, warum ein Verbleiben in der Wohnung nicht mehr möglich ist. Die Tatsachen, aus denen sich die Gesundheitsgefahren ergeben, müssen ebenfalls genannt werden. Offensichtlich übertriebene oder gar unsinnige Behauptungen, wie „patschnasses Schlafzimmer" oder „Haus in keinster Weise isoliert", reichen nicht aus.

Liegen so erhebliche Mängel oder Fehler der Mietsache vor, dass der Vermieter nicht in der Lage ist, dem Mieter den vertragsgemäßen Gebrauch der Mietwohnung zu gewähren, kann der Mieter ebenfalls fristlos kündigen.

Eine Kündigung ist erst zulässig, wenn der Mieter dem Vermieter eine angemessene Frist zur Beseitigung der Störung gesetzt und der Vermieter innerhalb der ihm gesetzten Frist nicht reagiert hat.

Ausnahmen: Keine Fristsetzung ist nötig

- bei einem sogenannten Interessenwegfall des Mieters, wenn zum Beispiel eine Erfolg versprechende Reparatur der Heizung nicht mehr zu erwarten ist oder Reparaturversuche in der Vergangenheit gescheitert sind,
- wenn der Vermieter jegliche Abhilfe ernstlich und endgültig ablehnt,
- wenn Abhilfe überhaupt nicht möglich ist oder übermäßig lange dauern würde.

Hat der Mieter das Mietverhältnis wegen „Gesundheitsgefährdung" oder „Nichtgewährung des Gebrauchs" fristlos gekündigt, hat er unter Umständen Anspruch auf Ersatz des Schadens, der ihm durch die Kündigung entstanden ist.

BEISPIEL

Eine Kündigung ohne Fristsetzung ist zulässig bei gesundheitsgefährdendem Schimmelpilzbefall oder einer zu geringen Wohnfläche.

Er kann zum Beispiel Ersatz für alle mit dem Auszug verbundenen Aufwendungen verlangen. Dazu zählen insbesondere die Kosten des Umzugs und Kosten für neue Teppichböden oder Gardinen, außerdem Kosten für Zeitungsanzeigen, Maklerprovision und unter Umständen Anwaltskosten oder Renovierungskosten für die neue, abgewirtschaftete Wohnung oder die Differenz zwischen der bisherigen (niedrigen) und der zukünftigen (höheren) Miete. Vorausgesetzt, beide Wohnungen sind vergleichbar.

Schönheits- und Kleinreparaturen

Nach dem Gesetz muss der Vermieter dem Mieter die Wohnung in einem ordnungsgemäßen und fehlerfreien, das heißt vertragsgemäßen Zustand überlassen und während der Mietzeit so erhalten. Treten Schäden oder Mängel auf, muss der Vermieter diese beseitigen. Von diesen Verpflichtungen kann sich der Vermieter auch nicht durch irgendwelche Klauseln im Mietvertrag freizeichnen.
Aber es gibt zwei Ausnahmen: Bei Schönheitsreparaturen und Kleinreparaturen kann mithilfe einer Regelung im Mietvertrag vereinbart werden, dass der Mieter tätig werden beziehungsweise zahlen muss.

Für den schnellen Einstieg

1 Wann ist ein Mieter verpflichtet, Schönheitsreparaturen durchzuführen? → Seite 95

2 Spielt es eine Rolle, ob die Wohnung bei Einzug unrenoviert übernommen wurde? → Seite 96

3 Muss ich als Mieter beim Auszug renovieren? → Seite 97

4 Darf ich meine Wohnung mit bunten Wänden oder einer Fototapete gestalten? → Seite 99

5 Wie muss ich als Mieter mit einem Bagatellschaden umgehen? → Seite 100

6 Wann ist eine Kleinreparaturklausel im Mietvertrag wirksam? → Seite 101

Schönheitsreparaturen

Nach dem Gesetz ist eigentlich der Vermieter für Schönheitsreparaturen in der Wohnung verantwortlich. Da aber die gesetzliche Regelung nicht zwingend ist, stehen in fast allen Formularmietverträgen Klauseln, die die Schönheitsreparaturen auf die Mieter abwälzen.

Kein Mieter muss automatisch Schönheitsreparaturen oder Renovierungsarbeiten durchführen, weder zu Beginn noch während noch am Ende der Mietzeit. Renovieren müssen Mieter bei bestimmten Klauseln in Formularmietverträgen auch nur dann, wenn die Vertragsklauseln auch wirksam sind, wenn sie den Mieter nicht unangemessen benachteiligen.

Zu diesen Fragen hat der Bundesgerichtshof in den letzten 15 bis 20 Jahren Dutzende von Entscheidungen getroffen und viele Schönheitsreparaturklauseln für unwirksam erklärt. Die Folge ist: Es gilt in diesen Fällen das Gesetz, der Mieter muss nicht renovieren, unter Umständen aber der Vermieter.

→ **TIPP** Bevor Mieter beim Auszug aus der Wohnung Farbe und Tapete kaufen oder einen Malermeister beauftragen, sollten sie sich bei ihrem örtlichen Mieterverein beraten lassen, ob sie überhaupt renovieren müssen.

Was sind Schönheitsreparaturen?

Zu den sogenannten Schönheitsreparaturen gehört alles, was sich beim normalen Wohnen abnutzt oder abgenutzt hat und sich in der Regel mit Farbe und Tapeten erneuern lässt. Schönheitsreparaturen sind: das Anstreichen und Tapezieren der Wände und Decken, einschließlich des Verschließens der Dübellöcher, das Streichen der Fußböden, der Heizkörper, einschließlich der Heizungsrohre, der Innentüren sowie der Fenster und Außentüren von innen, also in der Wohnung.

Das Streichen von Terrassen, Balkonen, Loggien, Kellern, Hausfluren oder sonstigen Neben- oder Gemeinschaftsräumen gehört nicht zu den Schönheitsreparaturen, genauso wenig wie die Erneuerung eines Teppichbodens oder das Abschleifen und Versiegeln von Holz- oder Parkettböden.

Unrenovierte Wohnung angemietet?

Wer in eine unrenovierte Wohnung zieht, muss später bei seinem Auszug nicht renovieren. Vertragsklauseln, die den Mieter trotzdem zu Schönheitsreparaturen verpflichten, sind unwirksam. Andernfalls müsste der Mieter ja auch die Abnutzungen seines Vormieters beseitigen. Deshalb sind auch Vertragsklauseln unwirksam, die den Mieter verpflichten, beim Einzug zu renovieren.

„Unrenoviert" ist die Wohnung, wenn die Mieträume einen renovierungsbedürftigen Eindruck vermitteln und sie nicht nur unerhebliche Gebrauchsspuren aus der Vormieterzeit aufweisen. Dabei reicht es aus, wenn die Holzrahmen der Fenster nicht frisch gestrichen sind oder Lackabplatzungen aufweisen, wenn Scheuerleisten, Türen oder Heizungsrohre nicht lackiert sind.

Kommt es über diese Fragen zum Streit, muss der Mieter beweisen, dass ihm die Wohnung unrenoviert übergeben wurde (BGH, Az. VIII ZB 43/23). Wichtig ist es deshalb, dass der Renovierungszustand festgehalten wird.

§ URTEIL

Unrenovierte Wohnung angemietet

Eine Vertragsklausel, die dem Mieter einer unrenoviert angemieteten Wohnung die Schönheitsreparaturen auferlegt, ist unwirksam. Eine solche Klausel verpflichtet den Mieter zur Beseitigung sämtlicher Gebrauchsspuren des Vormieters und kann dazu führen, dass ein Mieter nach einer kurzen Mietzeit die Wohnung gegebenenfalls in einem besseren Zustand zurückgeben muss, als er sie selbst erhalten hat (BGH, Az. VIII ZR 185/14).

Eine Schönheitsreparaturklausel kann ausnahmsweise wirksam sein, auch wenn die Wohnung unrenoviert vermietet wurde. Voraussetzung ist, dass der Mieter hierfür einen Ausgleich erhalten hat. Das kann ein Zuschuss des Vermieters zu den Renovierungskosten sein oder ein Mietverzicht für einen bestimmten Zeitraum. Der Ausgleich muss aber so bemessen sein, dass damit in etwa der Renovierungsaufwand abgedeckt wird.

Hat der Vermieter einen angemessenen Ausgleich gezahlt, kommt es wie bei einer renoviert übergebenen Wohnung dann darauf an, ob die Schönheitsreparaturklausel im Formularmietvertrag wirksam ist. Wenn ja, muss der Mieter spätestens bei seinem Auszug renovieren.

§ URTEIL

Renovieren während der Mietzeit?

Sind Schönheitsreparaturen nicht wirksam auf den Mieter abgewälzt worden (keine oder unwirksame Regelung im Mietvertrag), kann der Mieter während der Mietzeit fordern, dass der Vermieter die Schönheitsreparaturen durchführt. Voraussetzung ist, dass eine wesentliche Verschlechterung des Dekorationszustandes eingetreten ist. Hatte der Mieter die Wohnung unrenoviert angemietet, muss er sich an den Renovierungskosten beteiligen, im Regelfall die Hälfte zahlen. Denn die Ausführung der Schönheitsreparaturen führt zu einer Verbesserung des im Mietvertrag vereinbarten unrenovierten Dekorationszustands der Wohnung bei Mietbeginn (BGH, Az. VIII ZR 163/18). Das bedeutet im Umkehrschluss: Hatte der Mieter die Wohnung renoviert angemietet und enthält der Mietvertrag keine wirksame Schönheitsreparaturregelung, muss der Vermieter während der Mietzeit streichen und tapezieren. Der Mieter muss sich an den Kosten nicht beteiligen. Die Renovierung führt im Vergleich zu Beginn des Mietverhältnisses zu keiner Verbesserung des Dekorationszustands der Wohnung.

Renovierte Wohnung angemietet?

Wer in eine renovierte Wohnung zieht, kann per Mietvertrag verpflichtet werden, während der Mietzeit beziehungsweise beim Auszug zu renovieren, aber nur, soweit auch tatsächlich ein Renovierungsbedarf besteht. Der wird in der Regel nach bestimmten Zeitabläufen vermutet. So können zum Beispiel konkrete Renovierungsfristen im Mietvertrag vereinbart werden. Die Fristen sind für einzelne Zimmer unterschiedlich und werden ab Ein-

„Wer muss eigentlich Schönheitsreparaturen in der Wohnung durchführen, also renovieren, wenn hierzu nichts im Mietvertrag vereinbart ist?“

Enthält der Mietvertrag keine Regelung zu Schönheitsreparaturen oder ist die entsprechende Vertragsklausel unwirksam, gilt das Gesetz. Danach ist der Vermieter verpflichtet, in regelmäßigen Abständen die Wohnung zu renovieren, auch schon während der Mietzeit des Mieters. Anders nur, wenn diese Vermieterpflicht ausdrücklich und wirksam im Mietvertrag ausgeschlossen ist. Der Mieter aber muss nicht renovieren.

zug beziehungsweise seit der letzten Renovierung berechnet:

- drei Jahre für Küchen, Bäder und Duschen
- fünf Jahre für Wohn- und Schlafräume, Flure, Dielen und Toiletten
- sieben Jahre für andere Nebenräume.

Nachdem der Bundesgerichtshof 2007 angedeutet hat, dass diese Fristen möglicherweise zu kurz bemessen seien, ist davon auszugehen, dass nur noch längere Fristen, zum Beispiel fünf, acht und zehn Jahre, wirksam sind.

→ **WICHTIG** Die oben genannten Fristen im Mietvertrag sind unwirksam, wenn es sich um starre Fristen handelt, die nach der Formulierung im Mietvertrag verbindlich sind. Wirksam sind Renovierungsfristen nur, wenn aus der Formulierung im Mietvertrag hervorgeht, dass sie „im Allgemeinen“ oder „grundsätzlich“ oder „in der Regel“ gelten sollen.
Trotz Fristablauf muss der Mieter demnach einwenden können, dass im Einzelfall kein Renovierungsbedarf besteht. Erweckt die Schönheitsreparaturklausel vom Wortlaut her den Eindruck, der Mieter müsse auf jeden Fall nach Ablauf einer bestimmten Frist renovieren, ist sie unwirksam. Werden im Formularmietvertrag kürzere Renovierungsfristen vorgegeben als oben genannt, ist das ebenfalls unwirksam.

Wirksam sind folgende Vertragsklauseln, auch ohne konkrete Fristen:

- Die Schönheitsreparaturen trägt der Mieter.
- Die Schönheitsreparaturen hat der Mieter auf seine Kosten durchzuführen.

In diesen Fällen muss der Mieter anstreichen und tapezieren, wenn Renovierungsbedarf besteht – normalerweise dann, wenn die üblichen Renovierungsfristen verstrichen sind.

Renovierung beim Auszug

Meistens stellt sich die Frage, ob der Mieter renovieren muss oder nicht, bei seinem Auszug. Er muss keine Schönheitsreparaturen durchführen,

- wenn der Mietvertrag keine Regelung zu Schönheitsreparaturen enthält.
- wenn er in eine unrenovierte Wohnung gezogen ist und er keinen finanziellen Ausgleich erhalten hat.
- wenn die üblichen Renovierungsfristen noch nicht abgelaufen sind.

→ wenn die Schönheitsreparaturklausel im Mietvertrag unwirksam ist. Das ist der Fall, wenn laut Mietvertrag unabhängig von der Wohndauer immer am Ende der Mietzeit renoviert werden muss oder wenn beim Auszug immer die Tapeten entfernt werden sollen, wenn die Wohnung weiß gestrichen werden muss oder wenn die Arbeiten von einem Maler durchgeführt werden müssen oder bei starren Renovierungsfristen. Ist der Mieter nicht zu Schönheitsreparaturen verpflichtet, muss er auch keine Dübellöcher schließen.

§ URTEIL

Quotenklausel

Quotenklauseln stellen eine unangemessene Benachteiligung der Mieter dar, weil der auf sie entfallende Kostenanteil nicht verlässlich ermittelt werden kann und beim Abschluss des Mietvertrags für sie nicht klar und verständlich ist, welche Belastung gegebenenfalls auf sie zukommt. Das gilt unabhängig von der Frage, ob die Wohnung bei Beginn des Mietverhältnisses renoviert oder unrenoviert war (BGH, Az. VIII ZR 242/13). Eine Quotenklausel kann aber individuell vereinbart, das heißt, zwischen Mieter und Vermieter ausgehandelt werden (BGH, Az. VIII ZR 79/22).

→ **ACHTUNG** Viele, gerade ältere Mietverträge enthalten noch eine sogenannte Quotenklausel, die bestimmt, dass der Mieter, der vor Ablauf der oben genannten Fristen auszieht, anteilige Renovierungskosten an den Vermieter zahlen muss.
Wer also nach einem Jahr auszieht, soll 30 Prozent der Renovierungskosten für Küche und Bad und 20 Prozent der Kosten für die Haupträume übernehmen. Derartige Quotenklauseln sind immer unwirksam.

§ URTEIL

Fachgerecht

Unwirksam sind auch Vertragsklauseln, die vorschreiben oder den Eindruck erwecken, Mieter müssten die Wohnung von einem Fachbetrieb renovieren lassen. Sind Mieter tatsächlich verpflichtet zu renovieren, dürfen sie die Arbeiten auch selbst erledigen (BGH, Az. VIII ZR 294/09).

→ **TIPP** Ist der Mieter aus den oben genannten Gründen nicht verpflichtet zu renovieren, hat er aber aus Unwissenheit trotzdem Schönheitsreparaturen durchgeführt, kann er sein Geld zurückfordern (BGH, Az. VIII ZR 302/07). Aber er muss sich beeilen, sein Anspruch verjährt sechs Monate nach Ende des Mietverhältnisses (BGH, Az. VIII ZR 195/10).

§ URTEIL

Innen- und Außenanstrich

Macht die Schönheitsreparaturklausel im Mietvertrag hinsichtlich des Anstreichens von Fenstern und Türen keinen Unterschied zwischen Innen- und Außenanstrich, ist die Klausel unwirksam. Der Mieter muss dann überhaupt nicht renovieren (BGH, Az. VIII ZR 42/09).

Richtig renovieren

Ist die Schönheitsreparaturklausel im Mietvertrag wirksam, sind die Renovierungsfristen abgelaufen und war die Wohnung beim Beginn des Mietverhältnisses renoviert, muss der Mieter bei seinem Auszug streichen und tapezieren. Er kann die Schönheitsreparaturen selbst durchführen, sie müssen aber fachmännisch durchgeführt sein. Hobbyqualität reicht nicht aus. Überhöhte Anforderungen darf der Vermieter nicht stellen, eine Raufasertapete kann zum Beispiel überstrichen werden. Bei der Farbwahl gilt: farblich neutral. Unwirksam sind Vertragsklauseln, wonach Schönheitsreparaturen ausschließlich von Fachkräften durchzuführen sind. Folge ist: Der Mieter muss überhaupt nicht renovieren.

Bunte Wände und Fototapeten

Während der Mietzeit kann der Mieter in seiner Wohnung Fototapeten oder Blümchentapeten kleben, wie er will. Er kann auch die Wohnung nach seinem farblichen Geschmack dekorieren: blaue Wände oder rote Türen. Vertragsklauseln, die dies verbieten, sind unwirksam.

Regelt eine derartige Klausel aber nur, wie die Mietsache zurückzugeben ist: „in hellen und neutralen Farben“, ist das wirksam. Selbst wenn eine derartige Regelung im Mietvertrag nicht existiert oder der Mietvertrag überhaupt keine oder nur eine unwirksame Schönheitsreparaturklausel enthält, muss die Wohnung am Ende der Mietzeit in aller Regel farblich neutral gestaltet zurückgegeben werden. Andernfalls drohen Schadensersatzansprüche des Vermieters.

§ URTEIL

Weiße Wände

Schreibt der Mietvertrag vor, in welchen Farben während der Mietzeit zu streichen ist, welche Tapeten geklebt werden dürfen und so fort, ist das unwirksam. Der Mieter muss keine Schönheitsreparaturen durchführen (BGH, Az. VIII ZR 50/09).
Auch wenn das „Weißen der Decken“ gefordert wird, ist das eine unzulässige Farbwahlklausel (BGH, Az. VIII ZR 344/08). Eine Farbwahlklausel kann nur dann wirksam sein, wenn sie ausschließlich für den Zeitpunkt des Auszugs aus der Wohnung gilt und dem Mieter noch einen gewissen Spielraum lässt. Wird „Weiß“ vorgegeben, ist das unwirksam. Heißt es im Vertrag „in dezenten Farbtönen“, ist das zulässig (BGH, Az. VIII ZR 198/10).

Kleinreparaturen

Wie mit kleinen Schäden in der Wohnung umzugehen ist, ist oft unklar. Wer ist zuständig, Mieter oder Vermieter? Enthält der Mietvertrag eine entsprechende Klausel, muss ein Mieter sie genau prüfen, denn nicht immer ist sie auch wirksam.

Für Bagatellschäden in der Wohnung kann im Mietvertrag eine sogenannte Kleinreparaturklausel vorsehen, dass der Mieter die Reparatur des Bagatellschadens bezahlen muss – auch dann, wenn er für den Schaden nicht verantwortlich ist, er ihn nicht verursacht oder verschuldet hat.

Voraussetzung ist, dass die Vertragsklausel auch wirksam ist. Ist sie aus irgendwelchen Gründen unwirksam, gilt das Gesetz, und das bestimmt: Der Vermieter ist für Reparaturen verantwortlich und muss zahlen – egal, ob es eine Groß- oder Kleinreparatur ist.

„Wenn in der Kleinreparaturklausel vereinbart ist, dass der Mieter Reparaturen bis zur Höhe von 120 Euro zahlen muss, die Reparatur aber 200 Euro kostet, muss der Mieter dann 120 Euro und der Vermieter 80 Euro zahlen?“

Nein, die Kleinreparaturklausel legt keine Kostenbeteiligung des Mieters an allen nur denkbaren notwendigen Reparaturen fest. Die Kleinreparaturklausel bestimmt, dass der Mieter nur für Bagatellschäden zahlen muss. Alles, was teurer als zum Beispiel 120 Euro ist, ist kein Bagatellschaden mehr. Reparaturkosten von 200 Euro muss der Vermieter allein bezahlen.

Voraussetzungen für eine wirksame Kleinreparaturklausel

→ Es muss sich um eine Kleinigkeit handeln, um einen Bagatellschaden. Das ist ein Schaden, dessen Beseitigung höchstens 100 oder 120 Euro kosten darf. Dieser Höchstbetrag muss in der Kleinreparaturklausel im Mietvertrag genannt werden. Ältere Urteile des Bundesgerichtshofs von Anfang der 1990er-Jahre zogen die Obergrenze bei 150 DM. Seit der Umstellung auf Euro steht in vielen Mietverträgen als Obergrenze der umgerechnete Betrag von 75 Euro. Ist das der Fall, darf die Kleinreparatur tatsächlich nur 75 Euro kosten. Jede Reparatur, die teurer ist, zahlt der Vermieter.

In neueren Mietverträgen steht häufig nicht mehr der „alte“, gut 30 Jahre alte Höchstbetrag. Hier wird die Grenze bei 100 oder 120 Euro gezogen. Das ist zulässig und wirksam.

Wichtig aber auch dann: Wird die im Mietvertrag genannte Bagatellgrenze, das heißt der Höchstbetrag überschritten, hat der Mieter mit den Reparaturkosten nichts mehr zu tun. Wird der Höchstbetrag zwar nicht überschritten, war er aber zu hoch angesetzt, ist die Kleinreparaturklausel ebenfalls unwirksam. Der Mieter hat dann mit den Reparaturkosten nichts zu tun.

→ Es muss in der Kleinreparaturklausel noch eine zweite Obergrenze geben, die festlegt, wie viele Kleinreparaturkosten Mieter höchstens innerhalb eines Jahres zahlen müssen. Für den Fall, dass sich Bagatellschäden in der Wohnung häufen, soll so verhindert werden, dass Mieter übermäßig belastet werden. Der Bundesgerichtshof nannte Anfang der 1990er-Jahre als Obergrenze 400 DM. Schon deshalb wurde in vielen Mietverträgen die Grenze danach bei 200 Euro gezogen.

Soweit in neueren Mietverträgen der zweite Höchstbetrag mit 300 oder 350 Euro vereinbart wird, dürfte das noch wirksam sein. Zulässig ist es auch, die Obergrenze bei zum Beispiel 6 Prozent der Jahresmiete zu ziehen.

→ **WICHTIG** **Wird im Lauf des Jahres die Obergrenze erreicht, muss der Mieter danach nicht mehr für weitere Kleinreparaturen zahlen.**

→ Die dritte Voraussetzung für eine wirksame Kleinreparaturklausel ist, dass sich die vertragliche Regelung nur auf solche Teile der Mietwohnung beziehen darf, die dem direkten und häufigen Zugriff des Mieters ausgesetzt sind. Es muss also um Bagatellschäden zum Beispiel an Installationsgegenständen für Elektrizität, Gas, Wasser, Heiz- und Kocheinrichtungen gehen oder um Verschlussvorrichtungen, zum Beispiel von Fensterläden.

Mieter müssen somit die Reparatur eines tropfenden Wasserhahns zahlen, nicht aber für die defekte Klingelanlage, die Heiztherme oder für irgendwelche unter Putz liegenden Leitungen.

→ Eine wirksame Kleinreparaturklausel muss so formuliert sein, dass klar ist, der Mieter muss für die Reparatur des Bagatellschadens zahlen, er muss aber die Schäden nicht selbst beseitigen beziehungsweise die Reparatur nicht selbst in Auftrag geben. Das bleibt Sache des Vermieters.

→ **WICHTIG** **Erfüllt die Kleinreparaturklausel nicht alle vier Voraussetzungen, ist sie unwirksam. Das bedeutet, es gilt das Gesetz. Der Vermieter muss reparieren lassen und zahlen.**

Unwirksam sind auch Kleinreparaturklauseln, die den Mieter verpflichten, sich mit einem bestimmten Betrag an allen Reparaturen zu beteiligen. Wird die Bagatellgrenze überschritten, kostet die Reparatur mehr, als mit der Obergrenze im Mietvertrag festgesetzt, liegt keine Kleinreparatur vor. Der Vermieter ist in der Pflicht.

Rechte und Pflichten

Ärger und Probleme zwischen Mietern und Vermietern oder unter Nachbarn lassen sich oft vermeiden, wenn beide Seiten etwas Rücksicht aufeinander nehmen. Dazu sollten sie auch ihre Rechte und Pflichten kennen.

Für den schnellen Einstieg

Mieterrechte – Mieterpflichten

Für ein möglichst reibungsloses Zusammenleben in einer Hausgemeinschaft sind alle Mieter verantwortlich. Was das Recht des einen ist, ist die Pflicht des anderen. Viele kleine Einzelheiten sind daher geregelt. Aber nicht immer ist die Sachlage ganz eindeutig.

Dies sind die wichtigsten Rechte und Pflichten von Mietern, die neben den im Mietvertrag oder in der Hausordnung (→ Seite F-17) vereinbarten Regelungen gelten:

Kinderwagen können im Hausflur abgestellt werden. Es sei denn, aufgrund des ungünstigen Zuschnitts des Hausflurs können Mitmieter nicht mehr gefahrlos oder problemlos den Flurbereich nutzen. Oder die Wohnungen oder Kellerräume sind ohne Weiteres mit einem Aufzug erreichbar.

Tiere – Bellen, Pfeifen ...: Ständiges, ruhestörendes Gebell berechtigt die Mitmieter zur Mietminderung. Tiere müssen so gehalten werden, dass die Nachbarn nicht unzumutbar gestört werden.

Fernseher, Radio, Stereoanlage und so weiter dürfen in der Wohnung natürlich benutzt werden. Nachbarn dürfen aber nicht belästigt werden. Ab 22.00 Uhr ist Nachtruhe, das heißt: Zimmerlautstärke.

Hausmusik: Ein völliges Musizierverbot oder eine Spiel- oder Ruhezeitenregelung, die dem praktisch gleichkommt, ist unzulässig. Bei hohen Geräuschpegeln oder wenn sich die Nachbarn in ihrer Wohnung gestört fühlen, können Spiel- oder Ruhezeiten festgelegt werden. In Betracht kommen zum Beispiel Ruhezeiten von 12.00 bis 14.00 Uhr und von 20.00 bis 8.00 Uhr und „Spielzeiten" von anderthalb bis zwei Stunden am Tag.

Feste, Feiern: Weder einmal im Monat noch einmal im Vierteljahr darf in einem Mehrfamilienhaus „so richtig auf die Pauke gehauen werden". Wer feiert, muss auf die Nachbarn Rücksicht nehmen, insbesondere nach 22.00 Uhr. Störungen der Nachtruhe muss der Nachbar nicht akzeptieren. Den Feiernden drohen nicht nur mietrechtliche Konsequenzen, zum Beispiel eine Abmahnung, sondern unter Umständen auch ein Bußgeld, wenn die Polizei nachts anrücken muss. Nachbarn, die sich durch „Dauerpartys" in der Nachbarschaft gestört fühlen, können unter Umständen die Miete kürzen.

Grillen: Im Garten, auf der Terrasse oder auch auf dem Balkon darf im Sommer gegrillt werden. Allerdings verbietet das Immissionsschutzgesetz das Grillen im Freien, wenn Qualm konzentriert in die Wohnungen und Schlafräume von Nachbarn zieht. Dann droht sogar ein Bußgeld. Deshalb sollte, wenn möglich, mit einigem Abstand zu Nachbarhaus oder -wohnung gegrillt und die Windrichtung beachtet werden. Mit einem Elektrogrill und Alufolie kann die Qualmentwicklung weitgehend verhindert werden. Aber: Egal, ob Holzkohle- oder Elektrogrill, im Mietvertrag kann das Grillen auf dem Balkon grundsätzlich verboten werden.

Balkone oder Terrassen können Mieter grundsätzlich nutzen, wie sie wollen. Mieter dürfen also Stühle, Bänke, Tische, Sonnenschirme und so weiter auf ihrem Balkon oder ihrer Terrasse aufstellen. Freunde, Nachbarn und Verwandte dürfen ein-

„Muss im Winter der Mieter im Erdgeschoss Schnee fegen und streuen?"

Nein. Automatisch muss weder der Erdgeschossmieter noch irgendein anderer Mieter den Winterdienst übernehmen. Eigentlich ist der Hauseigentümer in den meisten Städten hierfür verantwortlich. Der kann aber im Mietvertrag regeln, dass die Mieter des Hauses abwechselnd bei Schnee und Eis fegen und streuen müssen.

geladen werden. Hier kann gegessen, getrunken und gefeiert werden. Im Interesse der Nachbarschaft ist aber von den Feiernden Rücksicht zu nehmen, und insbesondere ab 22.00 Uhr muss es ruhig sein.

Blumen: Auf dem Balkon dürfen Blumenkübel aufgestellt werden, genauso wie Blumenkästen oder -töpfe. Voraussetzung ist, dass die Blumenkästen ordnungsgemäß befestigt sind, sodass sie auch bei starkem Wind nicht herabstürzen und Passanten oder Nachbarn gefährden können.

Fahrräder: Grundsätzlich kann der Mieter sein Fahrrad in seinem Keller oder auch in seiner Wohnung abstellen. Entgegenstehende Regelungen, zum Beispiel in der Hausordnung, sind unwirksam. Fehlt ein Fahrradkeller im Haus, darf das Fahrrad nicht ohne Weiteres im Hausflur oder im Kellereingang abgestellt werden. Das ist allenfalls für kurze Zeit möglich, und die Mitbewohner im Haus dürfen hierdurch nicht gestört oder belästigt werden.

Besuch: Besuchsverbote sind sittenwidrig und damit nichtig, egal, ob sie im Mietvertrag stehen oder ob der Vermieter dem Besuch eines Mieters persönlich den Zutritt zur Wohnung untersagt. Ausnahmen kann es allenfalls für Personen geben, die in der Vergangenheit im Haus randaliert oder andere Hausbewohner gestört und belästigt haben.

Untervermietung ist zulässig, wenn der Vermieter zustimmt. Soll die ganze Wohnung untervermietet werden, kann der Vermieter frei entscheiden, ob er die Untervermietung erlaubt oder nicht. Will der Mieter nur einen Teil der Wohnung untervermieten, zum Beispiel einzelne Zimmer, hat er Anspruch auf die Vermietererlaubnis, wenn er ein berechtigtes Interesse an der Untervermietung nachweisen kann. Gemeint sind einleuchtende persönliche oder wirtschaftliche Gründe. Wenn der Mieter die teure Miete allein nicht mehr aufbringen kann oder wenn er sich nach dem Auszug seiner Kinder allein und unsicher in der großen Wohnung fühlt, ist dies der Fall. Ein berechtigtes Interesse liegt auch vor, wenn der Mieter eine Zeit lang ins Ausland ziehen muss, er aber die bisherige Wohnung nicht aufgeben will. Will er den Großteil der Wohnung untervermieten und behält er nur ein Zimmer für sich, um hier persönliche Gegenstände unterzustellen, muss der Vermieter der geplanten Untervermietung zustimmen. Weigert sich der Vermieter, macht er sich unter Umständen schadensersatzpflichtig. Diese Grundsätze gelten auch bei einer Einzimmerwohnung, wenn der Mieter einen Wohnungsschlüssel zurückbehält und er seine persönlichen Gegenstände in einem Schrank und/oder einem mit einem Vorhang abgetrennten Teil der Wohnung lagert (BGH, Az. VIII ZR 109/22).

Ferienwohnung: Eine Mietwohnung darf nicht ohne Weiteres als Ferienwohnung vermietet, das heißt zweckentfremdet werden. Das gilt für den Eigentümer und Vermieter genauso wie für den Mieter. Selbst wenn der Mieter die Erlaubnis zur Untervermietung der Wohnung hat, bedeutet das nicht, dass er die Wohnung als Ferienwohnung über einschlägige Portale anbieten und vermieten darf.

Partner-Nachzug: Wer heiratet, kann seinen Ehepartner immer nachziehen lassen. Dieser Fall hat mit Untervermietung nichts zu tun. Aber auch wenn der Mieter seinen Lebensgefährten oder seine Lebensgefährtin in die Wohnung aufnehmen will, ist das ein einleuchtender Grund, und der Vermieter muss zustimmen. Natürlich darf der Mieter auch seine Eltern in der Wohnung aufnehmen.

Treppe putzen: Lässt der Vermieter das Treppenhaus regelmäßig putzen, kann er vertraglich vereinbaren, dass die Mieter die Kosten als Betriebskosten zu zahlen haben. Putzt der Hausmeister, sind die Kosten mit den Hausmeisterkosten in der Regel abgegolten. Der Vermieter kann auch per Mietvertrag festlegen, dass die Mieter abwechselnd die Treppe selbst putzen. Im Urlaub oder bei Krankheit muss der Mieter, der turnusmäßig verpflichtet wäre zu putzen, für eine Vertretung sorgen oder mit dem Nachbarn tauschen.

Ist der Vermieter mit der Art und Weise der Treppenhausreinigung nicht einverstanden oder beschweren sich Nachbarn über „nicht putzende Mitmieter", darf der Vermieter nicht einfach eine Reinigungsfirma beauftragen. Er kann lediglich die Mietparteien, die ihrer vertraglichen Pflicht nicht ordnungsgemäß nachkommen, abmahnen. Ändern diese Mietparteien ihr Verhalten daraufhin nicht, kann er an ihrer Stelle eine Reinigungsfirma beauftragen und verlangen, dass die Kosten von diesen Mietern erstattet werden. Für die anderen Mieter im Haus bleibt alles beim Alten. Sie müssen beziehungsweise dürfen weiter putzen.

Fußmatte: Mieter dürfen Fußmatten vor ihrer Tür auslegen. Dagegen kann nicht eingewandt werden, Fußmatten seien überflüssig, gefährdeten die anderen Treppenhausbenutzer oder behinderten die Putzfrau bei der Reinigung. Hier dürfen bei schlechter Witterung auch die Schuhe abgestellt werden.

Rauchen: Mieter dürfen in der Wohnung rauchen. Weder Gesetze noch Gerichtsurteile stehen dem entgegen. Auch ein Rauchverbot in einem typischen Formularmietvertrag ist unwirksam. Selbst starkes Rauchen in der Wohnung kann nicht verboten werden und ist erst recht kein Kündigungsgrund. Allerdings muss der rauchende Mieter seine Wohnung auch regelmäßig lüften.

Grundsätzlich darf auch auf dem Balkon geraucht werden. Hier hat aber der Bundesgerichtshof entschieden, dass Nachbarn, wenn sie durch den unten wohnenden Raucher wesentlich beeinträchtigt werden, „rauchfreie Zeiten" einfordern können. Es muss dann eine Regelung nach Zeitabschnitten gefunden werden. Das bedeutet, für den Nichtraucher müssen Zeiten festgelegt werden, in denen er seinen Balkon unbeeinträchtigt nutzen kann. Im Gegenzug muss es für den rauchenden Nachbarn Zeiten geben, in denen er auf dem Balkon rauchen darf.

Baden, Duschen: Mieter dürfen in den eigenen vier Wänden so oft duschen und baden, wie sie wollen. Mietvertragsklauseln oder Regelungen in der Hausordnung, die Baden und Duschen nach 22.00 Uhr verbieten, sind unzulässig. Nach Ansicht des Oberlandesgerichts Düsseldorf muss der nächtliche Duschvorgang aber auf maximal 30 Minuten beschränkt werden.

Die Toilette und damit die Wasserspülung dürfen rund um die Uhr benutzt werden. Nachbarn oder Vermieter dürfen – insbesondere Männern – auch keine Vorschriften hinsichtlich der Benutzung der Toilette machen.

„Dürfen Kinder im Haus so viel Lärm machen, wie sie wollen?“

Nein, auch Kinder müssen Rücksicht auf die Nachbarn nehmen. Die Wohnung oder das Treppenhaus ist kein Spiel- oder Sportplatz, wo beliebig getobt und gesprungen werden kann. Aber je kleiner die Kinder, desto mehr Toleranz ist von den Nachbarn zu erwarten. Nächtliches Geschrei kleiner Kinder ist nun einmal kaum zu verhindern.

Einrichten und Möblieren: Der Mieter kann sich in seiner Wohnung einrichten und sie möblieren, wie er will. Der Vermieter muss weder um Erlaubnis gefragt werden noch muss sich der Mieter an dessen Wohnvorstellungen orientieren. So darf der Mieter zum Beispiel Gardinen nach seinem Geschmack aufhängen, er kann aber auch ganz auf die Gardinen verzichten.

Bohren, Dübeln: In der Wohnung darf in normalem Umfang gebohrt und gedübelt werden. „Vertragsgemäßer Gebrauch“ bedeutet zum Beispiel, dass der Mieter im Badezimmer Halter für Spiegel, Spiegelkonsole und Spiegellampen, Handtücher, Zahnputzgläser, Seifenschale, Klopapierrolle, Klobürste sowie Duschstange und Haltegriff an der Badewanne anbringen darf.

Wäsche trocknen: Kleinwäsche darf in der Mietwohnung aufgehängt und getrocknet werden. Für größere Wäschestücke muss – soweit vorhanden – der Speicher oder Trockenkeller genutzt werden. Sonst dürfen auch die in der Wohnung getrocknet werden. Mieter sollten dann öfter lüften (Durchzug), um Feuchtigkeitsschäden zu verhindern.

Tierhaltung: Kleintiere, wie zum Beispiel Meerschweinchen, Wellensittiche oder Zierfische, darf der Mieter immer in seiner Wohnung halten, egal, was im Mietvertrag steht. Anders beispielsweise bei Hunden. Der Vermieter kann beim Abschluss des Mietvertrags die Hunde- oder Katzenhaltung von seiner Zustimmung abhängig machen. Dann muss der Vermieter im Einzelfall entscheiden. Ist Katzenhaltung zulässig, darf am Balkon auch ein Katzennetz angebracht werden.

Wohnungsschlüssel: Mieter haben Anspruch auf Schlüssel für Haus- und Wohnungstür, Briefkasten, Garage, Keller und Speicher. Mieter können so viele Schlüssel verlangen, wie sie tatsächlich benötigen, zum Beispiel auch für ältere Kinder, den Lebensgefährten, einen Untermieter oder die Kinderfrau. Der Vermieter darf keinen Zweitschlüssel zur Wohnung besitzen, es sei denn, der Mieter hat dies erlaubt. Für Notfälle ist es ratsam, einen Zweitschlüssel beim Nachbarn zu hinterlegen und den Vermieter entsprechend zu informieren.

Tür- und Wohnungsschilder: Der Mieter darf am Hauseingang und an der Wohnungstür ein Namensschild anbringen. Zieht er aus, sind die von ihm angebrachten Schilder zu entfernen. Der Vermieter kann einheitliche Schilder vorschreiben.

Briefkasten: Mieter haben Anspruch auf einen eigenen Briefkasten. Die Zustellung von Zeitschriften oder DIN-A4-Umschlägen darf keine Probleme verursachen.

Wohnungsbesichtigung: Nur wenn im Mietvertrag ausdrücklich vereinbart ist, dass der Vermieter die Mieterwohnung besichtigen darf, muss der Mieter den Vermieter in die Wohnung lassen. Zu den üblichen Tageszeiten, nach vorheriger Anmeldung und unter Berücksichtigung eventueller Mieterinteressen (→ Seite 21).

Mieter-kündigung

Ein Mieter kann ohne Angabe von Gründen das Mietverhältnis kündigen. Er muss nur die Kündigungsfristen einhalten. Anders bei Zeitmietverträgen, hier ist eine Kündigung während der Laufzeit des Mietvertrags ausgeschlossen. So im Ergebnis auch, wenn im Mietvertrag für einen bestimmten Zeitraum ein Kündigungsverzicht vereinbart ist. Bei ganz erheblichen Mängeln kann ein Mieter immer fristlos kündigen.

Für den schnellen Einstieg

1 Welche Kündigungsfrist gilt, wenn im Mietvertrag nichts festgelegt ist? → Seite 111

2 Wie kann ich meine Kündigungsfrist verkürzen? → Seite 113

3 Wie kann ich bei einem Zeitmietvertrag vorzeitig ausziehen? → Seite 113

4 Wann kann ein Mieter einen Nachmieter stellen? → Seite 114

5 Welche Sonderkündigungsrechte gibt es? → Seite 113

6 Wann ist eine fristlose Kündigung möglich? → Seite 117

7 Was ist ein Mietaufhebungsvertrag, und was muss ich dabei beachten? → Seite 118

Was Mieter bei ihrer Kündigung beachten sollten

Wurde erst eine Kündigungsabsicht gefasst, soll es möglichst schnell gehen. Doch es gibt Festlegungen im Mietvertrag, welche die gesetzliche Kündigungsfrist außer Kraft setzen. Andererseits entfällt auch diese, wenn aus wichtigem Grund gekündigt wird.

Einen unbefristeten Mietvertrag (→ Seite F-7) kann ein Mieter jederzeit kündigen. Er muss im Gegensatz zum Vermieter keinen Kündigungsgrund angeben, sondern nur die gesetzlichen Kündigungsfristen einhalten. Die Kündigungsfrist beträgt drei Monate, sie ist nicht von der Wohndauer oder Mietzeit abhängig. Zum Nachteil des Mieters darf von dieser „Dreimonatsfrist" nicht abgewichen werden, aber zu seinen Gunsten schon – Mieter und Vermieter können im Mietvertrag eine kürzere Kündigungsfrist für die Mieterkündigung vereinbaren.

Ausnahme: Kündigungsverzicht

Haben die Vertragsparteien im Mietvertrag wirksam einen Kündigungsverzicht oder Kündigungsausschluss vereinbart, ist der zu beachten. Eine Mieterkündigung mit Dreimonatsfrist ist ausgeschlossen. Mieter können dann frühestens zu dem Zeitpunkt kündigen, zu dem die Kündigungsausschlussfrist abläuft.

Ein **wechselseitiger Kündigungsverzicht** gilt für Vermieter und Mieter gleichermaßen. Der Kündigungsverzicht darf höchstens für einen Zeitraum von vier Jahren vereinbart werden. Regelungen in einem Formularmietvertrag, die einen längeren Kündigungsverzicht vorsehen, sind unwirksam. Möglich ist dies allenfalls über eine Individualvereinbarung.

Unwirksam ist auch die Vereinbarung, dass Mieter erstmals nach Ablauf des vierjährigen Kündigungsverzichts kündigen können. Denn dann würde sich der Kündigungsverzicht insgesamt

§ URTEIL

Kündigungsausschlussklausel

Eine Kündigungsausschlussklausel in einem Formularmietvertrag, mit der die Kündigung für die Dauer von vier Jahren ab Vertragsschluss für beide Parteien ausgeschlossen wird, benachteiligt den Mieter nicht unangemessen entgegen den Geboten von Treu und Glauben und ist nicht unwirksam. Voraussetzung ist, dass die Kündigung erstmals zum Ablauf des Vierjahreszeitraums erklärt werden kann. Danach sind Mieter und Vermieter für die Dauer von vier Jahren an den Mietvertrag gebunden. Eine Kündigung noch vor Verstreichen dieser Zeitspanne „zum Ablauf dieses Zeitraums" ist aber unter Einhaltung der gesetzlichen Kündigungsfrist zulässig (BGH, Az. VIII ZR 23/16)

über einen Zeitraum von vier Jahren und drei Monaten erstrecken. Wirksam sind dagegen Absprachen, dass eine Kündigung erstmals zum Ablauf der vier Jahre möglich ist.

§ URTEIL

Kündigungsausschluss

Ein Kündigungsverzicht oder Kündigungsausschluss über einen Zeitraum von mehr als vier Jahren ist unzulässig. Gerechnet wird vom Abschluss des Mietvertrags bis zur Beendigung, das heißt, die Kündigungsfrist muss eingerechnet werden (BGH, Az. VIII ZR 86/10).

→ **ACHTUNG** Die Frist von vier Jahren wird ab Vertragsschluss, nicht ab Vertragsbeginn gerechnet.

Haben Mieter und Vermieter einen **Staffelmietvertrag** abgeschlossen, ist auch ein einseitiger Kündigungsverzicht des Mieters von bis zu vier Jahren wirksam.

Bei einem unbefristeten Mietvertrag über ein Studentenzimmer aber ist schon ein Kündigungsverzicht von zwei Jahren unwirksam. Der studierende Mieter wird durch eine derartige Regelung unangemessen benachteiligt. Ihm muss ein schutzwürdiges Bedürfnis nach einem besonderen Maß an Mobilität und Flexibilität zugebilligt werden, um auf Unwägbarkeiten des Studienverlaufs und ausbildungsbedingte Erfordernisse eines Ortswechsels angemessen reagieren zu können.

Form und Frist der Mieterkündigung

Kündigungen müssen immer schriftlich ausgesprochen werden. Es gilt Schriftform, nicht Textform. Das heißt, mündliche Kündigungen sind genauso unwirksam wie Kündigungen per Telegramm, Telefax oder E-Mail. Das Kündigungsschreiben muss eigenhändig unterschrieben sein, und zwar von allen Mietern. Adressiert sein muss die Kündigung an den Vermieter, bei mehreren Vermietern, zum Beispiel einem Ehepaar, an beide Vermieter.

Im Kündigungsschreiben muss weder eine Aussage zur Kündigungsfrist noch zum Ende des Mietverhältnisses gemacht werden. Es reicht die Formulierung: „Ich kündige." oder „Ich kündige zum nächstmöglichen Termin."

Wann dieser Termin ist, hängt vor allem davon ab, wann der Vermieter den Kündigungsbrief erhalten hat. Bekommt er die Kündigung bis zum dritten Werktag des Monats, zählt dieser Monat bei der Kündigungsfrist noch mit. Auch der Samstag ist ein Werktag. Will der Mieter zum Beispiel zum 31. Dezember 2024 ausziehen, muss sein Vermieter die Kündigung bis zum 4. Oktober 2024 auf dem Tisch haben – nicht bis zum 3. Oktober, da dies ein Sonn- oder Feiertag ist. Erhält der Vermieter die Kündigung einen Tag später, zählt der Monat Oktober für die Kündigungsfrist nicht mehr mit. Die dreimonatige Kündigungsfrist endet automatisch einen Monat später, also am 31. Januar 2025. Einen Tag zu spät gekündigt, kann also leicht eine komplette Monatsmiete kosten.

Sicherheitshalber sollte die Kündigung deshalb so früh wie möglich verschickt werden. Dabei sind einige Tage Postlaufzeit einzukalkulieren. Kommt es zum Streit, muss der Mieter den rechtzeitigen Zugang seiner Kündigung beim Vermieter beweisen. Sinnvoll ist es deshalb, die Kündigung mit **Einwurf-Einschreiben** an den Vermieter zu senden. Hier

„Was ist der Unterschied zwischen einem Kündigungsverzicht von vier Jahren und einem Zeitmietvertrag über vier Jahre?"

Der sogenannte qualifizierte Zeitmietvertrag endet nach vier Jahren. Dann kann/muss der Mieter ausziehen. Eine Kündigung ist nicht erforderlich. Bei einem Kündigungsverzicht wird nur festgelegt, wie lange der unbefristete Mietvertrag nicht gekündigt werden darf. Nach Ablauf dieser Zeitspanne läuft der Mietvertrag unbefristet weiter und kann dann vom Mieter jederzeit mit der normalen Kündigungsfrist gekündigt werden.

kann die Zustellung des Briefes belegt werden. Eine andere Möglichkeit ist es, die Kündigung persönlich im Beisein eines Zeugen in den Vermieterbriefkasten zu werfen, aber zu den „üblichen Zeiten", das heißt normalerweise bis etwa 18 Uhr, bis die reguläre Post gekommen ist und die Bewohner normalerweise die Briefkästen geleert und in die Briefkästen geschaut haben. Ein Einwurf des Kündigungsschreibens um 22.30 Uhr rettet die Frist nicht, auch dann nicht, wenn der Vermieter zusätzlich mündlich über den Einwurf informiert wurde.

Zeitmietvertrag

Hat der Mieter wirksam einen Zeitmietvertrag abgeschlossen, das heißt einen qualifizierten Zeitmietvertrag (→ Seite F-19), muss er genauso wie der Vermieter den Mietvertrag erfüllen. Eine Kündigung mit der Dreimonatsfrist ist während der Laufzeit des Mietvertrags ausgeschlossen. Anders unter Umständen, wenn der Mietvertragstext unklar ist. Enthält der Mietvertrag zum Beispiel neben einer zeitlichen Befristung auch noch Kündigungsfristen, geht die Unklarheit, ob ein Zeitmietvertrag oder ein unbefristeter Mietvertrag abgeschlossen werden soll, zulasten des Vermieters. Der Mieter kann unter Beachtung der Kündigungsfristen kündigen.

Ist im Mietvertrag nur eine zeitliche Befristung vereinbart, liegt kein qualifizierter Zeitmietvertrag vor. Der Mietvertrag wird wie ein unbefristeter Mietvertrag behandelt, kann also zum Beispiel von Seiten des Mieters mit Dreimonatsfrist gekündigt werden. Ergibt aber die Auslegung des Mietvertrags, dass den Vertragsparteien die zeitliche Befristung sehr wichtig war, kann der „versuchte" Zeitmietvertrag in einen unbefristeten Mietvertrag mit einem entsprechenden Kündigungsverzicht umgedeutet werden.

→ **WICHTIG** Einen qualifizierten Zeitmietvertrag kann der Mieter nur vorfristig beenden, wenn er ein Sonderkündigungsrecht hat oder er fristlos kündigen kann beziehungsweise wenn er einen Nachmieter stellen darf und kann.

Sonderkündigungsrechte

In bestimmten Fällen, wenn es gravierende Änderungen im Mietverhältnis gibt, hat der Mieter nach dem Gesetz ein Sonderkündigungsrecht. Dann kann er trotz Vorliegen eines Zeitmietvertrags oder eines Kündigungsausschlusses mit einer dreimonatigen Frist kündigen.

BEISPIEL

Die Mieterhöhung kommt im März, der Mieter kann bis Ende Mai zu Ende Juli kündigen.

- Verlangt der Vermieter Zustimmung zu einer Mieterhöhung auf die Vergleichsmiete, kann der Mieter bis zum Ablauf des zweiten Monats nach Zugang der Mieterhöhung zum Ablauf des übernächsten Monats kündigen.
- Erhält der Mieter die Mieterhöhung nach einer Modernisierung, gelten die gleichen Fristen wie bei einer Mieterhöhung auf die Vergleichsmiete.
- Kündigt der Vermieter eine Modernisierung an, kann der Mieter bis zum Ende des darauffolgenden Monats zum übernächsten Monat kündigen.

BEISPIEL

Eine Modernisierungsankündigung des Vermieters geht im Mai zu. Dann kann der Mieter bis Ende Juni kündigen, zu Ende Juli.

- Erben und überlebende Mitmieter können nach dem Tod des Mieters das Mietverhältnis des verstorbenen Mieters mit einer Frist von drei Monaten kündigen. Der Ehegatte oder Lebensgefährte, der nicht schon Mieter ist, also den Mietvertrag nicht mitunterschrieben hatte, hat einen Monat Zeit, zu entscheiden, ob er das Mietverhältnis fortsetzen will.
- Der Vermieter lehnt die gewünschte Untervermietung ab **(→ Seite 116)**.

Nachmieter

Die weitverbreitete Auffassung, ein Mieter müsse nur drei Nachmieter stellen, dann komme er aus dem laufenden Vertrag heraus, ist falsch. Der einmal abgeschlossene Mietvertrag muss grundsätzlich bis zum Vertragsende erfüllt werden. Gerade bei Zeitmietverträgen beziehungsweise unbefristeten Mietverträgen mit Kündigungsverzicht kann das bedeuten, dass der Mieter seine Pläne, die Wohnung zu wechseln – egal, wie notwendig und wichtig aus seiner Sicht – monate- oder jahrelang hintanstellen muss. Mieter haben keinen Anspruch gegen den Vermieter auf Zustimmung zu einer Nachmieterstellung.

Das Recht, einen Nachmieter zu stellen, besteht dagegen, wenn im Mietvertrag eine sogenannte Nachmieterklausel vereinbart wurde:

BEISPIEL

Der Mieter ist berechtigt, das Mietverhältnis vorzeitig zu beenden, wenn er einen geeigneten Nachmieter stellt.

Derartige Nachmieterregelungen sind in Wohnungsmietverträgen aber selten.

Die letzte Chance für Mieter ist dann noch die Berufung auf einen Härtefall. Die Gerichte lassen Ausnahmen zu und gewähren dem Mieter das Recht, einen Nachmieter zu stellen, wenn ihr Interesse an einer Nachmieterstellung das Interesse des Vermieters an der Fortsetzung des bisherigen Mietverhältnisses überwiegt. Das ist beispielsweise der Fall,

- wenn der Mieter seinen Arbeitsplatz verliert und in einer anderen Stadt eine Arbeitsstelle antritt oder
- wenn der Mieter in ein Alters- oder Pflegeheim ziehen muss oder
- wenn die bisherige Wohnung nach einer Heirat oder nachdem sich Familiennachwuchs ankündigt, objektiv zu klein ist.

→ **WICHTIG** Will der Mieter das bisherige Mietverhältnis beenden, weil er eine schönere, preiswertere oder verkehrsgünstiger gelegene Wohnung gefunden hat, gibt ihm das kein Recht, einen Nachmieter zu stellen.

Ist nach dem Mietvertrag beziehungsweise aufgrund einer von der Rechtsprechung akzeptierten Härte eine Nachmieterstellung zulässig oder haben sich Mieter und Vermieter darauf verständigt, reicht es aus, wenn der Mieter einen geeigneten Nachmieter benennt, der bereit ist, mindestens für die restliche Vertragsdauer in den bestehenden Mietvertrag einzutreten. Der Vermieter selbst muss sich nicht um einen Nachmieter kümmern. Die Nachmietersuche, die Durchführung der Wohnungsbesichtigung und so weiter sind Sache des Mieters.

Hat er einen geeigneten Nachmieter präsentiert, hat der Vermieter eine angemessene Überlegungsfrist, innerhalb derer er prüfen kann, ob der vorgeschlagene Nachmieter akzeptabel ist. Die Überlegungsfrist kann bis zu drei Monate lang sein. Akzeptiert der Vermieter den vorgeschlagenen Nachmieter, wird der bisherige Mieter aus dem Mietverhältnis „entlassen“, er muss den Mietvertrag nicht weiter erfüllen, nicht länger Miete zahlen. Das Gleiche gilt, wenn der Vermieter einen geeigneten Nachmieter ablehnt.

§ URTEIL

Nachmieter

Begehrt der Mieter die vorzeitige Entlassung aus dem Mietverhältnis, dann sei es allein seine Sache, einen geeigneten Nachfolger zu suchen. Er müsse den Vermieter über die Person des Nachfolgers aufklären und ihm sämtliche Informationen geben, die dieser benötigt, um sich ein hinreichendes Bild über die persönliche Zuverlässigkeit und wirtschaftliche Leistungsfähigkeit des Nachmieters zu machen. Der Vermieter selbst sei dagegen nicht gehalten, aktiv an der Suche eines Nachmieters mitzuwirken. Der Mieter kann selbst Besichtigungstermine in der Wohnung durchführen, er ist insoweit nicht auf den Vermieter angewiesen. Der Vermieter muss auch nicht erlauben, dass im Garten der Mietsache ein Hinweisschild eines Maklers aufgestellt wird, und er muss keine Fotos der Wohnung oder Grundrisszeichnungen zur Verfügung stellen (BGH, Az. VIII ZR 247/14).

Geeigneter Nachmieter?

Der vom Mieter vorgeschlagene Nachmieter muss bereit sein, den bestehenden Vertrag ohne Einschränkungen zu akzeptieren. Dann darf ihn der Vermieter nur ablehnen, wenn dafür wichtige Gründe in der Person oder den wirtschaftlichen Verhältnissen des Nachmieters vorliegen.

So muss der Nachmieter vor allem wirtschaftlich in der Lage sein, die geforderte Miete zu zahlen. Er muss in etwa über das gleiche Einkommen verfügen wie der bisherige Mieter. Dagegen darf die Frage, ob der Vermieter den vorgeschlagenen Nachmieter sympathisch findet oder nicht, ob er Ausländer ist oder Kinder hat, keine Rolle spielen. Ob der Vermieter letztlich tatsächlich an den geeigneten Nachmieter vermietet oder nicht, kann dem Mieter egal sein. Darf er einen Nachmieter stellen und hat er einen geeigneten Nachmieter

„Kann im Mietvertrag auch eine zweimonatige oder sechsmonatige Kündigungsfrist vereinbart werden?“

Grundsätzlich gilt die gesetzliche Kündigungsfrist. Für Mieter beträgt sie immer drei Monate – gleichgültig, wie lange das Mietverhältnis schon läuft. Im Mietvertrag darf keine längere Kündigungsfrist zum Nachteil des Mieters vereinbart werden. Eine solche Regelung wäre unwirksam. Zu seinen Gunsten ist es aber zulässig, eine kürzere Kündigungsfrist zu vereinbaren, zum Beispiel zwei Monate oder ein Monat.

gefunden, der auch bereit ist, in das Mietverhältnis einzutreten, hat er alles Notwendige getan. Er scheidet aus dem Mietverhältnis aus.

Untervermietung

Darf der Mieter keine Nachmieter stellen oder scheitert er mit der Suche nach einem geeigneten Nachmieter, bleibt ihm die Chance, den Vermieter um die Erlaubnis zur Untervermietung zu bitten. Dazu muss der Mieter einen konkreten Untermieter mit Namen und Anschrift präsentieren.

Lehnt der Vermieter die gewünschte Untervermietung ab, ohne dass in der Person des vorgeschlagenen Untermieters eine wichtiger Grund für die Ablehnung vorhanden ist, hat der Mieter ein Sonderkündigungsrecht. Er kann den Mietvertrag mit einer Frist von drei Monaten kündigen – egal, ob Zeitmietvertrag oder Vertrag mit Kündigungsausschluss.

Aber: Das Sonderkündigungsrecht entfällt, wenn der Vermieter nachweisen kann, dass der vorgeschlagene Untermieter gar kein ernsthaftes Interesse an der Wohnung hat.

Stimmt der Vermieter der Untervermietung zu, wird das Mietverhältnis zwischen Mieter und Vermieter fortgesetzt. Der Mieter kann aber einen Mietvertrag mit dem Untermieter abschließen, sodass er die Risiken einer Doppelzahlung für seine alte und die neue Wohnung minimieren oder ausschließen kann.

§ URTEIL

Untermiete

Stimmt der Vermieter der geplanten Untervermietung nicht zu, kann der Mieter mit einer Frist von drei Monaten kündigen. Das Sonderkündigungsrecht entfällt, wenn der benannte Untermieter nicht ernsthaft einziehen will (BGH, Az. VIII ZR 294/08).

Fristlose Kündigung des Mieters

Mieter dürfen das Mietverhältnis fristlos, das heißt ohne Beachtung von Kündigungsfristen oder vereinbarten Vertragslaufzeiten kündigen, wenn dafür **ein wichtiger Grund** vorliegt und die „normale“ Beendigung des Mietverhältnisses für den Mieter unzumutbar wäre.

§ URTEIL

Gelogen

Verteidigt der Vermieter vorsätzlich und wahrheitswidrig Aussagen einer falschen Betriebskostenabrechnung, kann der Mieter fristlos kündigen, ohne vorherige Abmahnung (BGH, Az. XII ZR 11/20).

Die fristlose Kündigung muss schriftlich erfolgen, sie muss begründet werden, und normalerweise muss der Vermieter vorher abgemahnt worden sein.

BEISPIEL

Hier kann aus wichtigem, Grund fristlos gekündigt werden:

- → Der Vermieter hat über die Betriebskosten getäuscht.
- → Es liegt eine Mietpreisüberhöhung vor.
- → Der Vermieter hat die Mieterwohnung unerlaubt mit einem Zweitschlüssel betreten.

Fristlose Kündigung wegen Gesundheitsgefährdung

Ein weiterer wichtiger Grund für eine fristlose Kündigung liegt vor, wenn die Nutzung der Wohnung mit einer erheblichen Gefährdung der Gesundheit verbunden ist. Die Gesundheitsbeeinträchtigung selbst muss noch gar nicht eingetreten sein, sie muss aber konkret drohen. Im Regelfall muss der Mieter hier seinem Vermieter eine Frist zur Mängelbeseitigung setzen, insbesondere dann, wenn sich der gesundheitsgefährdende Zustand leicht beheben ließe.

BEISPIEL

Eine fristlose Kündigung wegen Gesundheitsgefährdung ist beispielsweise möglich,

- → wenn im Winter ständig die Heizung ausfällt.
- → wenn in der Wohnung deutlich überhöhte Formaldehydkonzentrationen auftreten.
- → wenn die Wohnung völlig durchfeuchtet ist.

Die schriftliche Kündigung muss den Grund „Gesundheitsgefährdung“ nennen und die Tatsachen beschreiben, aus denen sich die Gesundheitsgefährdung ergibt.

Fristlose Kündigung wegen Nichtgewährung des Gebrauchs

Auch hier muss der Kündigungsgrund genannt und beschrieben werden. Der Mieter muss seinem Vermieter eine angemessene Frist setzen, den vertragsgemäßen Zustand wiederherzustellen, den Mangel zu beseitigen. Die Fristsetzung ist nur dann entbehrlich, wenn der Vermieter offensichtlich gar nicht für Abhilfe sorgen kann, zum Beispiel wenn die Wohnung mehr als 10 Prozent kleiner ist als im Mietvertrag vereinbart.

§ URTEIL

Wohnfläche

Ist die Wohnung tatsächlich mehr als 10 Prozent kleiner als im Mietvertrag angegeben, kann der Mieter die Miete mindern, fristlos kündigen und/oder die Rückzahlung zu viel gezahlter Mieten fordern (BGH, Az. VIII ZR 142/08).

BEISPIEL

Gründe für eine fristlose Kündigung wegen Nichtgewährung des Gebrauchs:

- Die Heizung schafft nur eine Zimmertemperatur von 16 Grad Celsius.
- Es gibt erhebliche Feuchtigkeitsschäden und Schimmelpilzbefall.
- Es gibt gravierende Lärmstörungen aus der Nachbarschaft.

Schadensersatz

Hat der Mieter zu Recht fristlos gekündigt, schuldet ihm der Vermieter Ersatz der Schäden oder Kosten, die mit dem Wohnungswechsel verbunden sind: Umzugskosten, Maklerprovision, Renovierungskosten, unter Umständen Kosten für Teppiche, Gardinen und andere Einrichtungsgegenstände und die Mietdifferenz zwischen der alten und der neuen, vergleichbaren Wohnung, aber nur zeitlich befristet, zum Beispiel zwei Jahre lang.

Mietaufhebungsvertrag

Losgelöst von Kündigungsgründen und -fristen können Mieter und Vermieter jederzeit einen Mietaufhebungsvertrag schließen. Will der Mieter das Mietverhältnis vorzeitig beenden, muss er jedoch damit rechnen, dass der Vermieter sein Entgegenkommen mit Forderungen verknüpft, etwa dass ein geeigneter Nachmieter gestellt (→ Seite 115) oder eine Kostenpauschale für die Vertragsauflösung gezahlt wird.

Letztlich muss der Mieter dann entscheiden, wie weit er den Forderungen nachkommt und was ihm die vorzeitige Beendigung des Mietverhältnisses wert ist.

Mietaufhebungsverträge können formlos, also auch mündlich geschlossen werden. Da mündliche Absprachen nur schwer nachweisbar sind, ist ein schriftlicher Mietaufhebungsvertrag sinnvoll. Darin kann auch formuliert werden: „Es bestehen keine gegenseitigen Ansprüche der Parteien aus dem Mietverhältnis." Damit ist dann geregelt, dass der Vermieter keine Mietzahlungen, keine Schönheitsreparaturen, keine Schadensersatzansprüche fordern und auch keine Ansprüche aus einer Betriebskostenabrechnung mehr stellen kann.

Soll das Thema „Betriebskostenabrechnung" noch offen bleiben, kann vereinbart werden: „Rückzahlungen oder Nachforderungen aus der Betriebskostenabrechnung für das Abrechnungsjahr ________ sind von dieser Regelung nicht erfasst. Der Vermieter wird bis zum ________ Abrechnung über die Betriebskosten erteilen."

Auch die Ansprüche auf Rückzahlung der Mietkaution sollten zusätzlich geregelt werden, zum Beispiel: „Über die Mietkaution in Höhe von ________ rechnet der Vermieter bis spätestens ________ ab und überweist das Kautionsguthaben inklusive Zins und Zinseszins auf folgendes Konto ______."

Mietaufhebungsvertrag **(→ Seite F-95)**

Im zweiten Teil des Buchs auf **Seite F-95** finden Sie ein Musterformular für einen Mietaufhebungsvertrag.

Erläuterungen und Hinweise zum Mietaufhebungsvertrag finden Sie auf den **Seiten F-82 bis F-84**.

Vermieter-kündigung und Umwandlung

Unbefristete Mietverträge laufen auf unbestimmte Zeit. Während Mieter in aller Regel den Mietvertrag ohne Angabe von Gründen und generell mit einer Frist von drei Monaten kündigen können, sieht das bei Vermietern anders aus. Ein Sonderfall tritt außerdem ein, wenn das Mietshaus in Eigentumswohnungen umgewandelt wird.

Für den schnellen Einstieg

1 Wann ist eine Kündigung aus Eigenbedarf nicht berechtigt? → Seite 126

2 Kann ich bei einer unberechtigten Kündigung Schadensersatz verlangen? → Seite 128

3 Welche Fristen gelten für die Vermieterkündigung? → Seite 121

4 Kann ich mit der Sozialklausel die Kündigung abwenden? → Seite 131

5 Welche besonderen Kündigungsrechte hat ein Vermieter? → Seite 133

6 Welche Kündigungssperrfrist gilt nach einer Umwandlung in Eigentumswohnungen? → Seite 138

Die Vermieterkündigung

Vermieter können nur kündigen, wenn sie einen im Gesetz aufgeführten Kündigungsgrund haben, wie zum Beispiel Eigenbedarf. Außerdem müssen sie gestaffelte Kündigungsfristen einhalten – je nach Wohndauer des Mieters zwischen drei und neun, mitunter sogar zwölf Monaten.

Selbst bei einer berechtigten Vermieterkündigung können Mieter sich unter Umständen wehren und, gestützt auf die sogenannte Sozialklausel, Härtegründe einwenden, sodass das Mietverhältnis verlängert werden muss.

Zieht der Mieter nach Beendigung des Mietverhältnisses nicht aus, muss der Vermieter Räumungsklage bei Gericht erheben. Er darf die Wohnung nicht eigenmächtig räumen (lassen). Selbst nach einem rechtskräftigen Urteil haben Mieter noch über einen Räumungs- und Vollstreckungsschutz die Chance, länger in der Wohnung zu bleiben.

Besonders stark ist der gesetzliche Kündigungsschutz, wenn ein Mietshaus in Eigentumswohnungen umgewandelt wird und dann die Wohnungen einzeln verkauft werden. Dann muss der Käufer, wenn er kündigen will, noch Kündigungssperrfristen von bis zu zehn Jahren einhalten, und die in der Wohnung lebenden Mieter haben ein Vorkaufsrecht.

Wird das Mietshaus als Mietshaus verkauft oder eine Eigentumswohnung, die schon Eigentumswohnung war, als der Mieter eingezogen ist, gelten zwar keine Kündigungssperrfristen oder Vorkaufsrechte für Mieter, aber der Haus- oder Wohnungsverkauf ist auch kein Kündigungsgrund. Es gilt der Grundsatz: „Kauf bricht nicht Miete." Auch der Käufer kann nur kündigen, wenn er einen der im Gesetz aufgeführten Kündigungsgründe hat.

Haben Mieter und Vermieter einen qualifizierten Zeitmietvertrag abgeschlossen oder einen Kündigungsausschluss beziehungsweise Kündigungsverzicht vereinbart, kann der Vermieter während der Laufzeit des Vertrages nicht kündigen.

Form und Frist der Vermieterkündigung

→ Der Vermieter muss **schriftlich kündigen** und die Kündigung **eigenhändig unterschreiben**. Mündliche, telefonische oder per E-Mail versandte Kündigungen sind unwirksam. Die Kündigung muss von den/oder dem Vermieter/n stammen, der/die Vertragspartner des Mieters sind. Bei einem Ehepaar als Vermieter müssen also beide die Kündigung unterschreiben.

Ist der Vermieter eine GmbH oder AG, muss der Geschäftsführer oder Vorstand unterschreiben, wobei eine Vertretung durch Bevollmächtigung möglich ist. Der Vermieter kann auch einen Rechtsanwalt oder seine Hausverwaltung bevollmächtigen. Mieter können aber verlangen, dass dann dem Kündigungsschreiben die Originalvollmacht beigelegt wird. Fehlt die Originalvollmacht, kann der Mieter die Kündigung „unverzüglich", gegebenenfalls nach Rücksprache beim örtlichen Mieterverein, als unwirksam zurückweisen. Das geht nicht, wenn der Mieter schon auf andere Weise von der Bevollmächtigung unterrichtet war, zum Beispiel wenn der Hausverwalter kündigt, mit dem er schon den Mietvertrag abgeschlossen hatte, und er jetzt noch einmal seine Hausverwalter-Vollmacht in Kopie beigelegt hat.

→ Die Kündigung des Vermieters muss an den Mieter beziehungsweise alle Mieter der Wohnung gerichtet werden, das heißt normalerweise an den- oder diejenigen, die den Mietvertrag unterschrieben haben.

→ Die Kündigung muss schriftlich begründet werden – gleichgültig, ob ein Mieter die Gründe aufgrund eines früheren Gesprächs schon kennt oder nicht. Zwar dürfen nach der Rechtsprechung keine überspitzten Anforderungen an die Begründung gestellt werden, die bloße Wiederholung des Gesetzestextes reicht aber nicht aus. Sinn der Begründungspflicht ist es, dem Mieter zum frühestmöglichen Zeitpunkt Klarheit über seine Rechtsposition zu verschaffen. Deshalb muss der Vermieter den der Kündigung zugrunde liegenden Sachverhalt so ausführlich beschreiben, dass der Mieter abschätzen kann, ob er sich Erfolg versprechend gegen die Kündigung wehren kann.

→ Der Vermieter soll bei der Kündigung auf die Möglichkeit eines Widerspruchs, das heißt auf die Sozialklausel (→ Seite 131), hinweisen. Reagiert der Mieter dann nicht, macht er keine Härtegründe bis zwei Monate vor Ablauf der Kündigungsfrist geltend, kann er sich später bei einem evtl. Räumungsprozess nicht mehr auf die Sozialklausel berufen. Hat der Vermieter den Mieter nicht auf die Möglichkeit des Widerspruchs hingewiesen, kann sich der Mieter auch noch im Räumungsprozess selbst auf Härtegründe berufen.

→ Kündigt der Vermieter – Ausnahme: fristlose Kündigung –, muss er Kündigungsfristen einhalten. Die Länge der Kündigungsfristen hängt von der Wohndauer des Mieters, also der Mietzeit ab. Bei einer Mietzeit bis zu fünf Jahren beträgt die Kündigungsfrist drei Monate. Sind seit der Überlassung der Wohnung mehr als fünf Jahre verstrichen, gilt eine Kündigungsfrist von sechs Monaten, und bei einer Wohndauer von mehr als acht Jahren ist die Kündigungsfrist neun Monate lang. Per Mietvertrag können Mieter und Vermieter für die Vermieterkündigung auch längere Kündigungsfristen vereinbaren.

Bei älteren Mietverträgen, bei denen der Vertragsbeginn vor dem 1. September 2001 lag (dem Zeitpunkt des Inkrafttretens einer Mietrechtsreform, mit der die Kündigungsfristen neu geregelt wurden), gilt für Vermieter sogar eine zwölfmonatige Kündigungsfrist, wenn das Mietverhältnis länger als zehn Jahre dauert. Voraussetzung ist, dass in dem älteren Mietvertrag die damalige Gesetzeslage aufgegriffen und vereinbart wurde.

Bei Mietverträgen, die nach dem 1. September 2001 begonnen haben, beträgt die Kündigungsfrist längstens neun Monate – egal, ob das Mietverhältnis mehr als acht Jahre oder mehr als zehn Jahre gedauert hat.

Diese gesetzlichen Kündigungsfristen verlängern sich für den Vermieter um drei Monate, wenn er eine Einliegerwohnung kündigt, ohne ein typisches berechtigtes Interesse zu haben (→ Seite 123).

Auf der anderen Seite verkürzen sich die Kündigungsfristen auf drei Monate, wenn der Vermieter das Haus oder die Wohnung in einer Zwangsversteigerung erworben hat. Kündigt der Vermieter danach sofort zum nächstmöglichen Termin, spielt die Wohndauer des Mieters keine Rolle.

BEISPIEL

Wohndauer neun Jahre, Kündigungsfrist neun Monate. Erhält der Mieter die Kündigung seines Vermieters am 3. November 2024, endet das Mietverhältnis am 31. Juli 2025. Kommt die Kündigung erst am 4. November oder noch einige Tage später an, endet das Mietverhältnis am 31. August 2025.

Bei der Berechnung der Kündigungsfrist kommt es auf den Zugang des Kündigungsschreibens beim Mieter an. Erhält er die Kündigung bis spätestens zum dritten Werktag des Monats, zählt dieser bei der Berechnung der Kündigungsfrist noch mit. Der Samstag gilt dabei grundsätzlich als Werktag. Kommt die Kündigung beim Mieter später als am dritten Werktag des Monats an, beginnt die Kündigungsfrist erst mit dem nachfolgenden Monat.

URTEIL

Nutzungsentschädigung

Zieht der Mieter nach Beendigung des Mietverhältnisses nicht aus, muss er nach dem Gesetz seinem Vermieter eine sogenannte Nutzungsentschädigung zahlen. Der Vermieter kann entweder die zuletzt vereinbarte Miete fordern oder die für vergleichbare Objekte ortsübliche Miete. Damit – so der Bundesgerichtshof (BGH, Az. VIII ZR 17/16) – sei aber nicht die ortsübliche Vergleichsmiete im Sinn des Mieterhöhungsrechts (zum Beispiel Mietspiegel) gemeint, sondern die beim Neuabschluss eines Mietvertrags ortsübliche Miete, die sogenannte Marktmiete. Das ist die deutlich teurere Miete, die der Vermieter bei der Wiedervermietung der Wohnung hätte verlangen können.

Im Streitfall muss der Vermieter beweisen, dass der Mieter die Kündigung rechtzeitig erhalten hat.

Hat der Vermieter in seinem Kündigungsschreiben die Kündigungsfrist falsch, das heißt zu kurz berechnet oder gar nicht angegeben, ist die Kündigung nicht unwirksam. Das Ende der Mietzeit richtet sich dann nach den oben genannten Kündigungsfristen.

Die „klassische“ Vermieterkündigung wegen eines berechtigten Interesses

Nach dem Gesetz kann der Vermieter nur kündigen, wenn er ein „berechtigtes Interesse“ hat. Der Wunsch, die Wohnung neu und teurer zu vermieten, oder der Plan, eine Mieterhöhung zu erzwingen, sind keine berechtigten Interessen, können eine Kündigung also nicht rechtfertigen.

Das Gesetz nennt drei Beispiele für ein berechtigtes Interesse des Vermieters:

- → Eigenbedarf,
- → Hinderung angemessener wirtschaftlicher Verwertung,
- → Pflichtverletzung.

Eigenbedarf

Eigenbedarf liegt vor, wenn der Vermieter die Mietwohnung für sich selbst oder einen Familienangehörigen oder für einen Angehörigen seines Haushalts, zum Beispiel eine Pflegekraft, benötigt.

Zu den Familienangehörigen, zu deren Gunsten der Vermieter wegen Eigenbedarfs kündigen kann,

§ URTEIL

Eigenbedarf nicht rechtsmissbräuchlich

Der Eigenbedarf des Vermieters, der die 125 Quadratmeter große Mietwohnung zugunsten seines 22-jährigen Sohnes gekündigt hat, damit der dort einen eigenen Hausstand gründen kann, ist nicht rechtsmissbräuchlich. Der geltend gemachte Wohnbedarf ist nicht weit überhöht. Das gilt auch unter Berücksichtigung der Tatsache, dass der Sohn praktisch kein eigenes Einkommen hat und jetzt ein Studium aufnehmen will, das etwa drei Jahre dauern wird. Zu berücksichtigen ist auch, dass ein langjähriger Freund des Sohnes mit in die Wohnung ziehen soll (BGH, Az. VIII ZR 166/14).

Der Bundesgerichtshof erklärte, die Gerichte hätten grundsätzlich zu respektieren, welchen Wohnbedarf der Vermieter für sich oder seine Angehörigen als angemessen ansieht. Dagegen seien die Gerichte nicht berechtigt, ihre Vorstellungen von angemessenem Wohnen verbindlich an die Stelle der Lebensplanung des Vermieters oder seiner Angehörigen zu setzen.

gehören: Eltern, Kinder, Enkel, Geschwister, Neffen oder Nichten. Der geschiedene Ehegatte ist kein Familienangehöriger, auch nicht die Eltern eines Lebensgefährten. Auch für entferntere Verwandte, zum Beispiel Cousins, kann kein Eigenbedarf geltend gemacht werden, es sei denn, es besteht ein ganz besonders enges Verhältnis zwischen Vermieter und Verwandtem.

Wegen Eigenbedarfs kündigen können grundsätzlich nur natürliche Personen, zum Beispiel keine Kapitalgesellschaften, wie eine Aktiengesellschaft oder eine GmbH. Die können auch keinen Eigenbedarf zugunsten eines Gesellschafters haben. Anders wieder bei Personengesellschaften, zum Beispiel einer Gesellschaft bürgerlichen Rechts (GbR). Die kann zugunsten eines Gesellschafters wegen Eigenbedarf kündigen. Kündigt die GbR, nachdem sie die Immobilie gekauft hat, muss sie aber zusätzlich zur gesetzlichen Kündigungsfrist noch eine Kündigungssperrfrist von drei Jahren einhalten.

§ URTEIL

Rechtsmissbräuchlich

Rechtsmissbräuchlich ist es, wenn die Eigentümerin einer Wohnung eine Aktiengesellschaft ist, die nicht wegen Eigenbedarf kündigen kann, 5 Prozent Miteigentumsanteile an eine natürliche Person, zum Beispiel an die Tochter eines Vorstandsmitgliedes, überträgt und die Tochter dann wegen Eigenbedarf kündigt (BGH, Az. VIII ZR 22/19).

Kündigt der Vermieter wegen Eigenbedarfs, muss er vernünftige und nachvollziehbare Gründe benennen, warum er oder zum Beispiel ein Familienangehöriger in die Mietwohnung einziehen will. Einerseits reicht es nicht aus, wenn der Vermieter einfach den Gesetzeswortlaut wiederholt oder lapidar erklärt, er wolle in seinen eigenen vier Wänden leben. Andererseits sind die Anforderungen an das, was vernünftig und nachvollziehbar ist, nicht besonders hoch. Der Vermieter oder sein Verwandter müssen nicht unzureichend oder beengt untergebracht sein. Es reicht zum Beispiel aus, wenn der Vermieter in der gekündigten Wohnung seinen Altersruhesitz begründen oder er die Wohnung seinem Kind zur Verfügung stellen will, zum Beispiel weil Tochter oder Sohn am Ort studieren

„Werde ich am Ende der Kündigungsfrist ‚zwangsgeräumt', wenn ich bis dahin nicht ausgezogen bin?"

Nein. Voraussetzung für eine Zwangsräumung ist ein rechtskräftiges Gerichtsurteil. Der Vermieter kann am Ende der Kündigungsfrist weder einen Gerichtsvollzieher noch ein Räumungskommando schicken, um den Mieter vor die Tür zu setzen. Ist der am Ende der Kündigungsfrist nicht ausgezogen, muss der Vermieter auf Räumung klagen. Vor Gericht werden dann die Kündigungsgründe überprüft und geklärt, ob die Sozialklausel zur Anwendung kommt. Selbst bei einem rechtskräftigen Räumungsurteil kann die Vollstreckung des Räumungstitels noch mithilfe des Gerichts verschoben werden.

wollen. Letztlich liegt es in der Entscheidung des Eigentümers, ob er seine Wohnung vermieten, verkaufen oder selbst bewohnen will.

Der vom Vermieter behauptete Eigenbedarf muss zum Zeitpunkt der Kündigung und zumindest noch bis zum Ablauf der Kündigungsfrist bestehen. Fällt der Kündigungsgrund während dieser Zeit weg, muss der Vermieter den Mieter informieren und die Fortsetzung des Mietverhältnisses anbieten.

Vorratskündigungen sind unzulässig. Das sind Fälle, bei denen der Vermieter die Eigenbedarfskündigung vorsorglich an mehrere Mieter des Hauses schickt oder wenn der Vermieter bei seiner Kündigung noch gar nicht absehen kann, wann er die Mietwohnung konkret benötigt.

Der Vermieter oder die durch den Eigenbedarf begünstigte Personen müssen in der gekündigten Wohnung nicht zwingend ihren Lebensmittelpunkt begründen. Eigenbedarf soll auch vorliegen, wenn der Vermieter die Wohnung als Zweitwohnung nutzen will oder wenn er in unregelmäßigen Abständen die gekündigte Wohnung für Wochenendbesuche bei seiner Tochter benötigt.

§ URTEIL

Eigenbedarf

Der Vermieter muss bei einer Kündigung wegen Eigenbedarfs nicht den Namen des Lebensgefährten der Tochter angeben, der mit in die gekündigte Wohnung einziehen soll (BGH, Az. VIII ZR 284/13). Zwar muss bei der Begründung der Kündigung der Kündigungsgrund so konkretisiert werden, dass er von anderen Kündigungsgründen unterschieden werden kann. So wird dem Mieter, der die Kündigung nicht hinnehmen will, ermöglicht, seine Verteidigung auf den angegebenen Kündigungsgrund auszurichten. Eine Auswechslung des Kündigungsgrunds ist dem Vermieter nicht erlaubt. Im Fall einer Eigenbedarfskündigung reicht es aus, wenn die „Eigenbedarfsperson" – hier die Tochter – identifizierbar benannt und ihr Interesse an der Erlangung der Wohnung dargelegt wird. Auf den Namen des Lebensgefährten kommt es hier dann nicht an.

Letztlich ist die Frage, ob der Eigenbedarf ernsthaft verfolgt und auch auf nachvollziehbaren und vernünftigen Gründen beruht, immer eine Frage des Einzelfalls, den gegebenenfalls ein Gericht beurteilen muss. Das Gericht muss dabei allen Einwendungen des Mieters nachgehen, die darauf abzielen, die vom Vermieter behaupteten Kündigungsvoraussetzungen oder die Ernsthaftigkeit seines Einzugswunsches infrage zu stellen. Dabei kann/muss zum Beispiel auch geklärt werden, ob der vom Vermieter geltend gemachte Wohnbedarf weit überhöht ist oder nicht. Hier sind aber in erster Linie der bisherige Lebenszuschnitt des Vermieters und dessen Zukunftspläne entscheidend und nicht die Vorstellungen des Mieters oder des Gerichts.

Aber: Wenn die 14-jährige Tochter mit ihrem 16-jährigen „Verlobten“ die Mieterwohnung beziehen soll, ist das im Zweifel immer unvernünftig beziehungsweise nicht nachvollziehbar.

Das gilt auch bei vorgeschobenen, rechtsmissbräuchlichen, treuwidrigen oder vernunftwidrigen Eigenbedarfskündigungen.

Vorgeschobener Eigenbedarf

Vorgeschoben ist der Eigenbedarf, wenn der Vermieter die Wohnung in Wirklichkeit gar nicht selbst nutzen, sondern nur das Mietverhältnis beenden will, weil ihm der aufmüpfige Mieter lästig ist oder weil er die Wohnung teurer weitervermieten will.

Für den Mieter ist eine vorgeschobene Eigenbedarfskündigung nur schwer nachzuweisen. Indizien sind aber vorhergegangene Streitigkeiten, zum Beispiel über eine Mieterhöhung oder über eine Heiz- oder Nebenkostenabrechnung.

Rechtsmissbräuchlicher Eigenbedarf

Wenn eine Alternativwohnung im Haus freisteht, kann es unvernünftig und rechtsmissbräuchlich sein, wenn der Vermieter auf seinem Wunsch beharrt, gerade in die gekündigte Mieterwohnung einziehen zu wollen. Zumindest muss der Vermieter dann gute Gründe haben, warum er ausgerechnet in die gekündigte Wohnung ziehen will und seinen Eigenbedarf nicht über die freistehende Wohnung im Haus realisieren kann.

Der Vermieter muss dem gekündigten Mieter aber die leerstehende Wohnung zur Anmietung anbieten. Geschieht dies nicht, soll die Kündigung aber nicht unwirksam werden. Konsequenz ist lediglich, dass der Mieter Anspruch auf Schadensersatz hat. Der Vermieter ist nur verpflichtet, eine bis zum Ablauf der Kündigungsfrist leer werdende Woh-

§ URTEIL

Vorratskündigung

Der behauptete Eigenbedarf sei als dringend und akut bezeichnet worden. Tatsächlich sei die Wohnung nach dem Auszug der Mieterin aber fast ein Jahr lang als Fahrradstellplatz genutzt worden, und auch nach mehr als zwei Jahren sei die Mutter des Vermieters nicht eingezogen. Ein derartiger zeitlicher Ablauf sei ein deutliches Anzeichen dafür, dass die Eigenbedarfskündigung eine mögliche spätere Nutzung erst vorbereiten sollte, der Nutzungswunsch der Mutter aber noch unbestimmt war beziehungsweise erst hätte geweckt werden müssen.

Für eine Kündigung wegen Eigenbedarfs reiche eine derartige Vorratskündigung, der ein gegenwärtig noch nicht absehbarer Nutzungswunsch der Eigenbedarfsperson zugrunde liegt, nicht aus. Vielmehr müsse sich der Nutzungswunsch soweit „verdichtet“ haben, dass ein konkretes Interesse an einer alsbaldigen Eigennutzung bestehe (BGH, Az. VIII ZR 300/15).

§ URTEIL

Eigenbedarf

Bei der Beurteilung einer Eigenbedarfskündigung muss das Gericht sämtlichen vom Mieter vorgetragenen Gesichtspunkten nachgehen, die Zweifel an der Ernsthaftigkeit des Vermieter-Eigenbedarfs begründen. Vorgeschobene Kündigungen des Eigentümers verdienen keinen Schutz (BGH, Az. VIII ZR 338/09).

nung anzubieten. Wird sie erst im Lauf eines Räumungsprozesses frei, muss er sie dann nicht mehr anbieten.

Überhöhter Wohnbedarf

Grundsätzlich entscheidet der Vermieter, welchen Raumbedarf er für sich für angemessen hält. Diese Entscheidung muss aber auf ihre Nachvollziehbarkeit und Vernünftigkeit hin geprüft werden. Neben der eigentlichen Wohnungsgröße sind dabei auch Alter, Familienstand, Vermögensverhältnisse und die konkrete Nutzungsabsicht des Vermieters beziehungsweise der Familienangehörigen in die Entscheidung miteinzubeziehen, ob der geltend gemachte Wohnbedarf überhöht ist oder nicht.

Nicht mehr nachvollziehbar und unvernünftig soll es zum Beispiel sein, wenn die alleinstehende, knapp 22 Jahre alte Vermietertochter, eine Studentin, in eine 107 Quadratmeter große Vierzimmerwohnung ziehen soll oder wenn eine Vermieterin zusammen mit ihrem kleinen Kind eine 250 Quadratmeter große Siebenzimmerwohnung für sich beansprucht.

Treuwidriger Eigenbedarf

Die Eigenbedarfskündigung verstößt gegen Treu und Glauben und ist somit unzulässig, wenn der Vermieter schon beim Vertragsabschluss entschlossen ist oder zumindest erwägt, Eigenbedarf anzumelden. Er kann also nicht kurze Zeit, nachdem er die Wohnung vermietet hat, wegen Eigenbedarfs kündigen, weil er angeblich die Wohnung jetzt selbst nutzen will. Der Vermieter ist aber nicht verpflichtet, mit seinen Kindern vorab zu klären, ob oder wann sie möglicherweise in die Mieterwohnung ziehen wollen. Entscheidend ist, ob der künftige und kurzfristige Eigenbedarf für den Vermieter tatsächlich schon beim Vertragsabschluss erkennbar war und er damit gerechnet hat, dass eine derartige Eigenbedarfssituation eintritt.

Vernunftwidriger Eigenbedarf

Kann der Vermieter mit der gekündigten Wohnung den behaupteten Nutzungswunsch überhaupt nicht realisieren, wird der Zweck mit der Kündigung verfehlt, sie ist vernunftwidrig und damit unzulässig. Beispielsweise, wenn der Vermieter für

§ URTEIL

Vorgetäuschter Eigenbedarf

Vermieter, die nach dem Auszug des gekündigten Mieters den Eigenbedarf nicht realisieren, die Wohnung nicht wie behauptet nutzen, müssen nachweisen, warum der behauptete Eigenbedarf später weggefallen sein soll.

Der Bundesgerichtshof (BGH, Az. VIII ZR 44/16) betont, dass in Fällen, in denen der Vermieter den im Kündigungsschreiben behaupteten Selbstnutzungswillen nach dem Auszug des Mieters nicht umsetzt, der Verdacht naheliegt, dass der Eigenbedarf vorgetäuscht war. Dann muss der Vermieter substantiiert und plausibel darlegen, aus welchen Gründen der mit der Kündigung vorgebrachte Bedarf nachträglich entfallen sein soll.

seine 80-jährige, gehbehinderte Mutter eine Mietwohnung im 5. Stock des Hauses kündigt und die Wohnung keinen Aufzug und möglicherweise noch Einzelkohleöfen hat. Hier ist es nicht nachvollziehbar, dass sie tatsächlich dort einziehen will.

Auch wenn der Sohn mit seiner schwangeren Frau und einem Kind angeblich von der bisherigen, 100 Quadratmeter großen Wohnung jetzt in die 74 Quadratmeter große, gekündigte Mietwohnung ziehen will, ist das schlichtweg unvernünftig und die Kündigung nicht nachvollziehbar.

Vorgetäuschter Eigenbedarf – Schadensersatz
Begründet der Vermieter die Kündigung mit Eigenbedarf, ohne dass dieser tatsächlich gegeben ist, täuscht der Vermieter den Mieter beziehungsweise macht er wahrheitswidrige Angaben, hat der Mieter Schadensersatzansprüche.

Das Gleiche gilt, wenn der behauptete Eigenbedarf noch während der Kündigungsfrist wegfällt und der Vermieter den Mieter hierüber dann nicht informiert.

Schadensersatz heißt, dass der Vermieter die durch die Kündigung bedingten Kosten ersetzen muss. Hierzu gehören die Umzugskosten, angefallene Prozesskosten, eventuell die Maklerprovision und unter Umständen auch die Mietdifferenz zwischen der alten und der neu angemieteten Wohnung. Voraussetzung ist, dass beide Wohnungen vergleichbar sind, einen ähnlich hohen Nutzungswert haben.

Anzeichen für vorgetäuschten Eigenbedarf sind zum Beispiel, dass nach Auszug des Mieters die Wohnung unangemessen lange leer steht oder wenn sie teurer an einen Dritten weitervermietet wird, zu dessen Gunsten der Eigenbedarf nicht angekündigt war, beziehungsweise wenn die Wohnung verkauft wird.

§ URTEIL

Zweitwohnung

Der Vermieter kündigt eine Mietwohnung in Berlin wegen Eigenbedarfs, weil er beabsichtigt, sich mehrfach im Jahr aus beruflichen Gründen für längere oder kürzere Zeiten in Berlin aufzuhalten. Er wolle hierfür aber nicht mehr – wie in der Vergangenheit – auf eine Unterkunft im Hotel oder bei privaten Bekannten zurückgreifen, er wolle einen privaten Wohnbereich haben, in dem er sich gemeinsam mit seinem Ehepartner aufhalten kann.

Der Bundesgerichtshof (BGH, Az. VIII ZR 19/17) erklärte, der Frage „Eigenbedarf an Zweitwohnung“ komme keine grundsätzliche Bedeutung zu. Der Begriff des „Benötigens“ sei höchstrichterlich dahingehend geklärt, dass damit ernsthafte, vernünftige und nachvollziehbare Gründe des Vermieters vorausgesetzt werden, die Wohnung künftig selbst oder durch nahe Angehörige zu nutzen. Diese Kriterien würden auch für die Beantwortung der Frage gelten, ob der Wunsch des Vermieters, die bisher vermietete Wohnung künftig selbst als Zweitwohnung zu nutzen, eine Eigenbedarfskündigung rechtfertigt. Hierbei komme es maßgeblich auf die Würdigung der Umstände des Einzelfalls an.

Immer dann, wenn der Vermieter den behaupteten Kündigungsgrund nach dem Auszug des Mieters nicht in die Tat umsetzt, liegt der Verdacht nahe, dass der Eigenbedarf vorgetäuscht war. Dann muss der Vermieter substantiiert und plausibel darlegen, aus welchen Gründen der mit der Kündigung vorgebrachte Eigenbedarf nicht realisiert wurde, nachträglich, das heißt nach Ablauf der Kündigungsfrist, entfallen ist.

Ist die Argumentation des Vermieters plausibel, also stimmig, ist der Mieter in der Pflicht, wenn er Schadensersatz durchsetzen will. Er muss dann beweisen, dass ein Selbstnutzungswunsch des Vermieters von vornherein nicht bestand.

Kündigung wegen Hinderung angemessener wirtschaftlicher Verwertung

Wird der Vermieter durch die Fortsetzung des Mietverhältnisses an einer angemessenen wirtschaftlichen Verwertung gehindert und hat er hierdurch erhebliche Nachteile, kann er kündigen. Typische Beispiele dieser sogenannten Verwertungskündigung sind:

Verkauf

Der Vermieter muss aus wirtschaftlichen Gründen das Haus oder die Wohnung verkaufen. Der Verkauf ist aber praktisch unmöglich, weil das Haus oder die Wohnung vermietet ist und Kaufinteressenten nur an der geräumten Wohnung interessiert sind, zum Beispiel weil sie selbst einziehen wollen. Wenn überhaupt, könnte das Haus oder die Wohnung nur zur Hälfte seines Wertes verkauft werden.

Aber: Der Vermieter hat keinen Anspruch, aus seinem Immobilieneigentum den größtmöglichen wirtschaftlichen Nutzen ziehen zu können. Spekulationsgeschäfte – das heißt, zuerst eine Wohnung preiswert kaufen, weil vermietet, dann kündigen und dann unvermietet und teuer wieder verkaufen – sind keine angemessene Verwertung.

Genauso wenig ist eine Verwertungskündigung gerechtfertigt, wenn die Wohnung lediglich neu und deutlich teurer vermietet wird oder wenn das Haus in Eigentumswohnungen umgewandelt wird und die Wohnungen einzeln verkauft werden sollen.

Voraussetzungen für eine Verwertungskündigung sind:

- → Der Vermieter muss vernünftige Gründe haben, warum er das Haus oder die Wohnung verkaufen will, zum Beispiel Arbeitslosigkeit, Scheidung, Kauf einer neuen Wohnung und so fort.
- → Er muss Angaben zum Immobilienwert und zum geplanten Verkaufspreis machen, unter Umständen auch zu seinem Immobilienerwerb und zu den Finanzierungskosten.
- → Er muss darlegen, dass er erhebliche Nachteile erleiden würde, wenn er nicht kündigen

§ URTEIL

Verwertungskündigung

Der Bundesgerichtshof (BGH, Az. VIII ZR 243/16) urteilte, der geplante Abriss des Gebäudes zur Erweiterung des benachbarten Modehauses könne zwar eine angemessene wirtschaftliche Verwertung darstellen. Allerdings sei eine Verwertungskündigung nur unter der zusätzlichen hohen Voraussetzung zulässig, dass dem Eigentümer durch den Fortbestand des Mietverhältnisses andernfalls ein „erheblicher Nachteil“ entstehen würde.

Das Eigentum gewähre dem Vermieter keinen uneingeschränkten Anspruch auf Gewinnoptimierung oder Einräumung gerade der Nutzungsmöglichkeit, die den größtmöglichen wirtschaftlichen Vorteil verspricht. Auf der anderen Seite dürften aber auch die Nachteile, die dem Vermieter bei Fortsetzung des Mietverhältnisses drohten, keinen Umfang annehmen, der die Nachteile weit übersteigt, die dem Mieter im Fall des Verlusts der Wohnung erwachsen würden.

darf. Anhand konkreter Kaufangebote muss er erklären können, dass die erzielbaren Erlöse für die vermietete Wohnung deutlich niedriger liegen als für die unvermietete Wohnung.

Sanierung
Eine Verwertungskündigung kommt auch in Betracht, wenn das Haus komplett und umfassend saniert werden muss und dazu die Räumung des Hauses notwendig wird.

Das bedeutet, dass typische, immer wieder notwendig werdende Reparaturarbeiten keine Kündigung rechtfertigen, genauso wenig wie Modernisierungsmaßnahmen, selbst wenn diese Arbeiten so umfangreich sind, dass die Mieter vorübergehend ihre Wohnung räumen müssen.

Voraussetzung für eine Verwertungskündigung wegen Sanierungsarbeiten ist, dass

- die Sanierung wirtschaftlich geboten und
- die Räumung des gesamten Hauses deshalb erforderlich ist. Die bloße Verzögerung oder Verteuerung der Sanierungsmaßnahmen bei fortlaufendem Mietverhältnis reicht für eine Kündigung nicht aus. Erforderlich sind stattdessen Sanierungsarbeiten, die so umfassend sind, dass ein Wohnen in der bisherigen Wohnung unmöglich ist und damit gerechnet werden muss, dass die Arbeiten sich mindestens über mehrere Monate erstrecken.
- Außerdem muss der Vermieter auch hier darlegen, dass er bei einem Fortbestand des Mietverhältnisses einen erheblichen Nachteil erleiden würde.

Abriss und Neubau
Beabsichtigt der Vermieter, ein eigentlich noch nicht abbruchreifes Haus zur Vermeidung von hohen Reparaturkosten abzureißen, muss er exakt darlegen, warum Abriss und gegebenenfalls Neubau für ihn wirtschaftlicher sind als die Durchführung der Reparaturen. Dann muss im Einzelfall geprüft werden, ob eine Vollsanierung unter Beibehaltung der Mietverhältnisse zumutbar ist oder ob der Vermieter kündigen, abreißen und anschließend neu bauen darf.

Der geplante Abriss eines Gebäudes ist dann keine wirtschaftliche Verwertung, wenn das Grundstück anschließend nicht verwertet oder neu bebaut werden soll, sondern brach liegt. Das sind Fälle, in denen der Vermieter das Haus aufgrund hoher Leerstandszahlen abreißen will, weil die Kosten des Hauses im Zweifel höher sind als die Einnahmen. Dieser aus wirtschaftlichen Gründen praktisch unumgängliche Abriss rechtfertigt zwar eigentlich keine Verwertungskündigung, die Gerichte lassen im Einzelfall eine Kündigung wegen „sonstiger berechtigter Interessen" zu.

§ URTEIL

Abriss
Will der Vermieter einen weitgehend leerstehenden, sanierungsbedürftigen Wohnblock abreißen und an seiner Stelle Neubauwohnungen errichten, kann er einem dort noch wohnenden Mieter wegen „Hinderung angemessener wirtschaftlicher Verwertung" kündigen (BGH, Az. VIII ZR 155/10).

Kündigung wegen Pflichtverletzung
Der Vermieter hat ein berechtigtes Interesse zu kündigen, wenn der Mieter schuldhaft nicht unerheblich seine Vertragspflichten verletzt. Gemeint sind in erster Linie Fälle, in denen der Mieter dauernd unpünktlich die Miete zahlt oder mehr oder weniger hohe Mietrückstände hat auflaufen lassen. Darüber hinaus kommen Beleidigungen oder Körperverletzungen gegenüber dem Vermie-

ter als Pflichtverletzung in Betracht oder wiederholte grobe Verstöße gegen die Regelungen des Mietvertrags.

§ URTEIL

Lärmstörungen

Denkbar ist eine Kündigung auch wegen nicht hinnehmbaren Kinderlärms und erheblichen Ruhestörungen: Poltern, Rumgerenne, Geschrei, Rücken von Möbeln, Trompetenspiel und alles durch ein Lärmprotokoll über einen längeren Zeitraum belegt (BGH, Az. VIII ZR 134/20).

Insbesondere wegen unpünktlicher Mietzahlungen oder Mietrückständen, das heißt Zahlungsverzug, kommt neben der ordentlichen Kündigung wegen schuldhafter Pflichtverletzung auch eine fristlose Kündigung in Betracht. Anders als bei der fristlosen Kündigung kann bei der ordentlichen Kündigung wegen Zahlungsverzugs die Kündigungswirkung aber nicht durch eine nachträgliche Zahlung des Mietrückstands abgewendet werden. Eine „Heilung" tritt nicht ein, die Kündigung bleibt wirksam.

Sonstige berechtigte Interessen

Eigenbedarf, wirtschaftliche Verwertung oder Pflichtverletzung sind Beispiele für ein berechtigtes Interesse des Vermieters, das Mietverhältnis zu kündigen. Dies ist jedoch keine abschließende Aufzählung, sodass der Vermieter in ähnlich gewichtigen Fällen ebenfalls kündigen kann.

Eine Kündigung wegen „sonstiger berechtigter Interessen" kommt in Betracht, wenn

- → das Haus wegen hohen Leerstands abgerissen werden soll (→ Seite 130),
- → die Wohnung einem Au-Pair-Mädchen zur Verfügung gestellt werden soll,
- → der Vermieter die gekündigte Wohnung nicht nur zu Wohnzwecken, sondern zugleich beziehungsweise überwiegend zu geschäftlichen Zwecken nutzen will (BGH, Az. VIII ZR 286/12),
- → der Vermieter die Mieterwohnung ausschließlich zu geschäftlichen Zwecken nutzen will.

Eine Kündigung ist dem Vermieter nur möglich, wenn ihm sonst Nachteile von erheblichem Gewicht drohen. Beispielsweise, wenn die geschäftliche Tätigkeit sonst nicht rentabel durchgeführt werden könnte, nicht aber, wenn die geplante Nutzung der Räume – etwa als Archiv – auch an entfernteren Orten möglich wäre.

Die Sozialklausel

Selbst dann, wenn der Vermieter ein berechtigtes Interesse nachweisen kann oder auch das Gericht die Kündigung bestätigt hat, bedeutet das noch nicht, dass der Mieter die Wohnung auch räumen muss. Er hat das Recht, Widerspruch gegen die Kündigung zu erheben, wenn die Beendigung des Mietverhältnisses für ihn, seine Familie oder einen Angehörigen seines Haushalts eine Härte bedeuten würde und diese auch unter Würdigung der berechtigten Interessen des Vermieters nicht zu rechtfertigen ist. In diesem Fall kann das Gericht anordnen, dass das Mietverhältnis zeitlich befristet oder sogar unbefristet fortgesetzt wird.

Die Sozialklausel ist keine Ausnahmeregelung, sondern das gleichwertige Gegenstück zur Kündigungsbefugnis des Vermieters.

§ URTEIL

Sozialklausel

Schematische Entscheidungen verbieten sich. Hohes Alter und lange Wohndauer dürfen nicht automatisch zur Anwendung der Sozialklausel führen (BGH, Az. VIII ZR 68/19). Schwerwiegende Erkrankungen und drohende Gesundheitsgefährdungen aufgrund eines eventuellen Wohnungswechsels müssen gegebenenfalls mithilfe eines Sachverständigengutachtens überprüft werden (BGH, Az. VIII ZR 180/18 , BGH, Az. VIII ZR 6/19 und BGH, Az. VIII ZR 96/22). Auf der anderen Seite dürfen ärztliche Atteste nicht bagatellisiert werden. Auch hier ist ein Sachverständigengutachten erforderlich (BGH, Az. VIII ZR 167/17).

Während beispielsweise bei der Prüfung einer Eigenbedarfskündigung zunächst nur die Nutzungswünsche des Vermieters überprüft werden, die Mieterinteressen aber unberücksichtigt bleiben, müssen bei der Entscheidung über die Sozialklausel Vermieter- und Mieterinteressen gegeneinander abgewogen werden.

Härtegründe

Denkbare Härtegründe, die der Mieter geltend machen kann, sind:

- hohes Alter
- Krankheit, Invalidität, Gebrechlichkeit
- langjährige Wohndauer und Verwurzelung in der Wohngegend
- Schwangerschaft
- bevorstehendes Examen.

Als Faustregel gilt, dass bei der Abwägung des Rechts auf freie Lebensgestaltung (Vermieterinteresse) und des Rechts auf körperliche Unversehrtheit (Alter, Krankheit, Verwurzelung in der Wohngegend) diese Mieterinteressen dann Vorrang haben.

Eine **Härte im Sinn der Sozialklausel** liegt auch vor, wenn der Mieter keine angemessene Ersatzwohnung zu zumutbaren Bedingungen finden kann. Hier spielt neben den persönlichen und wirtschaftlichen Verhältnissen des Mieters auch die Lage auf den Wohnungsmärkten eine wichtige Rolle. Eine angemessene Ersatzwohnung muss nicht in der gleichen Straße oder im gleichen Stadtviertel liegen und auch nicht so groß wie die alte Wohnung sein. Die Wohnung muss aber nach Größe und Ausstattung die Unterbringung aller zum Haushalt gehörenden Familienmitglieder zu vernünftigen Bedingungen gewährleisten.

Im Zweifel muss der Mieter vor Gericht darlegen können, dass er sich ernsthaft, aber vergeblich um eine Ersatzwohnung bemüht hat. Er sollte deshalb Wohnungsanfragen bei Wohnungsunternehmen, privaten Vermietern, Maklern oder dem Wohnungsamt dokumentieren.

Form und Frist

Auf die Sozialklausel kann sich der Mieter nur berufen, wenn er schriftlich Widerspruch gegen die Kündigung eingelegt hat. Nach dem Gesetz soll der Vermieter seinen gekündigten Mieter auf die Möglichkeit dieses Widerspruchs rechtzeitig, zum Beispiel im Kündigungsschreiben, hinweisen. Ist das geschehen, muss der Mieter spätestens zwei Monate vor Ablauf der Kündigungsfrist das Widerspruchsschreiben seinem Vermieter zugeschickt haben.

Verpasst der Mieter den Termin, kann er sich später, also zum Beispiel im Räumungsprozess, nicht mehr auf die Sozialklausel berufen. Hat der Vermieter dagegen nicht auf die Möglichkeit des Widerspruchs hingewiesen, ist seine Kündigung zwar wirksam, der Mieter kann dann aber noch im Räumungsprozess, das heißt beim ersten Termin vor Gericht, Widerspruch einlegen und sich auf die Sozialklausel berufen.

Bei der Abwägung der jeweiligen Vermieter- und Mieterinteressen durch das Gericht zählen nur die Gründe, die der Vermieter im Kündigungsschreiben genannt hat, beziehungsweise die Gründe, die im Widerspruchsschreiben des Mieters aufgeführt sind.

§ URTEIL

Sozialklausel

Ein 87-jähriger, schwerkranker Mieter und seine Ehefrau müssen nach 20-jähriger Mietzeit ihre Dreieinhalbzimmerwohnung nicht wegen Eigenbedarfs des Vermietersohnes und seiner Familie räumen. Der Bundesgerichtshof (BGH, Az. VIII ZR 270/15) entschied, die Beibehaltung der Wohnung sei für die Mieter von existenzieller Bedeutung. Die Mieter hatten Widerspruch gegen die Kündigung eingelegt und als Härtegründe geltend gemacht, dass der 87-jährige Mieter zahlreiche gesundheitliche Einschränkungen habe und an einer beginnenden Demenz leide. Ein Umzug und damit ein neues Wohnumfeld sei ihm daher nicht zuzumuten.

→ **WICHTIG** Mieter können sich nicht auf die Sozialklausel berufen, wenn sie zum Beispiel einen qualifizierten Zeitmietvertrag abgeschlossen haben oder der Vermieter ihnen fristlos gekündigt hat.

Besondere Kündigungsrechte

Einliegerwohnung

Wohnen Vermieter und Mieter „unter einem Dach“, hat der Vermieter ein Sonderkündigungsrecht. Er kann sich „ganz normal“ auf ein berechtigtes Interesse, zum Beispiel Eigenbedarf, berufen (→ Seite 123), er kann aber auch ohne nähere Angaben eines Kündigungsgrunds praktisch „grundlos“ kündigen. In diesem Fall verlängert sich die gesetzliche Kündigungsfrist (→ Seite 18) um drei Monate. Bei einer Wohndauer zum Beispiel von bis zu fünf Jahren gilt dann eine Kündigungsfrist von sechs Monaten und nicht von drei Monaten.

Der Vermieter kann auch zweispurig fahren, die Kündigung in erster Linie auf sein Sonderkündigungsrecht stützen und hilfsweise auf ein berechtigtes Interesse.

→ **WICHTIG** Auch bei diesem Vermieter-Sonderkündigungsrecht gilt die Sozialklausel, kann der Mieter also gestützt auf Härtegründe der Kündigung widersprechen.

Als Einliegerwohnung gilt die Wohnung in einem Gebäude mit zwei Wohnungen, von denen eine der Vermieter selbst bewohnt. Aufgrund der besonderen Wohnsituation, typischerweise in einem Ein- oder Zweifamilienhaus, bei der Mieter und Vermie-

§ URTEIL

Dreifamilienhaus

Der Vermieter eines Dreifamilienhauses hat kein Sonderkündigungsrecht, auch dann nicht, wenn der Vermieter selbst zwei Wohnungen im Haus nutzt und eine Wohnung vermietet ist (BGH, Az. VIII ZR 90/10).

ter auf enger Tuchfühlung zusammenleben, soll der Vermieter hier die Möglichkeit haben, den einmal abgeschlossenen Mietvertrag leichter zu kündigen.

Baut der Vermieter ein Dreifamilienhaus zu einem Zweifamilienhaus um und macht er so die Mieterwohnung zu einer Einliegerwohnung, hat er dieses Sonderkündigungsrecht nicht.

→ **TIPP** Bei der Anmietung einer Einliegerwohnung sitzt der Mieter häufig auf einem Pulverfass. Jede Streitigkeit kann letztlich schon zu einer Kündigung führen. Hier sollte deshalb versucht werden, einen Ausschluss des Sonderkündigungsrechts im Mietvertrag zu vereinbaren, zum Beispiel unter „Sonstiges".

Teilkündigung

Der Mietvertrag kann in aller Regel nur insgesamt beendet werden. Das bedeutet, einzelne Räume der Wohnung können nicht separat gekündigt werden. Ist eine Garage zusammen mit der Wohnung vermietet worden, kann die Garage nicht allein gekündigt werden. Es gilt der Grundsatz: „Ganz oder gar nicht", Teilkündigungen sind unwirksam.

Von diesem Grundsatz gibt es aber eine wichtige Ausnahme. Der Vermieter darf „nicht zum Wohnen bestimmte Nebenräume", beispielsweise Speicher- oder Kellerräume, Waschküchen, Abstellräume und so weiter, oder Teile eines Grundstücks, zum Beispiel Vorgärten oder Stellplätze, einzeln kündigen.

Voraussetzung ist, dass der Vermieter die Nebenräume oder die Grundstücksteile dazu verwenden will, hier Mietwohnungen zu schaffen. Gemeint sind Fälle, in denen der Vermieter das Dachgeschoss ausbaut, oder Fälle, in denen die gekündigten Nebenräume anderen Mietern oder den neuen Mietern des Hauses angeboten werden. Die neu gebauten Wohnungen müssen vermietet werden, es reicht nicht, wenn der Vermieter selbst in diese Räume einziehen will.

Die Kündigungsfrist beträgt bei einer derartigen Teilkündigung drei Monate. Gestaffelte, das heißt längere Kündigungsfristen, abhängig von der Wohndauer, gibt es nicht. Hat der Mieter einen qualifizierten Zeitmietvertrag abgeschlossen, ist eine Teilkündigung unzulässig.

Auch gegenüber einer Teilkündigung des Vermieters kann sich der Mieter auf die Sozialklausel berufen. Eine Härte kann vorliegen, wenn der Mieter die Nebenräume bisher als Abstellfläche, Trockenraum und so weiter genutzt hat und der Vermieter jetzt keine Ersatzräume anbieten kann.

Muss der Mieter aufgrund der Teilkündigung Nebenräume oder Grundstücksteile räumen, kann er eine Reduzierung der Miete verlangen, praktisch also eine Mietminderung. Der Umfang der Mietreduzierung orientiert sich dann am früheren Nutzwert des gekündigten Raums.

Fristlose Kündigung des Vermieters

Bei schweren Vertragsverletzungen des Mieters kann der Vermieter fristlos kündigen. Dann muss ein so wichtiger Grund vorliegen, dass dem Vermieter die Einhaltung einer Kündigungsfrist oder das Auslaufen des Zeitmietvertrags beziehungsweise eines im Mietvertrag vereinbarten Kündigungsausschlusses nicht zumutbar ist.

Fristlos bedeutet, der Mieter muss kurzfristig, innerhalb angemessener Frist, das heißt normalerweise innerhalb eines Monats, ausziehen. Bleibt der Mieter wohnen, muss der Vermieter vor Gericht klagen. Erst mit dem Urteil in der Hand kann er die Räumung der Wohnung veranlassen.

„Wenn der Vermieter wegen Mietschulden kündigt, kann ich dann durch Zahlung der offenstehenden Mieten die Räumung verhindern?"

Ja, aber ... Bei Zahlungsverzug kann der Vermieter fristlos kündigen. Er kann auch ganz normal, mit der gesetzlichen Kündigungsfrist von drei bis neun Monaten, wegen vertraglicher Pflichtverletzung kündigen. Die fristlose Kündigung kann der Mieter durch Nachzahlung der offenen Mieten bis zum letzten Cent abwenden. Die normale Kündigung mit Kündigungsfrist aber nicht. Die Nachzahlung der Miete macht die Pflichtverletzung nicht ungeschehen.

In aller Regel muss der Vermieter, bevor er fristlos kündigt, den Mieter vergeblich abgemahnt haben. Der soll die Chance haben, sein vertragswidriges Verhalten zu ändern. Die fristlose Kündigung selbst muss schriftlich erfolgen und begründet werden.

Gründe für eine fristlose Kündigung sind:

- Gefährdung der Mietsache infolge mangelnder Sorgfalt des Mieters: Gemeint sind Fälle, in denen der Mieter wiederholt Wasserschäden oder Brandschäden verursacht hat.
- Unbefugte Gebrauchsüberlassung, zum Beispiel Untervermietung, Wohnungstausch oder Mieterwechsel ohne Zustimmung des Vermieters, Vermietung der Wohnung an Touristen.
- Störung des Hausfriedens: Hier geht es um schwere beziehungsweise nachhaltige Störungen, zum Beispiel Gewalttätigkeiten gegen den Vermieter oder gegen Mitmieter, schwere Beleidigungen oder Bedrohungen, ständige Störungen der Nachtruhe durch lautstarke Partys.
- Psychisch erkrankter Mieter greift Nachbarn mit Pfefferspray an.
- Nichtzahlung der Mietkaution, eine vorherige Abmahnung ist hier nicht erforderlich.
- Vorliegen einer frei erfundenen Vorvermieterbescheinigung.
- Rein gewerbliche Nutzung der Wohnung ohne Einverständnis des Vermieters.
- Ständige unpünktliche Mietzahlungen: Voraussetzungen sind schwerwiegende Beeinträchtigungen der Vermieterinteressen durch die dauernden erheblich verspäteten Zahlungen und eine vorherige Abmahnung, in der der

§ URTEIL

Kündigung wegen Täuschung bei Vertragsabschluss

Wer beim Abschluss des Mietvertrags seinem künftigen Vermieter eine gefälschte Vorvermieterbescheinigung vorlegt, muss mit der fristlosen Kündigung wegen erheblicher Verletzung vorvertraglicher Pflichten rechnen (BGH, Az. VIII ZR 107/13). Wenn der Vermieter die Fälschung erkennt, kann er allerdings nicht jahrelang warten, bis er eine fristlose Kündigung ausspricht. Er muss dann sofort handeln, also kündigen.

§ URTEIL

Kündigung wegen vertragswidriger gewerblicher Nutzung eines Einfamilienhauses

Der Vermieter kann das Mietverhältnis kündigen, wenn der Mieter das zu Wohnzwecken angemietete Einfamilienhaus unerlaubterweise für gewerbliche Zwecke nutzt, entschied der Bundesgerichtshof (BGH, Az. VIII ZR 149/13).
Der Mieter war unter seiner Wohnadresse Inhaber eines Gewerbebetriebs, der einen Hausmeisterservice, die De- und Remontage von Aufzugsanlagen und Schwertransporte innerhalb von Gebäuden, Montage von Aufzugsanlagen und Bau von Montagerüstungen zum Gegenstand hat.
Nach Ansicht des Bundesgerichtshofs kommt es nicht darauf an, ob von dem Gewerbebetrieb des Mieters konkrete Störungen ausgegangen sind, ob Mitarbeiter oder Kunden im Haus empfangen wurden. Entscheidend sei, dass bei geschäftlichen Aktivitäten freiberuflicher oder gewerblicher Art, die nach außen in Erscheinung treten, eine Nutzung vorliegt, die der Vermieter einer Wohnung ohne entsprechende Vereinbarung grundsätzlich nicht dulden muss.

Vermieter klarmacht, dass er das Mieterverhalten nicht länger hinnehmen wird und Konsequenzen ziehen will.

Muss der Mieter – wie üblich – die Miete am Monatsanfang, das heißt bis zum dritten Werktag, zahlen, kann er seine unpünktlichen Zahlungen nicht damit entschuldigen, er bekäme sein Gehalt oder Ähnliches erst Mitte oder Ende des Monats.

§ URTEIL

Fristlose Kündigung

Die fristlose Kündigung des Mietverhältnisses wegen Zahlungsverzugs muss nicht innerhalb einer „angemessenen Frist" erfolgen. Es gibt keine konkrete gesetzliche Zeitspanne zwischen Entstehen des Kündigungsgrunds und Ausspruch der fristlosen Kündigung, die einzuhalten wäre.
Ein Vermieter kann auch noch nach mehr als sieben Monaten, nachdem er von den aufgelaufenen Mietrückständen und damit von dem Kündigungsgrund erfahren hat, fristlos kündigen (BGH, Az. VIII ZR 296/15).

→ **WICHTIG** Die Miete ist rechtzeitig gezahlt, wenn der Mieter – bei ausreichend gedecktem Konto – seiner Bank den Zahlungsauftrag bis zum dritten Werktag des Monats erteilt hat. Es kommt nicht darauf an, wann die Miete auf dem Konto des Vermieters eingegangen ist.

→ Zahlungsverzug: Hier ist die fristlose Kündigung des Vermieters in zwei Fällen möglich. Wenn der Mieter an zwei aufeinander folgenden Terminen mit mehr als einer Monatsmiete in Verzug, das heißt im Rückstand ist, den er auch zu vertreten hat, oder wenn der Mieter über einen längeren Zeitraum mit einem Gesamtbetrag von zwei Monatsmieten in Verzug ist. Den Mietrückstand hat der Mieter in der Regel nicht zu vertreten, wenn er einen Teil der Miete nur unter Vorbehalt gezahlt hat, wenn er zu Recht die Miete gemindert hat, selbst wenn er sich hinsichtlich des Umfangs der Mietminderung geringfügig irrt, oder wenn der Vermieter von der Einzugsermächtigung keinen Gebrauch macht.

Der Vermieter kann bei Zahlungsverzug fristlos kündigen, ohne dass er vorher eine Abmahnung schreiben muss. Auf der anderen Seite kann der Mieter die Folgen der fristlosen Kündigung wegen Zahlungsverzugs dadurch abwenden, dass er seine Mietrückstände bis zum letzten Cent nachzahlt. Das muss spätestens bis zwei Monate nach Klageerhebung (Zustellung der Klage) geschehen sein. Dann ist die fristlose Kündigung wegen Zahlungsverzugs „vom Tisch". Allerdings funktioniert das nur, wenn der Mieter nicht schon einmal in den letzten zwei Jahren wegen Zahlungsverzugs fristlos gekündigt wurde.

Und: Die Heilungswirkung durch die Nachzahlung der offenen Mietbeträge tritt nur bei der fristlosen Kündigung ein. Hat der Vermieter gleichzeitig auch ordentlich, das heißt mit den gesetzlichen Kündigungsfristen, gekündigt, bleibt diese Kündigung trotz Nachzahlung der Miete weiter wirksam. Das klingt unlogisch und ungerecht, aber der Bundesgerichtshof argumentiert, er sei an Gesetz und Recht gebunden. Der Wille des Gesetzgebers, die Wirkung der Nachzahlung auf die fristlose Kündigung zu beschränken, sei eindeutig. Nur der Gesetzgeber könne hier etwas ändern (BGH, Az. VIII ZR 91/20, und BGH, Az. VIII ZR 307/21).

Umwandlung

Wird das Mietshaus nach Einzug des Mieters nachträglich in Eigentumswohnungen umgewandelt, ändert sich an den Wohnungen selbst nichts. Auch die alten Mietverträge gelten weiter, wie bei jedem anderen Haus- oder Wohnungsverkauf.

Wird eine Wohnung verkauft, tritt der Käufer der umgewandelten Wohnung in das bestehende Mietverhältnis ein, er hat die gleichen Kündigungs- oder Mieterhöhungsrechte, wie sie auch der alte Eigentümer gehabt hätte. Theoretisch.

Praktisch aber erhöht sich das Kündigungsrisiko für die betroffenen Mieter erheblich. Denn häufig kauft ein Erwerber die Eigentumswohnung gerade deshalb, weil er dort selbst wohnen will oder weil er darauf spekuliert, dass er die Wohnung im unvermieteten Zustand später teurer weiterverkaufen kann.

Aus diesen Gründen sind Mieter einer umgewandelten Wohnung besonders geschützt beziehungsweise sollen Umwandlungen erschwert und eingeschränkt werden.

Genehmigung erforderlich

In Gebieten mit angespannten Wohnungsmärkten ist seit dem Sommer 2021 die Umwandlung eines Mietshauses in Eigentumswohnungen nur noch mit einer Genehmigung möglich. Diese „Umwandlungsbremse" gilt zunächst bis Ende 2025. Die Städte und Gemeinden mit angespannten Wohnungsmärkten werden von den jeweiligen Landesregierungen durch eine Rechtsverordnung festgelegt. Bisher haben fünf Bundesländer von dieser Möglichkeit Gebrauch gemacht: Berlin, Hamburg, Hessen für 53, Bayern für 50 und Niedersachsen für 18 Städte. Die betreffenden Kommunen können dann die Umwandlung von Miet- in Eigentumswohnungen für Gebäude mit mehr als fünf Wohneinheiten verbieten, also nicht genehmigen. Die Länder können die Grenze bis auf drei Wohnungen absenken oder auf bis zu 15 Wohnungen heraufsetzen. Außerdem gibt es noch eine Reihe von Ausnahmefällen, in denen die Umwandlung zu genehmigen ist, zum Beispiel wenn an mindestens zwei Drittel der Mieter veräußert werden soll.

Vorkaufsrecht

Betroffene Mieter haben ein gesetzliches Vorkaufsrecht. Das bedeutet, sie müssen nach erfolgter Umwandlung über den Inhalt des Kaufvertrags zwischen dem bisherigen Eigentümer und dem interessierten Wohnungskäufer informiert werden. Der Vermieter muss dem Mieter vollständig und richtig dessen Inhalt, insbesondere die vereinbarte Gegenleistung, offenlegen. Dann hat der Mieter das Recht, innerhalb von zwei Monaten zu den im Kaufvertrag formulierten Bedingungen und zum dort vereinbarten Preis die Wohnung selbst zu kaufen. Es reicht aus, den bisherigen Vermieter schriftlich über die Ausübung des Vorkaufsrechts zu unterrichten.

Ausnahme: Kein Vorkaufsrecht gilt, wenn der bisherige Eigentümer die Wohnung an Familienangehörige oder Angehörige seines Haushalts verkauft.

> § URTEIL
>
> **Vorkaufsrecht**
>
> Mieter, deren Wohnung in eine Eigentumswohnung umgewandelt und dann an einen Dritten verkauft wird, haben ein Vorkaufsrecht. Unterläuft oder vereitelt der Vermieter dieses Vorkaufsrecht, macht er sich schadensersatzpflichtig (BGH, Az. VIII ZR 51/14).

Kündigungssperrfrist

Hat der Mieter sein Vorkaufsrecht nicht ausgeübt und ein Dritter die Wohnung gekauft, darf der drei Jahre lang nicht wegen Eigenbedarfs oder wirtschaftlicher Verwertung kündigen. Diese bundesweit geltende Kündigungssperrfrist kann von den Bundesländern für Städte mit erhöhtem Wohnungsbedarf auf bis zu zehn Jahre verlängert werden. Mehr dazu unter **mieterbund.de/service/mieterschutzverordnungen/kuendigungssperrfrist/**

Die Regelungen einzelner Bundesländer:

- In Berlin, Hamburg und 203 Städten Bayerns gilt eine zehnjährige Kündigungssperrfrist.
- In Hessen haben 49 Städte eine achtjährige Kündigungssperrfrist.
- In Baden-Württemberg haben 89 Städte, in Nordrhein-Westfalen und Niedersachsen jeweils 18 Städte eine fünfjährige Sperrfrist.

Will der neue Eigentümer wegen Eigenbedarf oder wirtschaftlicher Verwertung kündigen, muss er diese Sperrfrist abwarten. Bei tatsächlichem Eigenbedarf kann er danach kündigen, muss aber außerdem die regulären Kündigungsfristen beachten.

→ **WICHTIG** Vorkaufsrecht und Kündigungssperrfrist gelten nur, wenn die Umwandlung tatsächlich während der Mietzeit erfolgt ist. Ist der Mieter bereits in eine Eigentumswohnung gezogen, hat er diesen besonderen Kündigungsschutz nicht.

Stichwortverzeichnis, Adressen, Impressum

Stichwortverzeichnis

Adressen

Verbraucherzentrale Baden-Württemberg e. V.
Telefon: 07 11/ 66 91-10
www.verbraucherzentrale-bawue.de

Verbraucherzentrale Bayern e. V.
Telefon: 0 89/5 52 79 4-0
www.verbraucherzentrale-bayern.de

Verbraucherzentrale Berlin e. V.
Telefon: 0 30/2 14 85-0
www.verbraucherzentrale-berlin.de

Verbraucherzentrale Brandenburg e. V.
Telefon: 03 31/98 22 999 5
www.verbraucherzentrale-brandenburg.de

Verbraucherzentrale Bremen e. V.
Telefon: 04 21/1 60 77-7
www.verbraucherzentrale-bremen.de

Verbraucherzentrale Hamburg e. V.
Telefon: 0 40/2 48 32-0
www.vzhh.de

Verbraucherzentrale Hessen e. V.
Telefon: 0 69/97 20 10-900
www.verbraucherzentrale-hessen.de

Verbraucherzentrale Mecklenburg-Vorpommern e. V.
Telefon: 03 81/2 08 70-50
www.verbraucherzentrale-mv.eu

Verbraucherzentrale Niedersachsen e. V.
Telefon: 05 11/9 11 96-0
www.verbraucherzentrale-niedersachsen.de

Verbraucherzentrale Nordrhein-Westfalen e. V.
Telefon: 02 11/913 80-10 00
www.verbraucherzentrale.nrw

Verbraucherzentrale Rheinland-Pfalz e. V.
Telefon: 0 61 31/28 48-0
www.verbraucherzentrale-rlp.de

Verbraucherzentrale Saarland e. V.
Telefon: 06 81/5 00 89-0
www.vz-saar.de

Verbraucherzentrale Sachsen e. V.
Telefon: 03 41/69 62 92 9
www.verbraucherzentrale-sachsen.de

Verbraucherzentrale Sachsen-Anhalt e. V.
Telefon: 03 45/2 98 03-29
www.verbraucherzentrale-sachsen-anhalt.de

Verbraucherzentrale Schleswig-Holstein e. V.
Telefon: 04 31/5 90 99-40
www.vzsh.de

Verbraucherzentrale Thüringen e. V.
Telefon: 03 61/5 55 14-0
www.vzth.de

Verbraucherzentrale Bundesverband e. V.
Telefon: 0 30/2 58 00-0
www.vzbv.de

Autor

Ulrich Ropertz ist Jurist und arbeitete bis Februar 2020 als Geschäftsführer und Leiter der Presse- und Öffentlichkeitsarbeit beim Deutschen Mieterbund (DMB).

Mietrechtsberatung

Die konkrete Rechtsberatung in allen wohnungs- und mietrechtlichen Fragen führen die örtlichen Mietervereine des Deutschen Mieterbundes (DMB) durch. Die persönlichen Beratungsgespräche sind für Mitglieder der Mietervereine kostenlos, genauso wie die Telefon- oder Online-Beratung der Mietervereine. Der Mitgliedsbeitrag bei den über 300 DMB-Mietervereinen liegt zwischen 50 und 100 Euro im Jahr.

Die Adresse Ihres örtlichen Mietervereins finden Sie unter:
www.mieterbund.de
Sie können sich auch direkt an den Dachverband, Deutscher Mieterbund e.V. (DMB), wenden, wenn Sie die Anschrift Ihres örtlichen Mietervereins suchen.

Deutscher Mieterbund (DMB)
Littenstraße 10
10179 Berlin
Telefon: 030/2 23 23-0
Fax: 030/2 23 23-100
E-Mail: info@mieterbund.de

Bundesweite DMB-Erstberatung
Sieben Tage in der Woche, zwischen 10 und 20 Uhr: **Telefon-Hotline unter 0900/12 000 12** auch für Nichtmitglieder. Kosten: 2,– Euro pro Minute aus dem deutschen Festnetz, auch für Mitglieder von Mietervereinen. Ab der zweiten Minute sekundengenaue Abrechnung. Bei Anrufen über Mobilfunknetze können höhere Kosten entstehen.

Online-Beratung, Antworten wochentags innerhalb von sechs Stunden, unter:
www.mieterbund24.de
Kosten: 25,– Euro.

Impressum

Herausgeber
Verbraucherzentrale
Nordrhein-Westfalen e. V.
Helmholtzstraße 19, 40215 Düsseldorf
Telefon: 02 11/913 80-10 00
ratgeber@verbraucherzentrale.nrw
www.verbraucherzentrale.nrw

DMB-Verlag – Verlags- und Verwertungsgesellschaft des Deutschen Mieterbundes mbH
Littenstraße 10, 10179 Berlin
Telefon: 030/2 23 23-0
info@mieterbund.de
www.mieterbund.de

Text
Ulrich Ropertz

Koordination
Dr. Mechthild Winkelmann

Lektorat
Christina Seitz, Düsseldorf
www.christina-seitz.de

Gestaltungskonzept
Lichten Kommunikation und Gestaltung, Hamburg
www.lichten.com

Layout und Satz
Elke Günzel, Düsseldorf
www.two-up.de

Umschlaggestaltung
Ute Lübbeke, Köln
www.LNT-design.de

Bildnachweis
Titelfoto: plainpicture, bastisteiner; Seite 8, oben: iStockphoto, jacoblund; Seite 8, unten links: iStockphoto, Thomas_EyeDesign; Seite 8, Mitte rechts: 123rf, goodluz; Seite 8, unten rechts: 123rf, belchonock; Seite 100: iStockphoto, Bigshot3D
Seite F-63: Heiz- und Warmwasserkostenabrechnung: Muster der Firma ista

Druck
DCM Druck Center Meckenheim GmbH

Dieses Buch wurde auf Recyclingpapier aus 100 Prozent Altpapier gedruckt. Druck und Weiterverarbeitung erfolgen ausschließlich in Deutschland. So schonen wir Ressourcen und begrenzen die CO2-Emissionen durch kurze Transportwege.

Redaktionsschluss: Juli 2024

4. Auflage 2024

© Verbraucherzentrale NRW, Düsseldorf
Das Werk einschließlich aller seiner Teile ist urheberrechtlich geschützt. Jede Verwertung, die nicht ausdrücklich vom Urheberrechtsgesetz zugelassen ist, bedarf der vorherigen Zustimmung der Verbraucherzentrale NRW. Das gilt insbesondere für Vervielfältigungen, Bearbeitungen, Übersetzungen, Mikroverfilmungen und die Einspeicherung und Verarbeitung in elektronischen Systemen. Das Buch darf ohne Genehmigung der Verbraucherzentrale NRW auch nicht mit (Werbe-)Aufklebern o. Ä. versehen werden. Die Verwendung des Buchs durch Dritte darf nicht zu absatzfördernden Zwecken geschehen oder den Eindruck einer Zusammenarbeit mit der Verbraucherzentrale NRW erwecken.

ISBN 978-3-86336-194-5

Mietverträge

- Wohnungsmietvertrag (unbefristet)
- Hausordnung
- Zeitmietvertrag
- Staffelmietvertrag
- Indexmietvertrag

Die nachfolgenden Formulare sind Standardbeispiele für verschiedene Mietverträge. Sie können sie nutzen, um Ihr Mietverhältnis von Anfang an auf solide Füße zu stellen oder um Ihren bestehenden Mietvertrag damit zu vergleichen und auf unwirksame Klauseln zu prüfen.

Zu jedem Mietvertrag finden Sie auf den folgenden Seiten Hinweise, worauf Sie besonders achten sollten. Sie können diese Erläuterungen heraustrennen und zum besseren Überblick und Vergleich neben das jeweilige Vertragsformular legen.

Die Mietverträge und die Hausordnung können ebenfalls herausgetrennt und als Kopiervorlage genutzt werden.

→

Die verschiedenen Mietvertragsformulare können Sie auch kostenlos online ausfüllen und ausdrucken. Sie finden sie unter: www.ratgeber-verbraucherzentrale.de/formulare-mieterhandbuch

Erläuterungen zu den Mietvertragsformularen

Wohnungsmietvertrag

Der Wohnungsmietvertrag gilt für preisfreien Wohnraum, nicht für öffentlich geförderte Wohnungen oder für Sozialwohnungen. Der **unbefristete Wohnungsmietvertrag** (→ Seite F-7) ist die häufigste Form des Mietvertrags. Der Mietvertrag läuft auf unbestimmte Zeit und kann vonseiten des Vermieters nur gekündigt werden, wenn ein im Gesetz – Bürgerliches Gesetzbuch (BGB) – genannter Kündigungsgrund vorliegt.

Der Mietvertrag des Deutschen Mieterbunds sieht unter § 2 zusätzlich einen zeitlich befristeten Kündigungsverzicht des Vermieters vor.

Die im Mietvertrag vereinbarte Miete kann – soweit entsprechende Erhöhungsspielräume bestehen – auf die sogenannte ortsübliche Vergleichsmiete angehoben werden.

Der unbefristete Wohnungsmietvertrag kann aber auch als **Staffel- oder Indexmietvertrag** (→ Seite F-31 und Seite F-41) vereinbart werden.

Zusätzlich zur Miete müssen in aller Regel noch **Betriebskosten** gezahlt werden, vgl. §§ 3–5. Das sind zum einen die Heizkosten, die in zentral beheizten Mehrfamilienhäusern verbrauchsabhängig abzurechnen sind und für die der Vermieter monatliche Abschlagszahlungen (Vorauszahlungen) festsetzt. Zum anderen fallen meistens noch „kalte" Betriebskosten an. Für diese Kosten können monatliche Vorauszahlungen vereinbart werden (wie bei den Heizkosten) oder monatliche Pauschalen.

Soweit der Vermieter eine Mietsicherheit fordert, findet sich die Regelung zur Mietkaution in § 21.

Hier, bei den „Sonstigen Vereinbarungen", kann auch eine Regelung zu Schönheitsreparaturen (→ Seite 95), zum Beispiel: „Übergibt der Vermieter die Wohnung vollständig renoviert an den Mieter, übernimmt der Mieter während der Mietzeit die nach dem Grad der Abnutzung erforderlichen Schönheitsreparaturen in der Wohnung", oder zu Kleinreparaturen (→ Seite 100) aufgenommen werden. Der Mietvertrag des Deutschen Mieterbunds enthält hierzu keine speziellen Regelungen.

Die **Hausordnung** (→ Seite F-17) kann zusätzlich zum Mietvertrag vereinbart werden. Sie formuliert keine eigenständigen Rechte oder Pflichten der Vertragsparteien, sondern stellt „Spielregeln" für das Zusammenleben der Bewohner im Haus auf. Die Hausordnung kann für alle Vertragstypen verwendet werden.

Zeitmietvertrag oder befristeter Mietvertrag

Zeitmietverträge **(→ Seite F-19)** sind befristete Mietverträge, bei denen das Vertragsende von vornherein festgelegt wird.

Anders als bei einem unbefristeten Wohnungsmietvertrag, der auch mündlich vereinbart und abgeschlossen werden kann, ist bei einem Zeitmietvertrag die Schriftform vorgeschrieben.

Die Laufzeit eines Zeitmietvertrags kann frei gewählt werden. Während der Laufzeit ist eine Kündigung des Vermieters oder auch des Mieters ausgeschlossen, es sei denn, es liegen Gründe für eine fristlose Kündigung vor. Aus Mietersicht ist es deshalb wichtig, die Möglichkeit einer Nachmieterstellung im Mietvertrag zu vereinbaren (§ 2 Abs. 6).

Neben der Laufzeit muss in einem Zeitmietvertrag zwingend der Grund für die zeitliche Befristung angegeben werden. Die möglichen Befristungsgründe sind im Gesetz genau vorgegeben. Unter § 2 des Zeitmietvertrags sind die einzelnen Möglichkeiten aufgeführt und können angekreuzt werden, zum Beispiel dass der Vermieter nach Ablauf der Mietzeit die Wohnung selbst nutzen, das heißt einziehen will.

Bestätigt der Vermieter (siehe § 2 Abs. 2), dass die in dem Befristungsgrund genannte Verwendungsabsicht zum Ende der Laufzeit weiterhin besteht, endet das Mietverhältnis „automatisch", es muss nicht noch einmal gekündigt werden. Mieter können sich dann auch nicht auf die Sozialklausel **(→ Seite 131)** berufen oder eine Räumungsfrist bei Gericht beantragen.

Ob während der Laufzeit eines Zeitmietvertrags Mieterhöhungen auf die ortsübliche Vergleichsmiete nur möglich sind, wenn sich der Vermieter diese Erhöhungsmöglichkeit im Mietvertrag vorbehalten hat, wird von Gerichten unterschiedlich beurteilt. Der Zeitmietvertrag des Deutschen Mieterbunds schließt wahlweise diese Mieterhöhung während der gesamten Laufzeit oder für einen bestimmten Zeitraum aus (§ 3 Abs. 1). Zeitmietverträge können hier aber auch eine Staffelmiet- oder Indexmietvereinbarung enthalten.

ACHTUNG → Ein befristeter Mietvertrag ohne Nennung eines Befristungsgrunds ist kein Zeitmietvertrag, er wird wie ein unbefristeter Mietvertrag behandelt. Zeitmietverträge dürfen nicht mit unbefristeten Mietverhältnissen mit Kündigungsausschluss oder Kündigungsverzicht verwechselt werden.
Bei einem Zeitmietvertrag steht die Laufzeit des Mietverhältnisses von vornherein fest. Bei einem Kündigungsausschluss oder Kündigungsverzicht wird nur das Kündigungsrecht für einen bestimmten Zeitraum ausgeschlossen. Danach wird das Mietverhältnis unbefristet fortgesetzt.

Staffelmietvertrag

Mieter und Vermieter können bereits beim Abschluss des Mietvertrags schriftlich festlegen, in welchem Umfang die Miete künftig steigen darf.

Bei einem **Staffelmietvertrag** (→ Seite F-31) wird dann der jährliche Erhöhungsbetrag angegeben (→ § 3). Die einzelnen Staffeln müssen mindestens ein Jahr auseinanderliegen. Längere Zeiträume, also Staffelmietverträge, bei denen sich die Miete nur alle zwei oder drei Jahre erhöht, sind ohne Weiteres möglich.

Staffelmietverträge können unbefristet, aber auch als Zeitmietvertrag abgeschlossen werden.

Ist ein Staffelmietvertrag vereinbart, sind Mieterhöhungen auf die ortsübliche Vergleichsmiete (→ Seite 33) oder nach einer Modernisierung (→ Seite 68) ausgeschlossen, es sei denn, es handelt sich um eine Heizungsanlagenmodernisierung im Sinne des Gebäudeenergiegesetzes.

Indexmietvertrag

Bei einem **Indexmietvertrag** (→ Seite F-41) wird festgelegt, wann und in welchem Umfang sich die Miete während der Mietzeit erhöht. Der Mietpreis wird an den Preisindex für die Lebenshaltung aller privaten Haushalte gekoppelt (→ § 3). Letztlich steigt dann die Miete je nach Höhe der Inflationsrate.

Die Miete steigt hier aber nicht automatisch. Der Vermieter muss eine Mieterhöhung schicken, in der er die eingetretene Änderung des Preisindex sowie die jeweilige Miete beziehungsweise Erhöhung angeben muss. Nach Vertragsabschluss beziehungsweise nach jeder Erhöhung muss die Miete mindestens ein Jahr unverändert bleiben.

Indexmietverträge können unbefristet oder auch als Zeitmietvertrag abgeschlossen werden.

Ist ein Indexmietvertrag vereinbart, sind Mieterhöhungen auf die ortsübliche Vergleichsmiete (→ Seite 33) oder nach einer Modernisierung (→ Seite 68) ausgeschlossen. Anders als bei Staffelmietverträgen sind hier allerdings „Modernisierungsmieterhöhungen" aufgrund von baulichen Maßnahmen möglich, die der Vermieter nicht zu vertreten hat, es sei denn, es handelt sich um eine Heizungsanlagenmodernisierung im Sinne des Gebäudeenergiegesetzes.

Vorsicht: Jahrelang fuhren Mieter mit Indexmietverträgen relativ gut. Bei einer Inflationsrate von etwa 1 Prozent fielen die Mieterhöhungen moderat aus. Wenn aber – wie in den letzten Jahren – die Inflationsrate bei 6 bzw. 7 Prozent im Jahr liegt, führt dies zu drastischen Mieterhöhungen. Forderungen des Deutschen Mieterbundes, die Mieterhöhungen bei Indexmietverträgen zu kappen oder Indexmietverträge abzuschaffen, hat die Bundesregierung bisher nicht aufgegriffen.

Wohnungsmietvertrag

Der (Die) Vermieter ______________________________

____

____

____

wohnhaft in ______________________________

und der (die) Mieter ______________________________

____

____

schließen folgenden Mietvertrag:

§ 1 Mieträume

1. Im Haus ______________________________
Ort, Straße, Haus-Nr., Etage

werden folgende Räume vermietet:

_______ Zimmer, _______ Küche/Kochnische, _______ Bad/Dusche/WC,

_______ Bodenräume/Speicher Nr. _____, _______ Kellerräume Nr. _____,

_______ Garage/Stellplatz, _______ Garten, _______ gewerblich genutzte Räume.

2. Der Mieter ist berechtigt, Waschküche, Trockenboden/Trockenplatz gemäß _______________ der Hausordnung mitzubenutzen.

3. Dem Mieter werden vom Vermieter für die Mietzeit ausgehändigt:

_______ Haus-, _______ Wohnungs-, _______ Zimmer-, _______ Boden-/Speicher-

_______ Garagenschlüssel.

4. Die Wohnfläche beträgt ca. _______ m^2.

5. Die Wohnung ist eine Eigentumswohnung. ☐ ja ☐ nein

→ **WICHTIGER HINWEIS** Alle Eintragungen und Änderungen des Vertrags sind gleichlautend sowohl in dem für den Vermieter als auch in dem für den Mieter bestimmten Vertragstext vorzunehmen. An den mit einem ☐ bezeichneten Stellen ist das Gewünschte anzukreuzen.

§ 2 Mietzeit

Das Mietverhältnis beginnt am: ______________________________, es läuft auf unbestimmte Zeit.

Die Vertragspartner streben ein längerfristiges Mietverhältnis an. **Der Vermieter verzichtet für einen Zeitraum von ☐ 12 Monaten ☐ 24 Monaten ☐ 36 Monaten ab Vertragsschluss auf das Recht zur ordentlichen Kündigung (Kündigung wegen Eigenbedarf, als Einliegerwohnung, Teilkündigung und Verwertungskündigung §§ 573, 573a, 573b BGB). Die Kündigung kann somit frühestens zum Ablauf dieses Zeitraums ausgesprochen werden.** Die Kündigungsvoraussetzungen richten sich im Übrigen nach den gesetzlichen Vorschriften und den vertraglichen Absprachen (siehe §§ 8, 16–21 dieses Vertrags).

§ 3 Miete

1. Die Miete beträgt monatlich ____________ Euro,

   in Worten: ____ Euro.

   Die Vertragsparteien vereinbaren, dass die Miete für den Zeitraum von ________ Jahren nicht erhöht wird.

   Mieterhöhungen und alle anderen Erklärungen, die Vertragsänderungen betreffen, muss der Vermieter schriftlich abgeben. Soweit gesetzlich zulässig, reicht die Abgabe der Erklärung in Textform aus.

   Mit dieser Miete sind sämtliche Betriebskosten bezahlt, soweit sich nicht aus Ziffer 2 etwas anderes ergibt.

2. Zusätzlich zur Miete bezahlt der Mieter

   ☐ für Heizung und Warmwasser eine Vorauszahlung in Höhe von ____________ Euro monatlich.

   ☐ für einzelne Betriebskosten wie für Wasserversorgung, Entwässerung, Müllabfuhr (weitere Betriebskosten hier eintragen):

   ____

   ☐ für alle gesetzlich zulässigen und tatsächlich anfallenden Betriebskosten im Sinne des § 2 der Betriebskostenverordnung

   ☐ einen Pauschalbetrag ☐ eine Vorauszahlung in Höhe von ____________ Euro monatlich.

   Über die Vorauszahlungen wird jährlich abgerechnet. Ist ein Pauschalbetrag vereinbart, erfolgt keine Abrechnung.

3. Der Gesamtbetrag der Miete in Höhe von monatlich __________ Euro ist auf das Konto des Vermieters zu zahlen.

   Kontoinhaber (falls abweichend) ______________________________

   IBAN ______________________ BIC ______________________

4. Der Vermieter versichert, dass im Durchschnitt der letzten zwei Abrechnungsperioden Heizkosten für das gesamte Objekt von nicht mehr als monatlich __________ Euro/m² angefallen sind.

   Soweit der Mieter weitere Betriebskosten zusätzlich zur Miete bezahlt, versichert der Vermieter, dass der vereinbarte Vorauszahlungsbetrag ausreicht, die voraussichtlich entstehenden Kosten auszugleichen.

§ 4 Verteilung und Abrechnung der Heiz- und Betriebskosten

1. Soweit Vorauszahlungen vereinbart wurden, gilt Folgendes: Sind bei den Kosten für Heizung und Warmwasser die Grundsätze über die verbrauchsabhängige Heizkostenabrechnung maßgeblich, werden die Kosten des Betriebs der zentralen Heizungsanlage und der zentralen Warmwasserversorgung anteilig auf die Mieter des Hauses umgelegt.

2. Die Gesamtkosten für Heizung und Warmwasser werden zu 50 Prozent nach Wohnfläche (m²-Zahl) und zu 50 Prozent nach dem festgestellten Wärmeverbrauch umgelegt, soweit nicht nachstehend ein anderer nach der Heizkostenverordnung zulässiger Verteilerschlüssel gewählt wurde.

3. Die Verteilung der Heiz- und Warmwasserkosten erfolgt zu __________ Prozent (30 Prozent oder 40 Prozent) nach Wohnfläche und zu __________ Prozent (70 Prozent oder 60 Prozent) nach Verbrauch.

4. Andere Betriebskosten werden verbrauchsabhängig oder verursachungsabhängig abgerechnet, soweit sie entsprechend erfasst werden. Andernfalls erfolgt die Abrechnung über

   ☐ die Betriebskosten nach dem Anteil der Wohnfläche: __________

   ☐ die Betriebskosten nach Personenzahl: __________

5. Über die Heiz- und Betriebskosten wird einmal jährlich abgerechnet.

6. Der Vermieter kann eine Nachzahlung auf die Heiz- und Betriebskosten nur verlangen, sofern er spätestens zwölf Monate nach Ende des Abrechnungszeitraums dem Mieter durch schriftliche Abrechnung nachweist, dass die Vorauszahlungen auf die Betriebskosten nicht ausgereicht haben. Ergibt sich ein Guthaben aus der Abrechnung für den Mieter, wird dies unverzüglich ausgezahlt. Eine Aufrechnung mit bestrittenen oder nicht rechtskräftig festgestellten Forderungen darf der Vermieter nicht vornehmen. Einwendungen des Mieters gegen die Abrechnung müssen dem Vermieter spätestens zwölf Monate nach Zugang der Abrechnung mitgeteilt werden.

7. Nachforderungen des Vermieters werden vier Wochen nach Zugang der ordnungsgemäßen Abrechnung fällig. Der Vermieter gewährt dem Mieter Einsicht in die Berechnungsunterlagen. Gegen Erstattung angemessener Kopier- und Portokosten kann der Mieter verlangen, dass ihm Kopien der Berechnungsunterlagen zugesandt oder ihm – soweit dem Vermieter zumutbar – Abrechnungsunterlagen in elektronischer Form kostenfrei zur Verfügung gestellt werden.

8. Über- oder unterschreiten die Vorauszahlungen die tatsächlichen Kosten, so kann jede Vertragspartei die Vorauszahlung auf einen angemessenen Betrag anpassen.

§ 5 Versorgung mit Heizung und Warmwasser

1. Der Vermieter muss die Sammelheizung, soweit es die Witterung erfordert, mindestens aber in der Zeit vom 15. September bis 15. Mai in Betrieb halten. Eine Temperatur von mindestens 20 °C bis 22 °C zwischen 6.00 und 24.00 Uhr in den beheizbaren Räumen ist zu erreichen. In der übrigen Nachtzeit sind 18 °C ausreichend.

2. Warmwasser muss der Vermieter Tag und Nacht zur Verfügung stellen.

§ 6 Pflichten des Vermieters vor Einzug

1. Der Vermieter verpflichtet sich, bis zum Beginn des Mietverhältnisses folgende Arbeiten auf seine Kosten in den Mieträumen vornehmen zu lassen:

   ____

   ____

   ____

2. Der Vermieter überlässt dem Mieter die vollständige Kopie eines Energieausweises, der den Vorgaben des Gebäudeenergiegesetzes (GEG) entspricht. Er sichert die Richtigkeit des Energieausweises zu.

§ 7 Mängel und Schäden an der Wohnung

1. Zeigt sich in der Wohnung ein Mangel, so muss dies der Mieter dem Vermieter unverzüglich mitteilen.

2. Hat die Wohnung einen nicht unerheblichen Mangel oder fehlt beziehungweise entfällt eine zugesicherte Eigenschaft, so kann der Mieter in angemessenem Umfang die Miete kürzen, bis der Vermieter den Mangel abstellt. Weitere Ansprüche, wie zum Beispiel Erfüllungs- und Schadensersatzansprüche, bleiben bestehen.

3. Lässt der Vermieter ihm mitgeteilte Mängel trotz Mahnung durch den Mieter nicht innerhalb eines Monats oder in dringenden Fällen unverzüglich beheben, so ist der Mieter außerdem berechtigt, die Mängel auf Kosten des Vermieters zu beseitigen. Der Mieter kann sich dabei einer Fachfirma bedienen und als Vorschuss einen angemessenen Betrag bei der nächsten Mietzahlung einbehalten.

4. Der Mieter haftet dem Vermieter für Schäden, die er selbst, seine Mitbewohner, Hausgehilfen, Untermieter sowie von ihm beauftragte Handwerker nach dem Einzug schuldhaft verursacht haben.

§ 8 Ausbesserungen und bauliche Veränderungen

1. Der Mieter hat Maßnahmen in der Wohnung oder im Haus zu dulden, die erforderlich sind, um sie oder das Gebäude zu erhalten (Instandsetzungs- und Instandhaltungsmaßnahmen).

2. Bauliche Maßnahmen im Sinne des § 555b BGB, wie zum Beispiel Maßnahmen zur Verbesserung der Wohnung oder sonstiger Teile des Hauses oder zur Einsparung von Energie oder Wasser oder der Einbau einer neuen Heizungsanlage, die den Regelungen des Gebäudeenergiegesetzes entspricht (Modernisierungen) hat der Mieter zu dulden, soweit die geplanten Maßnahmen oder die zu erwartende Mieterhöhung für ihn, seine Familie oder einen anderen Angehörigen seines Haushalts nicht zu einer ungerechtfertigten Härte führen würden.

3. Aufwendungen, die der Mieter während der Bauarbeiten machen musste, hat der Vermieter zu ersetzen; auf Verlangen hat der Vermieter Vorschuss zu leisten. Diese Ausgaben führen nicht zur Mieterhöhung.

4. Der Vermieter hat dem Mieter spätestens drei Monate vor Beginn der Bauarbeiten deren Art, Umfang, Beginn und voraussichtliche Dauer sowie die zu erwartende Erhöhung der Miete schriftlich mitzuteilen. Der Mieter ist berechtigt, bis zum Ende des auf die Mitteilungen folgenden Monats zum Ablauf des nächsten Monats zu kündigen. Hat der Mieter gekündigt, ist die Maßnahme bis zum Ablauf der Mietzeit zu unterlassen. Letzteres gilt nicht bei Maßnahmen, die mit keiner oder nur mit einer unerheblichen Einwirkung auf die vermieteten Räume verbunden oder als Sicherungsmaßnahmen dringend erforderlich sind.

5. Bei Indexmietverträgen sind Mieterhöhungen wegen Modernisierungen ausgeschlossen. Es sei denn, der Vermieter führt die baulichen Maßnahmen aufgrund von Umständen durch, die er nicht zu vertreten hat, anders bei Heizungsanlagenmodernisierungen nach dem Gebäudeenergiegesetz.

   Bei Staffelmietverträgen sind Mieterhöhungen wegen Modernisierungen immer ausgeschlossen, anders bei Heizungsanlagenmodernisierungen nach dem Gebäudeenergiegesetz.

§ 9 Einbauten des Mieters

1. Der Mieter ist berechtigt, anstelle von Kohleöfen Ölöfen oder andere geeignete Heizgeräte aufzustellen. Die behördlichen Vorschriften, insbesondere für die Aufstellung von Ölöfen und Lagerung des Heizöls, sind zu beachten. Eventuell erforderliche behördliche Genehmigungen holt der Mieter auf eigene Kosten ein. Das Aufstellen ist dem Vermieter in angemessener Zeit vorher anzukündigen.

2. Der Mieter ist berechtigt, bauliche Veränderungen und Einrichtungen
   - für eine behindertengerechte Nutzung der Mietsache oder des Zugangs zu ihr oder
   - die dem Laden elektrisch betriebener Fahrzeuge dienen oder
   - die dem Einbruchschutz dienen oder
   - für eine Stromerzeugung durch Steckersolargeräte (Balkonkraftwerke)

   auf eigene Kosten durchzuführen. Er muss vorher die Zustimmung des Vermieters einholen.

Dieser kann die Zustimmung verweigern, wenn er oder die Mitbewohner ein überwiegendes Interesse an der unveränderten Erhaltung der Mietsache haben. Der Vermieter kann vom Mieter eine angemessene Sicherheit für die Wiederherstellung des ursprünglichen Zustands nach Auszug fordern. Der Mieter haftet für die fachmännische Herstellung und für die ordnungsgemäße Benutzung. Besteht ein nennenswertes Schadensrisiko, so hat er eine entsprechende Haftpflichtversicherung nachzuweisen.

3. Sonstige Einbauten und bauliche Veränderungen durch den Mieter dürfen, soweit sie über den vertragsgemäßen Gebrauch hinausgehen, nur mit Erlaubnis des Vermieters vorgenommen werden.

4. Der Mieter darf eigene Liefer- und Anschlussverträge mit Energielieferanten, Telekommunikationsunternehmen und Multimedia-Dienstleistern seiner Wahl abschließen. Der Vermieter gestattet ihm hierzu, soweit technisch notwendig, die Benutzung der schon vorhandenen Hausinstallation. Notwendige zusätzliche Installationen genehmigt der Vermieter, soweit dies für ihn nach pflichtgemäßem Ermessen zumutbar ist und der Mieter ihn von Kosten hierfür freistellt.

5. Der Mieter ist berechtigt, eine Einrichtung, mit der er die Wohnung versehen hat, wegzunehmen. Dies gilt nicht, sofern der Vermieter dem Mieter eine angemessene Entschädigung zahlt, es sei denn, der Mieter hat ein berechtigtes Interesse daran, die Einrichtung mitzunehmen.

6. Eine Vereinbarung, durch die das Mitnahmerecht des Mieters ausgeschlossen wird, ist nur wirksam, wenn ein angemessener Ausgleich gemäß Ziffer 8 vorgesehen ist.

7. Der Mieter kann in der Wohnung auf seine Kosten folgende Arbeiten vornehmen:

   ____

   ____

   ____

8. Übernimmt der Vermieter beim Auszug des Mieters dessen Einbauten oder bauliche Veränderungen, so hat er dem Mieter die nachgewiesenen Kosten zu erstatten, abzüglich eines angemessenen Abschlags für Abnutzungen. Als angemessener Abzug wird eine Pauschale von

   ☐ 2 Prozent ☐ 5 Prozent ☐ 10 Prozent der vom Mieter investierten Kosten für jedes Jahr Wohndauer vereinbart.

§ 10 Nutzung der Mieträume, Untervermietung

1. Der Mieter kann jederzeit seinen Ehegatten, Lebenspartner oder Familienangehörigen, die mit dem Mieter einen auf Dauer angelegten gemeinsamen Haushalt führen wollen, in die Wohnung aufnehmen, wenn diese dadurch nicht überbelegt wird. Bei Auszug des Mieters haben die vorstehend genannten Personen, wenn sie ihren Lebensmittelpunkt in der Wohnung hatten, das Recht, den Vertrag für sich allein fortzuführen, wenn der Mieter zustimmt und nicht im Einzelfall ein wichtiges Interesse des Vermieters entgegensteht.

2. Der Mieter darf die Wohnung nur mit Erlaubnis des Vermieters untervermieten. Der Vermieter muss dies erlauben, wenn für den Mieter nach dem Abschluss des Vertrags ein berechtigtes Interesse daran besteht, einen Teil beziehungsweise die ganze Wohnung einem Dritten zum Gebrauch zu überlassen. Dies gilt nicht, wenn die Wohnung durch die Untervermietung überbelegt würde oder wenn in der Person des Untermieters ein wichtiger Grund für die Verweigerung vorliegt.

3. Ist die Wohnung an eine Wohngemeinschaft vermietet, ist der Wechsel oder das Ausscheiden einzelner Mitglieder dem Vermieter unverzüglich anzuzeigen.

4. Eine Berufsausübung in der Wohnung ist dann genehmigungspflichtig, wenn hierdurch erhebliche Interessen der Nachbarn oder des Vermieters berührt werden. Telearbeit und nicht störende Betätigungen sind ohne Genehmigung zulässig.

§ 11 Haushaltsmaschinen

Der Mieter darf in den Mieträumen Haushaltsmaschinen (zum Beispiel Wasch- und Geschirrspülmaschinen, Wäschetrockner) aufstellen. Der Vermieter versichert, dass die Stromversorgung der Wohnung ausreichend abgesichert ist beziehungsweise er stellt diese auf Anforderung her.

§ 12 Tierhaltung

1. Der Mieter darf in der Wohnung Kleintiere, wie zum Beispiel Fische, Hamster, Vögel, Schildkröten halten.

2. Haustiere, wie zum Beispiel eine Katze oder ein Hund, muss der Vermieter erlauben, es sei denn, von der Tierhaltung sind nachhaltige Störungen anderer Hausbewohner zu befürchten.

3. Eine weitergehende Tierhaltung bedarf immer der Zustimmung des Vermieters.

§ 13 Gartennutzung

1. Der Mieter darf den zum Haus gehörenden Garten nutzen.

2. Die Pflege des Gartens übernimmt der ☐ Vermieter ☐ Mieter.

3. Gartengeräte und Material zur Pflege des Gartens hat der ☐ Vermieter ☐ Mieter auf seine Kosten bereitzustellen.

§ 14 Betreten der Mieträume durch den Vermieter

1. Der Vermieter oder sein Beauftragter kann die Mieträume, soweit wichtige Gründe (Haus- oder Wohnungsverkauf, Kündigung, Reparaturen) dies erfordern, zusammen mit Interessenten oder Handwerkern nach vorheriger Abstimmung mit dem Mieter betreten. Dabei hat er auf die Arbeitszeit des Mieters oder sonstige persönliche Hinderungsgründe Rücksicht

zu nehmen. Besichtigungen sind im Regelfall auf drei Stunden an einem Tag pro Woche zu beschränken.

2. Damit der Vermieter im Notfall auch bei längerer Abwesenheit des Mieters Zugang zur Wohnung hat, muss dieser dem Vermieter mitteilen, wem er zu diesem Zweck einen Wohnungsschlüssel überlassen hat.

§ 15 Auskunftspflicht des Vermieters/Energieausweis

1. Der Vermieter ist verpflichtet, dem Mieter alle erforderlichen Angaben schriftlich zu erteilen; dies betrifft insbesondere Heiz- und Betriebskostenabrechnungen oder Mieterhöhungen oder Auskünfte für Wohngeldanträge oder Wohnflächenberechnungen.
2. Der Vermieter verpflichtet sich, dem Mieter einen Energiebedarfsausweis in Ablichtung auszuhändigen.

§ 16 Ordentliche Kündigung

1. Der Mieter kann den Mietvertrag von unbestimmter Dauer jederzeit unter Einhaltung der Kündigungsfrist von drei Monaten kündigen.
2. Der Vermieter kann – vorbehaltlich der Regelung in § 2 – nur kündigen, wenn er ein berechtigtes Interesse im Sinn des Gesetzes nachweist. Die Kündigungsfrist verlängert sich für den Vermieter nach Ablauf von fünf Jahren auf sechs Monate und nach Ablauf von acht Jahren auf neun Monate.
3. Kündigungserklärungen müssen spätestens am dritten Werktag des Monats beim Vertragspartner eingegangen sein, wenn dieser Monat bei der Berechnung der Kündigungsfrist mitzählen soll. Vertragspartner können nur schriftlich kündigen, mündliche Kündigungen sind unwirksam.
4. Der Mieter ist berechtigt, den Vertrag vorzeitig zu kündigen, wenn er einen Nachmieter nachweist.

§ 17 Fristlose Kündigung

1. Endet das Mietverhältnis durch berechtigte fristlose Kündigung des Vermieters aus wichtigem Grund, so haftet der Mieter für den Schaden, den der Vermieter dadurch erleidet, dass die Räume nach dem Auszug des Mieters eine Zeit lang leer stehen oder billiger vermietet werden müssen. Die Haftung besteht höchstens für einen Zeitraum von zwei Monaten nach Rückgabe der Wohnung. Die Haftung entfällt, wenn der Vermieter sich um einen Ersatzmieter nicht genügend bemüht hat.
2. Endet das Mietverhältnis durch berechtigte fristlose Kündigung des Mieters aus wichtigem Grund, so haftet der Vermieter für den Schaden des Mieters.

§ 18 Tod des Mieters

1. Ehegatten, Kinder, Lebenspartner, Familienangehörige und andere Personen treten in der gesetzlichen Reihenfolge in das Mietverhältnis ein, wenn sie mit dem verstorbenen Mieter einen gemeinsamen Haushalt geführt haben. Sie können innerhalb eines Monats, nachdem sie vom Tod des Mieters Kenntnis erlangt haben, dem Vermieter mitteilen, dass sie das Mietverhältnis nicht fortsetzen wollen. Dann gilt der Eintritt als nicht erfolgt.
2. Sind mehrere Personen Mieter, so können bei Tod eines Mieters die anderen das Mietverhältnis innerhalb der ersten drei Monate, nachdem sie vom Tod des Mitmieters Kenntnis erlangt haben, mit einer Frist von einem Monat kündigen.
3. Das gleiche Kündigungsrecht gilt für den Erben, der das Mietverhältnis fortsetzt, wenn niemand nach den gesetzlichen Vorschriften eingetreten ist.

§ 19 Auszug des Mieters

Zieht der Mieter aus, muss er die Räume besenrein und mit sämtlichen Schlüsseln dem Vermieter oder seinem Verwalter zurückgeben.

§ 20 Mehrere Mieter

1. Mehrere Mieter haften für alle Verpflichtungen aus dem Mietverhältnis als Gesamtschuldner.
2. Kündigungen, Mieterhöhungen sowie andere Erklärungen mit dem Ziel, eine Vertragsänderung herbeizuführen, müssen von oder gegenüber allen Mietern abgegeben werden.
3. Die vorstehenden Regelungen gelten auch gegenüber dem Vermieter bekannt gegebenen Mitgliedern der Wohngemeinschaft.
4. Haben auf Mieterseite mehrere Personen den Vertrag geschlossen, so erklären sich hiermit alle Vertragsparteien damit einverstanden, dass bei dauerhaftem Auszug eines oder mehrerer Mitmieter der oder die verbleibenden Mieter den Vertrag mit allen Rechten und Pflichten übernehmen. Die Mieter sind zur schriftlichen Mitteilung der Vertragsanpassung an den Vermieter verpflichtet.

§ 21 Sonstige Vereinbarungen

1. Die Hausordnung ist Bestandteil dieses Vertrags, wenn sie ihm beigefügt ist. Wesentliche Verpflichtungen des Mietvertrags können hierdurch nicht abgeändert oder ergänzt werden.
2. Mieter und Vermieter vereinbaren als Sicherheit eine Mietkaution in Höhe von ____________ Euro.
   Der Mieter ist berechtigt, die Mietkaution in drei Raten ab Beginn des Mietverhältnisses zu zahlen. Alternativ kann der Mieter als Sicherheit auch eine Bankbürgschaft stellen oder ein auf seinen Namen angelegtes Sparbuch an den Vermieter verpfänden. Der Vermieter verpflichtet sich, den Mieter mit einem zeitlichen Vorlauf von zwei Wochen zu informieren, wenn er die Mietsicherheit in Anspruch nimmt.

Nach Beendigung des Mietverhältnisses muss der Vermieter die Mietkaution schnellstmöglich zurückzahlen, spätestens nach drei Monaten.

3. ____

____

____

______________________________ ______________________________
Ort Datum

______________________________ ______________________________
Vermieter Mieter

→ **TIPP** In Zweifelsfällen empfiehlt es sich für die Vertragspartner, rechtskundigen Rat bei den jeweils örtlich zuständigen Organisationen der Hauseigentümer beziehungsweise der Mieter einzuholen.

Hausordnung

Die Hausordnung regelt das Zusammenleben aller Mitbewohner des Hauses. Sie enthält Rechte und Pflichten. Sie gilt für alle Bewohner.

Lärm

- Jeder Mieter, jede Mieterin ist dafür verantwortlich, dass vermeidbarer Lärm in der Wohnung, im Haus, im Hof und auf dem Grundstück unterbleibt. Besondere Rücksichtnahme ist in der Zeit von 13.00 bis 15.00 Uhr sowie zwischen 22.00 und 6.00 Uhr geboten. Radios, Fernseher oder andere Elektrogeräte sind auf Zimmerlautstärke einzustellen.
  Bei Feiern aus besonderem Anlass sollten alle Mitbewohner rechtzeitig informiert werden.
- Das Spielen von Instrumenten ist während der Mittagsruhe (13.00 bis 15.00 Uhr) und zwischen 19.00 und 8.00 Uhr grundsätzlich untersagt. In den anderen Zeiten darf nicht länger als zwei Stunden am Tag musiziert werden.

Kinder

- Den Spielbedürfnissen von Kindern ist in angemessener Weise Rechnung zu tragen. Insbesondere dürfen sie auf den dafür vorgesehenen Flächen spielen. Aus Sicherheitsgründen dürfen sie nicht im Keller, in der Tiefgarage oder in Gemeinschaftseinrichtungen spielen.
- Kinder dürfen auf dem Hof und der zum Haus gehörenden Wiese spielen, Zelte und Planschbecken aufstellen, soweit dies nicht zu unzumutbarer Belästigung für die Mitmieter oder Schädigung der Anlage führt.
- Die Spielplätze sind auch für Freunde und Freundinnen der im Haus wohnenden Kinder zugänglich.

Sicherheit

- Unter Sicherheitsaspekten sind Haustüren, Kellereingänge und Hoftüren in der Zeit von 22.00 bis 6.00 Uhr ständig geschlossen zu halten.
- Haus- und Hofeingänge, Treppen und Flure sind als Fluchtwege grundsätzlich freizuhalten. Davon ausgenommen ist das Abstellen von Kinderwagen, Gehhilfen und Rollstühlen, soweit dadurch keine Fluchtwege versperrt und andere Mitbewohner unzumutbar behindert werden.
- Blumenbretter und Blumenkästen müssen am Balkon oder auf der Fensterbank sicher angebracht werden. Beim Gießen von Blumen ist darauf zu achten, dass das Wasser nicht an der Hauswand herunterläuft und auf die Fenster und Balkone anderer Mieter tropft.
- Das Grillen mit Holzkohle ist auf den Balkonen nicht gestattet. Zum Grillen steht eine geeignete Fläche unweit des Gebäudes zur Verfügung.

- Keller-, Speicher- und Treppenhausfenster sind in der kalten Jahreszeit geschlossen zu halten. Dachfenster sind bei Regen und Unwetter zu verschließen und zu verriegeln.

Reinigung

- Haus und Grundstück sind in einem sauberen und reinen Zustand zu erhalten. Nach einem vom Vermieter aufgestellten Reinigungsplan müssen die Mieter abwechselnd Flure, Treppen, Fenster und Dachbodenräume, Zugangswege außerhalb des Hauses, den Hof, den Standplatz der Müllgefäße und den Bürgersteig vor dem Haus reinigen.
- Der im Haushalt anfallende Müll darf nur in die dafür vorgesehenen Mülltonnen und Container entsorgt werden. Auf eine konsequente Trennung des Mülls ist zu achten. Sondermüll und Sperrgut gehören nicht in diese Behälter. Sie sind nach der Satzung der Stadt gesondert zu entsorgen.

Lüften

- Die Wohnung ist auch in der kalten Jahreszeit ausreichend zu lüften. Dies erfolgt durch möglichst kurzfristiges, aber ausreichendes Öffnen der Fenster. Zum Treppenhaus hin darf die Wohnung, vor allem aber die Küche, nicht entlüftet werden.

Fahrzeuge

- Das Abstellen von motorisierten Fahrzeugen auf dem Hof, den Gehwegen und den Grünflächen ist nicht gestattet. Autos und Motorräder dürfen auf dem Grundstück weder gewaschen noch dürfen Ölwechsel und Reparaturen durchgeführt werden.
- Beim Befahren der Garageneinfahrten und Parkplätze ist Schrittgeschwindigkeit einzuhalten.
- Das Abstellen von Fahrrädern ist nur auf den dafür vorgesehenen Flächen und im Fahrradkeller gestattet.

Haustiere

- Bei Haustieren ist darauf zu achten, dass diese sich nicht ohne Aufsicht in den Außenanlagen, im Treppenhaus oder anderen Gemeinschaftseinrichtungen aufhalten. Verunreinigungen sind sofort zu entfernen. Von Spielplätzen sind Haustiere grundsätzlich fernzuhalten.

→ **TIPP** In Zweifelsfällen empfiehlt es sich für die Vertragspartner, rechtskundigen Rat bei den jeweils örtlich zuständigen Organisationen der Hauseigentümer beziehungsweise der Mieter einzuholen.

Zeitmietvertrag

Der (Die) Vermieter ______________________________

____

____

____

wohnhaft in ______________________________

und der (die) Mieter ______________________________

____

____

schließen folgenden Mietvertrag:

§ 1 Mieträume

1. Im Haus ______________________________
Ort, Straße, Haus-Nr., Etage

werden folgende Räume vermietet:

_______ Zimmer, _______ Küche/Kochnische, _______ Bad/Dusche/WC,

_______ Bodenräume/Speicher Nr. _____, _______ Kellerräume Nr. _____,

_______ Garage/Stellplatz, _______ Garten, _______ gewerblich genutzte Räume.

2. Der Mieter ist berechtigt, Waschküche, Trockenboden/Trockenplatz gemäß _____________ der Hausordnung mitzubenutzen.

3. Dem Mieter werden vom Vermieter für die Mietzeit ausgehändigt:

_______ Haus-, _______ Wohnungs-, _______ Zimmer-, _______ Boden-/Speicher-

_______ Garagenschlüssel.

4. Die Wohnfläche beträgt ca. _______ m^2.

5. Die Wohnung ist eine Eigentumswohnung. ☐ ja ☐ nein

→ **WICHTIGER HINWEIS** Alle Eintragungen und Änderungen des Vertrags sind gleichlautend sowohl in dem für den Vermieter als auch in dem für den Mieter bestimmten Vertragstext vorzunehmen. An den mit einem ☐ bezeichneten Stellen ist das Gewünschte anzukreuzen.

§ 2 Mietzeit

1. Das Mietverhältnis wird auf bestimmte Zeit abgeschlossen.

Es beginnt am ________________ und endet am ________________

Nach Ablauf der Mietzeit will der Vermieter

☐ die Räume als Wohnung für sich selbst nutzen

____

☐ die Räume als Wohnung für seine(n) Familienangehörige(n) nutzen

____

☐ die Räume als Wohnung für den/die Angehörige(n) seines Haushalts nutzen

____

☐ die Räume zulässigerweise beseitigen, das heißt

____

dies würde durch eine Fortsetzung des Mietverhältnisses erheblich erschwert, weil

____

☐ die Räume zulässigerweise verändern, das heißt

____

dies würde durch eine Fortsetzung des Mietverhältnisses erheblich erschwert, weil

____

☐ die Räume zulässigerweise instand setzen, das heißt

____

dies würde durch eine Fortsetzung des Mietverhältnisses erheblich erschwert, weil

____

☐ die Räume an einen zur Dienstleistung Verpflichteten – als Werkwohnung – vermieten

____

2. Der Mieter kann vom Vermieter höchstens vier Monate vor Ablauf der Befristung (vgl. Ziffer 1) verlangen, dass der innerhalb eines Monats mitteilt, ob der Befristungsgrund noch besteht. Erfolgt die Mitteilung des Vermieters verspätet, so kann der Mieter eine Verlängerung des Mietverhältnisses um den Zeitraum der Verspätung verlangen.

3. Tritt der Grund für die Befristung (vgl. Ziffer 1) erst später ein, kann der Mieter eine Verlängerung des Mietverhältnisses um einen entsprechenden Zeitraum verlangen.

4. Entfällt der Grund für die Befristung (vgl. Ziffer 1), kann der Mieter eine Verlängerung des Mietverhältnisses auf unbestimmte Zeit verlangen. Die Kündigungsvoraussetzungen richten sich dann nach den gesetzlichen Vorschriften (siehe auch § 16 dieses Mietvertrags).

5. Während der Laufzeit des Zeitmietvertrags (vgl. Ziffer 1) sind ordentliche Kündigungen des Vermieters oder des Mieters ausgeschlossen.

   Fristlose Kündigungen der Vertragspartner aus wichtigem Grund und außerordentliche Kündigungen des Mieters mit gesetzlicher Frist (siehe zum Beispiel auch § 8 des Mietvertrags) bleiben zulässig und richten sich nach den gesetzlichen Vorschriften.

6. Will der Mieter im Übrigen das Mietverhältnis vor Ablauf der fest vereinbarten Mietzeit (vgl. Ziffer 1) beenden, ist das nur zulässig, wenn er einen geeigneten Nachmieter stellt. Das Mietverhältnis zwischen Mieter und Vermieter endet zu dem Zeitpunkt, zu dem der Nachmieter bereit ist, in das Mietverhältnis einzutreten.

§ 3 Miete

1. Die Miete beträgt monatlich ____________ Euro,

   in Worten: ____ Euro.

   ☐ Die Vertragsparteien vereinbaren, dass die Miete für den Zeitraum von _________ Jahren nicht erhöht wird.

   ☐ Die Vertragsparteien vereinbaren, dass die Miete frühestens nach Ablauf von

   ____________ Jahren erhöht werden darf.

   Mit dieser Miete sind sämtliche Betriebskosten bezahlt, soweit sich nicht aus Ziffer 2 etwas anderes ergibt.

2. Zusätzlich zur Miete bezahlt der Mieter

   ☐ für Heizung und Warmwasser eine Vorauszahlung in Höhe von ____________ Euro monatlich.

   ☐ für für einzelne Betriebskosten, wie Wasserversorgung, Entwässerung, Müllabfuhr (weitere Betriebskosten hier eintragen):

   ____

   ____

   ☐ für alle gesetzlich zulässigen und tatsächlich anfallenden Betriebskosten im Sinne des § 2 der Betriebskostenverordnung

   ☐ einen Pauschalbetrag ☐ eine Vorauszahlung in Höhe von ____________ Euro monatlich.

Über die Vorauszahlungen wird jährlich abgerechnet. Ist ein Pauschalbetrag vereinbart, erfolgt keine Abrechnung.

3. Der Gesamtbetrag der Miete in Höhe von monatlich __________ Euro ist auf das Konto des Vermieters zu zahlen.

   Kontoinhaber (falls abweichend) ______________________________

   IBAN ______________________________ BIC ______________________________

4. Der Vermieter versichert, dass im Durchschnitt der letzten zwei Abrechnungsperioden Heizkosten für das gesamte Objekt von nicht mehr als monatlich ______________ Euro/m^2 angefallen sind.
   Soweit der Mieter weitere Betriebskosten zusätzlich zur Miete bezahlt, versichert der Vermieter, dass der vereinbarte Vorauszahlungsbetrag ausreicht, die voraussichtlich entstehenden Kosten auszugleichen.

§ 4 Verteilung und Abrechnung der Heiz- und Betriebskosten

1. Soweit Vorauszahlungen vereinbart wurden, gilt Folgendes: Sind bei den Kosten für Heizung und Warmwasser die Grundsätze über die verbrauchsabhängige Heizkostenabrechnung maßgeblich, werden die Kosten des Betriebs der zentralen Heizungsanlage und der zentralen Warmwasserversorgung anteilig auf die Mieter des Hauses umgelegt.

2. Die Gesamtkosten für Heizung und Warmwasser werden zu 50 Prozent nach Wohnfläche (m^2-Zahl) und zu 50 Prozent nach dem festgestellten Wärmeverbrauch umgelegt, soweit nicht nachstehend ein anderer nach der Heizkostenverordnung zulässiger Verteilerschlüssel gewählt wurde.

3. Die Verteilung der Heiz- und Warmwasserkosten erfolgt zu __________ Prozent (30 Prozent oder 40 Prozent) nach Wohnfläche zu __________ Prozent (70 Prozent oder 60 Prozent) nach Verbrauch.

4. Andere Betriebskosten werden verbrauchsabhängig oder verursachungsabhängig abgerechnet, soweit sie entsprechend erfasst werden. Andernfalls erfolgt die Abrechnung über

   ☐ die Betriebskosten nach dem Anteil der Wohnfläche: __________

   ☐ die Betriebskosten nach Personenzahl: __________

5. Über die Heiz- und Betriebskosten wird einmal jährlich abgerechnet.

6. Der Vermieter kann eine Nachzahlung auf die Heiz- und Betriebskosten nur verlangen, sofern er spätestens zwölf Monate nach Ende des Abrechnungszeitraums dem Mieter durch schriftliche Abrechnung nachweist, dass die Vorauszahlungen auf die Betriebskosten nicht ausgereicht haben. Ergibt sich ein Guthaben aus der Abrechnung für den Mieter, wird dies unverzüglich ausgezahlt. Eine Aufrechnung mit bestrittenen oder nicht rechtskräftig festgestellten Forderungen darf der Vermieter nicht vornehmen. Einwendungen des Mieters gegen die Abrechnung müssen dem Vermieter spätestens zwölf Monate nach Zugang der Abrechnung mitgeteilt werden.

7. Nachforderungen des Vermieters werden vier Wochen nach Zugang der ordnungsgemäßen Abrechnung fällig. Der Vermieter gewährt dem Mieter Einsicht in die Berechnungsunterlagen. Gegen Erstattung angemessener Kopier- und Portokosten kann der Mieter verlangen, dass ihm Kopien der Berechnungsunterlagen zugesandt werden oder ihm – soweit dem Vermieter zumutbar – Abrechnungsunterlagen in elektronischer Form kostenfrei zur Verfügung gestellt werden.

8. Über- oder unterschreiten die Vorauszahlungen die tatsächlichen Kosten, so kann jede Vertragspartei die Vorauszahlung auf einen angemessenen Betrag anpassen.

§ 5 Versorgung mit Heizung und Warmwasser

1. Der Vermieter muss die Sammelheizung, soweit es die Witterung erfordert, mindestens aber in der Zeit vom 15. September bis 15. Mai in Betrieb halten. Eine Temperatur von mindestens 20 °C bis 22 °C zwischen 6.00 und 24.00 Uhr in den beheizbaren Räumen ist zu erreichen. In der übrigen Nachtzeit sind 18 °C ausreichend.

2. Warmwasser muss der Vermieter Tag und Nacht zur Verfügung stellen.

§ 6 Pflichten des Vermieters vor Einzug

1. Der Vermieter verpflichtet sich, bis zum Beginn des Mietverhältnisses folgende Arbeiten auf seine Kosten in den Mieträumen vornehmen zu lassen:

   ____

   ____

   ____

2. Der Vermieter überlässt dem Mieter die vollständige Kopie eines Energieausweises, der den Vorgaben des Gebäudeenergiegesetzes (GEG) entspricht. Er sichert die Richtigkeit des Energieausweises zu.

§ 7 Mängel und Schäden an der Wohnung

1. Zeigt sich in der Wohnung ein Mangel, so muss dies der Mieter dem Vermieter unverzüglich mitteilen.

2. Hat die Wohnung einen nicht unerheblichen Mangel oder fehlt beziehungsweise entfällt eine zugesicherte Eigenschaft, so kann der Mieter in angemessenem Umfang die Miete kürzen, bis der Vermieter den Mangel abstellt. Weitere Ansprüche, wie zum Beispiel Erfüllungs- und Schadensersatzansprüche, bleiben bestehen.

3. Lässt der Vermieter ihm mitgeteilte Mängel trotz Mahnung durch den Mieter nicht innerhalb eines Monats oder in dringenden Fällen unverzüglich beheben, so ist der Mieter außerdem berechtigt, die Mängel auf Kosten des Vermieters zu beseitigen. Der Mieter kann sich dabei einer Fachfirma bedienen und als Vorschuss einen angemessenen Betrag bei der nächsten Mietzahlung einbehalten.

4. Der Mieter haftet dem Vermieter für Schäden, die er selbst, seine Mitbewohner, Hausgehilfen, Untermieter sowie von ihm beauftragte Handwerker nach dem Einzug schuldhaft verursacht haben.

§ 8 Ausbesserungen und bauliche Veränderungen

1. Der Mieter hat Maßnahmen in der Wohnung oder im Haus zu dulden, die erforderlich sind, um sie oder das Gebäude zu erhalten (Instandsetzungs- und Instandhaltungsmaßnahmen).

2. Bauliche Maßnahmen im Sinne des § 555b BGB, wie zum Beispiel Maßnahmen zur Verbesserung der Wohnung oder sonstiger Teile des Hauses oder zur Einsparung von Energie oder Wasser oder der Einbau einer neuen Heizungsanlage, die den Regelungen des Gebäudeenergiegesetzes entspricht (Modernisierungen) hat der Mieter zu dulden, soweit die geplanten Maßnahmen oder die zu erwartende Mieterhöhung für ihn, seine Familie oder einen anderen Angehörigen seines Haushalts nicht zu einer ungerechtfertigten Härte führen würden.

3. Aufwendungen, die der Mieter während der Bauarbeiten machen musste, hat der Vermieter zu ersetzen; auf Verlangen hat der Vermieter Vorschuss zu leisten. Diese Ausgaben führen nicht zur Mieterhöhung.

4. Der Vermieter hat dem Mieter spätestens drei Monate vor Beginn der Bauarbeiten deren Art, Umfang, Beginn und voraussichtliche Dauer sowie die zu erwartende Erhöhung der Miete schriftlich mitzuteilen. Der Mieter ist berechtigt, bis zum Ende des auf die Mitteilungen folgenden Monats zum Ablauf des nächsten Monats zu kündigen. Hat der Mieter gekündigt, ist die Maßnahme bis zum Ablauf der Mietzeit zu unterlassen. Letzteres gilt nicht bei Maßnahmen, die mit keiner oder nur mit einer unerheblichen Einwirkung auf die vermieteten Räume verbunden oder als Sicherungsmaßnahmen dringend erforderlich sind.

5. Bei Indexmietverträgen sind Mieterhöhungen wegen Modernisierungen ausgeschlossen. Es sei denn, der Vermieter führt die baulichen Maßnahmen aufgrund von Umständen durch, die er nicht zu vertreten hat, anders bei Heizungsanlagenmodernisierungen nach dem Gebäudeenergiegesetz.

   Bei Staffelmietverträgen sind Mieterhöhungen wegen Modernisierungen immer ausgeschlossen, anders bei Heizungsanlagenmodernisierungen nach dem Gebäudeenergiegesetz.

§ 9 Einbauten des Mieters

1. Der Mieter ist berechtigt, anstelle von Kohleöfen Ölöfen oder andere geeignete Heizgeräte aufzustellen. Die behördlichen Vorschriften, insbesondere für die Aufstellung von Ölöfen und Lagerung des Heizöls, sind zu beachten. Eventuell erforderliche behördliche Genehmigungen holt der Mieter auf eigene Kosten ein. Das Aufstellen ist dem Vermieter in angemessener Zeit vorher anzukündigen.

2. Der Mieter ist berechtigt, bauliche Veränderungen und Einrichtungen
   – für eine behindertengerechte Nutzung der Mietsache oder des Zugangs zu ihr oder
   – die dem Laden elektrisch betriebener Fahrzeuge dienen oder
   – die dem Einbruchschutz dienen oder
   – für eine Stromerzeugung durch Steckersolargeräte (Balkonkraftwerke)
   auf eigene Kosten durchzuführen.

Er muss vorher die Zustimmung des Vermieters einholen. Dieser kann die Zustimmung verweigern, wenn er oder die Mitbewohner ein überwiegendes Interesse an der unveränderten Erhaltung der Mietsache haben. Der Vermieter kann vom Mieter eine angemessene Sicherheit für die Wiederherstellung des ursprünglichen Zustands nach Auszug fordern. Der Mieter haftet für die fachmännische Herstellung und für die ordnungsgemäße Benutzung. Besteht ein nennenswertes Schadensrisiko, so hat er eine entsprechende Haftpflichtversicherung nachzuweisen.

3. Sonstige Einbauten und bauliche Veränderungen durch den Mieter dürfen, soweit sie über den vertragsgemäßen Gebrauch hinausgehen, nur mit Erlaubnis des Vermieters vorgenommen werden.

4. Der Mieter darf eigene Liefer- und Anschlussverträge mit Energielieferanten, Telekommunikationsunternehmen und Multimedia-Dienstleistern seiner Wahl abschließen. Der Vermieter gestattet ihm hierzu, soweit technisch notwendig, die Benutzung der schon vorhandenen Hausinstallation. Notwendige zusätzliche Installationen genehmigt der Vermieter, soweit dies für ihn nach pflichtgemäßem Ermessen zumutbar ist und der Mieter ihn von Kosten hierfür freistellt.

5. Der Mieter ist berechtigt, eine Einrichtung, mit der er die Wohnung versehen hat, wegzunehmen. Dies gilt nicht, sofern der Vermieter dem Mieter eine angemessene Entschädigung zahlt, es sei denn, der Mieter hat ein berechtigtes Interesse daran, die Einrichtung mitzunehmen.

6. Eine Vereinbarung, durch die das Mitnahmerecht des Mieters ausgeschlossen wird, ist nur wirksam, wenn ein angemessener Ausgleich gemäß Ziffer 8 vorgesehen ist.

7. Der Mieter kann in der Wohnung auf seine Kosten folgende Arbeiten vornehmen:

   ____

   ____

   ____

8. Übernimmt der Vermieter beim Auszug des Mieters dessen Einbauten oder bauliche Veränderungen, so hat er dem Mieter die nachgewiesenen Kosten zu erstatten, abzüglich eines angemessenen Abschlags für Abnutzungen. Als angemessener Abzug wird eine Pauschale von

   ☐ 2 Prozent ☐ 5 Prozent ☐ 10 Prozent der vom Mieter investierten Kosten für jedes Jahr Wohndauer vereinbart.

§ 10 Nutzung der Mieträume, Untervermietung

1. Der Mieter kann jederzeit seinen Ehegatten, Lebenspartner oder Familienangehörigen, die mit dem Mieter einen auf Dauer angelegten gemeinsamen Haushalt führen wollen, in die Wohnung aufnehmen, wenn diese dadurch nicht überbelegt wird. Bei Auszug des Mieters haben die vorstehend genannten Personen, wenn sie ihren Lebensmittelpunkt in der Wohnung hatten, das Recht, den Vertrag für sich allein fortzuführen, wenn der Mieter zustimmt und nicht im Einzelfall ein wichtiges Interesse des Vermieters entgegensteht.

2. Der Mieter darf die Wohnung nur mit Erlaubnis des Vermieters untervermieten. Der Vermieter muss dies erlauben, wenn für den Mieter nach dem Abschluss des Vertrags ein berechtigtes Interesse daran besteht, einen Teil beziehungsweise die ganze Wohnung einem Dritten zum Gebrauch zu überlassen. Dies gilt nicht, wenn die Wohnung durch die Untervermietung überbelegt würde oder wenn in der Person des Untermieters ein wichtiger Grund für die Verweigerung vorliegt.

3. Ist die Wohnung an eine Wohngemeinschaft vermietet, ist der Wechsel oder das Ausscheiden einzelner Mitglieder dem Vermieter unverzüglich anzuzeigen.

4. Eine Berufsausübung in der Wohnung ist dann genehmigungspflichtig, wenn hierdurch erhebliche Interessen der Nachbarn oder des Vermieters berührt werden. Telearbeit und nicht störende Betätigungen sind ohne Genehmigung zulässig.

§ 11 Haushaltsmaschinen

Der Mieter darf in den Mieträumen Haushaltsmaschinen (zum Beispiel Wasch- und Geschirrspülmaschinen, Wäschetrockner) aufstellen. Der Vermieter versichert, dass die Stromversorgung der Wohnung ausreichend abgesichert ist beziehungsweise er stellt diese auf Anforderung her.

§ 12 Tierhaltung

1. Der Mieter darf in der Wohnung Kleintiere, wie zum Beispiel Fische, Hamster, Vögel, Schildkröten, halten.

2. Haustiere, wie zum Beispiel eine Katze oder ein Hund, muss der Vermieter erlauben, es sei denn, von der Tierhaltung sind nachhaltige Störungen anderer Hausbewohner zu befürchten.

3. Eine weitergehende Tierhaltung bedarf immer der Zustimmung des Vermieters.

§ 13 Gartennutzung

1. Der Mieter darf den zum Haus gehörenden Garten nutzen.

2. Die Pflege des Gartens übernimmt der ☐ Vermieter ☐ Mieter.

3. Gartengeräte und Material zur Pflege des Gartens hat der ☐ Vermieter ☐ Mieter auf seine Kosten bereitzustellen.

§ 14 Betreten der Mieträume durch den Vermieter

1. Der Vermieter oder sein Beauftragter kann die Mieträume, soweit wichtige Gründe (Haus- oder Wohnungsverkauf, Kündigung, Reparaturen) dies erfordern, zusammen mit Interessenten oder Handwerkern nach vorheriger Abstimmung mit dem Mieter betreten. Dabei hat er auf die Arbeitszeit des Mieters oder sonstige persönliche Hinderungsgründe Rücksicht zu nehmen. Besichtigungen sind im Regelfall auf drei Stunden an einem Tag pro Woche zu beschränken.

2. Damit der Vermieter im Notfall auch bei längerer Abwesenheit des Mieters Zugang zur Wohnung hat, muss dieser dem Vermieter mitteilen, wem er zu diesem Zweck einen Wohnungsschlüssel überlassen hat.

§ 15 Auskunftspflicht des Vermieters/Energieausweis

1. Der Vermieter ist verpflichtet, dem Mieter alle erforderlichen Angaben schriftlich zu erteilen; dies betrifft insbesondere Heiz- und Betriebskostenabrechnungen,oder Mieterhöhungen oder Auskünfte für Wohngeldanträge oder Wohnflächenberechnungen.

2. Der Vermieter verpflichtet sich, dem Mieter einen Energiebedarfsausweis in Ablichtung auszuhändigen.

§ 16 Ordentliche Kündigung

1. Der Mieter kann den Mietvertrag von unbestimmter Dauer (vgl. § 2 Ziffer 4) jederzeit unter Einhaltung der Kündigungsfrist von drei Monaten kündigen.

2. Der Vermieter kann – vorbehaltlich der Regelung in § 2 nur kündigen, wenn er ein berechtigtes Interesse im Sinn des Gesetzes nachweist. Die Kündigungsfrist verlängert sich für den Vermieter nach Ablauf von fünf Jahren auf sechs Monate und nach Ablauf von acht Jahren auf neun Monate.

3. Kündigungserklärungen müssen spätestens am dritten Werktag des Monats beim Vertragspartner eingegangen sein, wenn dieser Monat bei der Berechnung der Kündigungsfrist mitzählen soll. Vertragspartner können nur schriftlich kündigen, mündliche Kündigungen sind unwirksam.

4. Der Mieter ist berechtigt, den Vertrag vorzeitig zu kündigen, wenn er einen Nachmieter nachweist.

§ 17 Fristlose Kündigung

1. Endet das Mietverhältnis durch berechtigte fristlose Kündigung des Vermieters aus wichtigem Grund, so haftet der Mieter für den Schaden, den der Vermieter dadurch erleidet, dass die Räume nach dem Auszug des Mieters eine Zeit lang leer stehen oder billiger vermietet werden müssen. Die Haftung besteht höchstens für einen Zeitraum von zwei Monaten nach Rückgabe der Wohnung. Die Haftung entfällt, wenn der Vermieter sich um einen Ersatzmieter nicht genügend bemüht hat.

2. Endet das Mietverhältnis durch berechtigte fristlose Kündigung des Mieters aus wichtigem Grund, so haftet der Vermieter für den Schaden des Mieters.

§ 18 Tod des Mieters

1. Ehegatten, Kinder, Lebenspartner, Familienangehörige und andere Personen treten in der gesetzlichen Reihenfolge in das Mietverhältnis ein, wenn sie mit dem verstorbenen Mieter einen gemeinsamen Haushalt geführt haben. Sie können innerhalb eines Monats, nachdem sie vom Tod des Mieters Kenntnis erlangt haben, dem Vermieter mitteilen, dass sie das Mietverhältnis nicht fortsetzen wollen. Dann gilt der Eintritt als nicht erfolgt.

2. Sind mehrere Personen Mieter, so können bei Tod eines Mieters die anderen das Mietverhältnis innerhalb der ersten drei Monate, nachdem sie vom Tod des Mitmieters Kenntnis erlangt haben, mit einer Frist von einem Monat kündigen.

3. Das gleiche Kündigungsrecht gilt für den Erben, der das Mietverhältnis fortsetzt, wenn niemand nach den gesetzlichen Vorschriften eingetreten ist.

§ 19 Auszug des Mieters

Zieht der Mieter aus, muss er die Räume besenrein und mit sämtlichen Schlüsseln dem Vermieter oder seinem Verwalter zurückgeben.

§ 20 Mehrere Mieter

1. Mehrere Mieter haften für alle Verpflichtungen aus dem Mietverhältnis als Gesamtschuldner.

2. Kündigungen, Mieterhöhungen sowie andere Erklärungen mit dem Ziel, eine Vertragsänderung herbeizuführen, müssen von oder gegenüber allen Mietern abgegeben werden.

3. Die vorstehenden Regelungen gelten auch gegenüber dem Vermieter bekannt gegebenen Mitgliedern der Wohngemeinschaft.

4. Haben auf Mieterseite mehrere Personen den Vertrag geschlossen, so erklären sich hiermit alle Vertragsparteien damit einverstanden, dass bei dauerhaftem Auszug eines oder mehrerer Mitmieter der oder die verbleibenden Mieter den Vertrag mit allen Rechten und Pflichten übernehmen. Die Mieter sind zur schriftlichen Mitteilung der Vertragsanpassung an den Vermieter verpflichtet.

§ 21 Sonstige Vereinbarungen

1. Die Hausordnung ist Bestandteil dieses Vertrags, wenn sie ihm beigefügt ist. Wesentliche Verpflichtungen des Mietvertrags können hierdurch nicht abgeändert oder ergänzt werden.

2. Mieter und Vermieter vereinbaren als Sicherheit eine Mietkaution in Höhe von ____________ Euro.
   Der Mieter ist berechtigt, die Mietkaution in drei Raten ab Beginn des Mietverhältnisses zu zahlen. Alternativ kann der Mieter als Sicherheit auch eine Bankbürgschaft stellen oder ein auf seinen Namen angelegtes Sparbuch an den Vermieter verpfänden. Der Vermieter ver-

pflichtet sich, den Mieter mit einem zeitlichen Vorlauf von zwei Wochen zu informieren, wenn er die Mietsicherheit in Anspruch nimmt.
Nach Beendigung des Mietverhältnisses muss der Vermieter die Mietkaution schnellstmöglich zurückzahlen, spätestens nach drei Monaten.

3. ____

____

____

________________________ ________________________
Ort Datum

________________________ ________________________
Vermieter Mieter

→ **TIPP** In Zweifelsfällen empfiehlt es sich für die Vertragspartner, rechtskundigen Rat bei den jeweils örtlich zuständigen Organisationen der Hauseigentümer beziehungsweise der Mieter einzuholen.

Staffelmietvertrag

Der (Die) Vermieter ______________________________

____

____

wohnhaft in ______________________________

und der (die) Mieter ______________________________

____

____

schließen folgenden Mietvertrag:

§ 1 Mieträume

1. Im Haus ______________________________
Ort, Straße, Haus-Nr., Etage

werden folgende Räume vermietet:

_______ Zimmer, _______ Küche/Kochnische, _______ Bad/Dusche/WC,

_______ Bodenräume/Speicher Nr. _____, _______ Kellerräume Nr. _____,

_______ Garage/Stellplatz, _______ Garten, _______ gewerblich genutzte Räume.

2. Der Mieter ist berechtigt, Waschküche, Trockenboden/Trockenplatz gemäß ____________ der Hausordnung mitzubenutzen.

3. Dem Mieter werden vom Vermieter für die Mietzeit ausgehändigt:

   _______ Haus-, _______ Wohnungs-, _______ Zimmer-, _______ Boden-/Speicher-

   _______ Garagenschlüssel.

4. Die Wohnfläche beträgt ca. _______ m^2.

5. Die Wohnung ist eine Eigentumswohnung. ☐ ja ☐ nein

→ **WICHTIGER HINWEIS** Alle Eintragungen und Änderungen des Vertrags sind gleichlautend sowohl in dem für den Vermieter als auch in dem für den Mieter bestimmten Vertragstext vorzunehmen. An den mit einem ☐ bezeichneten Stellen ist das Gewünschte anzukreuzen.

§ 2 Mietzeit

Das Mietverhältnis beginnt am: ______________________________, es läuft auf unbestimmte Zeit.

Die Vertragspartner streben ein längerfristiges Mietverhältnis an. **Der Vermieter verzichtet für einen Zeitraum von ☐ 12 Monaten ☐ 24 Monaten ☐ 36 Monaten ab Vertragschluss auf das Recht zur ordentlichen Kündigung (Kündigung wegen Eigenbedarf, als Einliegerwohnung, Teilkündigung und Verwertungskündigung §§ 573, 573a, 573b BGB). Die Kündigung kann somit frühestens zum Ablauf dieses Zeitraums ausgesprochen werden.** Die Kündigungsvoraussetzungen richten sich im Übrigen nach den gesetzlichen Vorschriften und den vertraglichen Absprachen (siehe §§ 8, 16–21 dieses Vertrags).

§ 3 Miete/Staffelmiete

1. Die Miete beträgt monatlich ____________ Euro,

   in Worten: ____ Euro.

   Die Miete erhöht sich

   ab ____________ auf ____________ Euro.

   ab ____________ auf ____________ Euro.

   ab ____________ auf ____________ Euro.

   ab ____________ auf ____________ Euro.

   ab ____________ auf ____________ Euro.

   ab ____________ auf ____________ Euro.

   Mieterhöhungen auf die ortsübliche Vergleichsmiete oder nach einer Modernisierung sind ausgeschlossen, es sei denn, es handelt sich um eine Heizungsanlagenmodernisierung nach den Regelungen des Gebäudeenergiegesetzes.
   Mit dieser Miete sind sämtliche Betriebskosten bezahlt, soweit sich nicht aus Ziffer 2 etwas anderes ergibt.

2. Zusätzlich zur Miete bezahlt der Mieter

   ☐ für Heizung und Warmwasser eine Vorauszahlung in Höhe von ____________ Euro monatlich.

   ☐ für einzelne Betriebskosten, wie für Wasserversorgung, Entwässerung, Müllabfuhr (weitere Betriebskosten hier eintragen):

   ____

☐ für alle gesetzlich zulässigen und tatsächlich anfallenden Betriebskosten im Sinne des § 2 der Betriebskostenverordnung

☐ einen Pauschalbetrag ☐ eine Vorauszahlung in Höhe von __________ Euro monatlich.

Über die Vorauszahlungen wird jährlich abgerechnet. Ist ein Pauschalbetrag vereinbart, erfolgt keine Abrechnung.

3. Der Gesamtbetrag der Miete in Höhe von monatlich __________ Euro ist auf das Konto des Vermieters zu zahlen.

   Kontoinhaber (falls abweichend) ______________________________

   IBAN ______________________ BIC ______________________

4. Der Vermieter versichert, dass im Durchschnitt der letzten zwei Abrechnungsperioden Heizkosten für das gesamte Objekt von nicht mehr als monatlich __________ Euro/m² angefallen sind.
   Soweit der Mieter weitere Betriebskosten zusätzlich zur Miete bezahlt, versichert der Vermieter, dass der vereinbarte Vorauszahlungsbetrag ausreicht, die voraussichtlich entstehenden Kosten auszugleichen.

§ 4 Verteilung und Abrechnung der Heiz- und Betriebskosten

1. Soweit Vorauszahlungen vereinbart wurden, gilt Folgendes: Sind bei den Kosten für Heizung und Warmwasser die Grundsätze über die verbrauchsabhängige Heizkostenabrechnung maßgeblich, werden die Kosten des Betriebs der zentralen Heizungsanlage und der zentralen Warmwasserversorgung anteilig auf die Mieter des Hauses umgelegt.

2. Die Gesamtkosten für Heizung und Warmwasser werden zu 50 Prozent nach Wohnfläche (m²-Zahl) und zu 50 Prozent nach dem festgestellten Wärmeverbrauch umgelegt, soweit nicht nachstehend ein anderer nach der Heizkostenverordnung zulässiger Verteilerschlüssel gewählt wurde.

3. Die Verteilung der Heiz- und Warmwasserkosten erfolgt zu __________ Prozent (30 Prozent oder 40 Prozent) nach Wohnfläche und zu __________ Prozent (70 Prozent oder 60 Prozent) nach Verbrauch.

4. Andere Betriebskosten werden verbrauchsabhängig oder verursachungsabhängig abgerechnet, soweit sie entsprechend erfasst werden. Andernfalls erfolgt die Abrechnung über

   ☐ die Betriebskosten nach dem Anteil der Wohnfläche: __________

   ☐ die Betriebskosten nach Personenzahl: __________

5. Über die Heiz- und Betriebskosten wird einmal jährlich abgerechnet.

6. Der Vermieter kann eine Nachzahlung auf die Heiz- und Betriebskosten nur verlangen, sofern er spätestens zwölf Monate nach Ende des Abrechnungszeitraums dem Mieter durch schriftliche Abrechnung nachweist, dass die Vorauszahlungen auf die Betriebskosten nicht ausgereicht haben. Ergibt sich ein Guthaben aus der Abrechnung für den Mieter, wird dies unverzüglich ausgezahlt. Eine Aufrechnung mit bestrittenen oder nicht rechtskräftig festgestellten Forderungen darf der Vermieter nicht vornehmen. Einwendungen des Mieters gegen die Abrechnung müssen dem Vermieter spätestens zwölf Monate nach Zugang der Abrechnung mitgeteilt werden.

7. Nachforderungen des Vermieters werden vier Wochen nach Zugang der ordnungsgemäßen Abrechnung fällig. Der Vermieter gewährt dem Mieter Einsicht in die Berechnungsunterlagen. Gegen Erstattung angemessener Kopier- und Portokosten kann der Mieter verlangen, dass ihm Kopien der Berechnungsunterlagen zugesandt oder ihm – soweit dem Vermieter zumutbar – Abrechnungsunterlagen in elektronischer Form kostenfrei zur Verfügung gestellt werden.

8. Über- oder unterschreiten die Vorauszahlungen die tatsächlichen Kosten, so kann jede Vertragspartei die Vorauszahlung auf einen angemessenen Betrag anpassen.

§ 5 Versorgung mit Heizung und Warmwasser

1. Der Vermieter muss die Sammelheizung, soweit es die Witterung erfordert, mindestens aber in der Zeit vom 15. September bis 15. Mai in Betrieb halten. Eine Temperatur von mindestens 20 °C bis 22 °C zwischen 6.00 und 24.00 Uhr in den beheizbaren Räumen ist zu erreichen. In der übrigen Nachtzeit sind 18 °C ausreichend.

2. Warmwasser muss der Vermieter Tag und Nacht zur Verfügung stellen.

§ 6 Pflichten des Vermieters vor Einzug

1. Der Vermieter verpflichtet sich, bis zum Beginn des Mietverhältnisses folgende Arbeiten auf seine Kosten in den Mieträumen vornehmen zu lassen:

   ____

   ____

   ____

2. Der Vermieter überlässt dem Mieter die vollständige Kopie eines Energieausweises, der den Vorgaben des Gebäudeenergiegesetzes (GEG) entspricht. Er sichert die Richtigkeit des Energieausweises zu.

§ 7 Mängel und Schäden an der Wohnung

1. Zeigt sich in der Wohnung ein Mangel, so muss dies der Mieter dem Vermieter unverzüglich mitteilen.

2. Hat die Wohnung einen nicht unerheblichen Mangel oder fehlt beziehungsweise entfällt eine zugesicherte Eigenschaft, so kann der Mieter in angemessenem Umfang die Miete kürzen, bis der Vermieter den Mangel abstellt. Weitere Ansprüche, wie zum Beispiel Erfüllungs- und Schadensersatzansprüche, bleiben bestehen.

3. Lässt der Vermieter ihm mitgeteilte Mängel trotz Mahnung durch den Mieter nicht innerhalb eines Monats oder in dringenden Fällen unverzüglich beheben, so ist der Mieter außerdem berechtigt, die Mängel auf Kosten des Vermieters zu beseitigen. Der Mieter kann sich dabei einer Fachfirma bedienen und als Vorschuss einen angemessenen Betrag bei der nächsten Mietzahlung einbehalten.

4. Der Mieter haftet dem Vermieter für Schäden, die er selbst, seine Mitbewohner, Hausgehilfen, Untermieter sowie von ihm beauftragte Handwerker nach dem Einzug schuldhaft verursacht haben.

§ 8 Ausbesserungen und bauliche Veränderungen

1. Der Mieter hat Maßnahmen in der Wohnung oder im Haus zu dulden, die erforderlich sind, um sie oder das Gebäude zu erhalten (Instandsetzungs- und Instandhaltungsmaßnahmen).

2. Bauliche Maßnahmen im Sinne des § 555b BGB, wie zum Beispiel Maßnahmen zur Verbesserung der Wohnung oder sonstiger Teile des Hauses oder zur Einsparung von Energie oder Wasser oder der Einbau einer neuen Heizungsanlage, die den Regelungen des Gebäudeenergiegesetzes entspricht (Modernisierungen) hat der Mieter zu dulden, soweit die geplanten Maßnahmen oder die zu erwartende Mieterhöhung für ihn, seine Familie oder einen anderen Angehörigen seines Haushalts nicht zu einer ungerechtfertigten Härte führen würden.

3. Aufwendungen, die der Mieter während der Bauarbeiten machen musste, hat der Vermieter zu ersetzen; auf Verlangen hat der Vermieter Vorschuss zu leisten. Diese Ausgaben führen nicht zur Mieterhöhung.

4. Der Vermieter hat dem Mieter spätestens drei Monate vor Beginn der Bauarbeiten deren Art, Umfang, Beginn und voraussichtliche Dauer sowie die zu erwartende Erhöhung der Miete schriftlich mitzuteilen. Der Mieter ist berechtigt, bis zum Ende des auf die Mitteilungen folgenden Monats zum Ablauf des nächsten Monats zu kündigen. Hat der Mieter gekündigt, ist die Maßnahme bis zum Ablauf der Mietzeit zu unterlassen. Letzteres gilt nicht bei Maßnahmen, die mit keiner oder nur mit einer unerheblichen Einwirkung auf die vermieteten Räume verbunden oder als Sicherungsmaßnahmen dringend erforderlich sind.

5. Bei Indexmietverträgen sind Mieterhöhungen wegen Modernisierungen ausgeschlossen. Es sei denn, der Vermieter führt die baulichen Maßnahmen aufgrund von Umständen durch, die er nicht zu vertreten hat, anders bei Heizungsanlagenmodernisierungen nach dem Gebäudeenergiegesetz.

   Bei Staffelmietverträgen sind Mieterhöhungen wegen Modernisierungen immer ausgeschlossen, anders bei Heizungsanlagenmodernisierungen nach dem Gebäudeenergiegesetz.

§ 9 Einbauten des Mieters

1. Der Mieter ist berechtigt, anstelle von Kohleöfen Ölöfen oder andere geeignete Heizgeräte aufzustellen. Die behördlichen Vorschriften, insbesondere für die Aufstellung von Ölöfen und Lagerung des Heizöls, sind zu beachten. Eventuell erforderliche behördliche Genehmigungen holt der Mieter auf eigene Kosten ein. Das Aufstellen ist dem Vermieter in angemessener Zeit vorher anzukündigen.

2. Der Mieter ist berechtigt, bauliche Veränderungen und Einrichtungen
   – für eine behindertengerechte Nutzung der Mietsache oder des Zugangs zu ihr oder
   – die dem Laden elektrisch betriebener Fahrzeuge dienen oder
   – die dem Einbruchschutz dienen oder
   – für eine Stromerzeugung durch Steckersolargeräte (Balkonkraftwerke)
   auf eigene Kosten durchzuführen.
   Er muss vorher die Zustimmung des Vermieters einholen. Dieser kann die Zustimmung verweigern, wenn er oder die Mitbewohner ein überwiegendes Interesse an der unveränderten Erhaltung der Mietsache haben. Der Vermieter kann vom Mieter eine angemessene Sicherheit für die Wiederherstellung des ursprünglichen Zustands nach Auszug fordern. Der Mieter haftet für die fachmännische Herstellung und für die ordnungsgemäße Benutzung. Besteht ein nennenswertes Schadensrisiko, so hat er eine entsprechende Haftpflichtversicherung nachzuweisen.

3. Sonstige Einbauten und bauliche Veränderungen durch den Mieter dürfen, soweit sie über den vertragsgemäßen Gebrauch hinausgehen, nur mit Erlaubnis des Vermieters vorgenommen werden.

4. Der Mieter darf eigene Liefer- und Anschlussverträge mit Energielieferanten, Telekommunikationsunternehmen und Multimedia-Dienstleistern seiner Wahl abschließen. Der Vermieter gestattet ihm hierzu, soweit technisch notwendig, die Benutzung der schon vorhandenen Hausinstallation. Notwendige zusätzliche Installationen genehmigt der Vermieter, soweit dies für ihn nach pflichtgemäßem Ermessen zumutbar ist und der Mieter ihn von Kosten hierfür freistellt.

5. Der Mieter ist berechtigt, eine Einrichtung, mit der er die Wohnung versehen hat, wegzunehmen. Dies gilt nicht, sofern der Vermieter dem Mieter eine angemessene Entschädigung zahlt, es sei denn, der Mieter hat ein berechtigtes Interesse daran, die Einrichtung mitzunehmen.

6. Eine Vereinbarung, durch die das Mitnahmerecht des Mieters ausgeschlossen wird, ist nur wirksam, wenn ein angemessener Ausgleich gemäß Ziffer 8 vorgesehen ist.

7. Der Mieter kann in der Wohnung auf seine Kosten folgende Arbeiten vornehmen:

   ____

   ____

   ____

8. Übernimmt der Vermieter beim Auszug des Mieters dessen Einbauten oder bauliche Veränderungen, so hat er dem Mieter die nachgewiesenen Kosten zu erstatten, abzüglich eines angemessenen Abschlags für Abnutzungen. Als angemessener Abzug wird eine Pauschale von

   ☐ 2 Prozent ☐ 5 Prozent ☐ 10 Prozent der vom Mieter investierten Kosten für jedes Jahr Wohndauer vereinbart.

§ 10 Nutzung der Mieträume, Untervermietung

1. Der Mieter kann jederzeit seinen Ehegatten, Lebenspartner oder Familienangehörigen, die mit dem Mieter einen auf Dauer angelegten gemeinsamen Haushalt führen wollen, in die Wohnung aufnehmen, wenn diese dadurch nicht überbelegt wird. Bei Auszug des Mieters haben die vorstehend genannten Personen, wenn sie ihren Lebensmittelpunkt in der Wohnung hatten, das Recht, den Vertrag für sich allein fortzuführen, wenn der Mieter zustimmt und nicht im Einzelfall ein wichtiges Interesse des Vermieters entgegensteht.

2. Der Mieter darf die Wohnung nur mit Erlaubnis des Vermieters untervermieten. Der Vermieter muss dies erlauben, wenn für den Mieter nach dem Abschluss des Vertrags ein berechtigtes Interesse daran besteht, einen Teil beziehungsweise die ganze Wohnung einem Dritten zum Gebrauch zu überlassen. Dies gilt nicht, wenn die Wohnung durch die Untervermietung überbelegt würde oder wenn in der Person des Untermieters ein wichtiger Grund für die Verweigerung vorliegt.

3. Ist die Wohnung an eine Wohngemeinschaft vermietet, ist der Wechsel oder das Ausscheiden einzelner Mitglieder dem Vermieter unverzüglich anzuzeigen.

4. Eine Berufsausübung in der Wohnung ist dann genehmigungspflichtig, wenn hierdurch erhebliche Interessen der Nachbarn oder des Vermieters berührt werden. Telearbeit und nicht störende Betätigungen sind ohne Genehmigung zulässig.

§ 11 Haushaltsmaschinen

Der Mieter darf in den Mieträumen Haushaltsmaschinen (zum Beispiel Wasch- und Geschirrspülmaschinen, Wäschetrockner) aufstellen. Der Vermieter versichert, dass die Stromversorgung der Wohnung ausreichend abgesichert ist, beziehungsweise er stellt diese auf Anforderung her.

§ 12 Tierhaltung

1. Der Mieter darf in der Wohnung Kleintiere, wie zum Beispiel Fische, Hamster, Vögel, Schildkröten halten.

2. Haustiere, wie zum Beispiel eine Katze oder ein Hund, muss der Vermieter erlauben, es sei denn, von der Tierhaltung sind nachhaltige Störungen anderer Hausbewohner zu befürchten.

3. Eine weitergehende Tierhaltung bedarf immer der Zustimmung des Vermieters.

§ 13 Gartennutzung

1. Der Mieter darf den zum Haus gehörenden Garten nutzen.
2. Die Pflege des Gartens übernimmt der ☐ Vermieter ☐ Mieter.
3. Gartengeräte und Material zur Pflege des Gartens hat der ☐ Vermieter ☐ Mieter auf seine Kosten bereitzustellen.

§ 14 Betreten der Mieträume durch den Vermieter

1. Der Vermieter oder sein Beauftragter kann die Mieträume, soweit wichtige Gründe (Haus- oder Wohnungsverkauf, Kündigung, Reparaturen) dies erfordern, zusammen mit Interessenten oder Handwerkern nach vorheriger Abstimmung mit dem Mieter betreten. Dabei hat er auf die Arbeitszeit des Mieters oder sonstige persönliche Hinderungsgründe Rücksicht zu nehmen. Besichtigungen sind im Regelfall auf drei Stunden an einem Tag pro Woche zu beschränken.
2. Damit der Vermieter im Notfall auch bei längerer Abwesenheit des Mieters Zugang zur Wohnung hat, muss dieser dem Vermieter mitteilen, wem er zu diesem Zweck einen Wohnungsschlüssel überlassen hat.

§ 15 Auskunftspflicht des Vermieters/Energieausweis

1. Der Vermieter ist verpflichtet, dem Mieter alle erforderlichen Angaben schriftlich zu erteilen; dies betrifft insbesondere Heiz- und Betriebskostenabrechnungen oder Mieterhöhungen oder Auskünfte für Wohngeldanträge oder Wohnflächenberechnungen.
2. Der Vermieter verpflichtet sich, dem Mieter einen Energiebedarfsausweis in Ablichtung auszuhändigen.

§ 16 Ordentliche Kündigung

1. Der Mieter kann den Mietvertrag von unbestimmter Dauer jederzeit unter Einhaltung der Kündigungsfrist von drei Monaten kündigen.
2. Der Vermieter kann – vorbehaltlich der Regelung in § 2 nur kündigen, wenn er ein berechtigtes Interesse im Sinn des Gesetzes nachweist. Die Kündigungsfrist verlängert sich für den Vermieter nach Ablauf von fünf Jahren auf sechs Monate und nach Ablauf von acht Jahren auf neun Monate.
3. Kündigungserklärungen müssen spätestens am dritten Werktag des Monats beim Vertragspartner eingegangen sein, wenn dieser Monat bei der Berechnung der Kündigungsfrist mitzählen soll. Vertragspartner können nur schriftlich kündigen, mündliche Kündigungen sind unwirksam.
4. Der Mieter ist berechtigt, den Vertrag vorzeitig zu kündigen, wenn er einen Nachmieter nachweist.

§ 17 Fristlose Kündigung

1. Endet das Mietverhältnis durch berechtigte fristlose Kündigung des Vermieters aus wichtigem Grund, so haftet der Mieter für den Schaden, den der Vermieter dadurch erleidet, dass die Räume nach dem Auszug des Mieters eine Zeit lang leer stehen oder billiger vermietet werden müssen. Die Haftung besteht höchstens für einen Zeitraum von zwei Monaten nach Rückgabe der Wohnung. Die Haftung entfällt, wenn der Vermieter sich um einen Ersatzmieter nicht genügend bemüht hat.

2. Endet das Mietverhältnis durch berechtigte fristlose Kündigung des Mieters aus wichtigem Grund, so haftet der Vermieter für den Schaden des Mieters.

§ 18 Tod des Mieters

1. Ehegatten, Kinder, Lebenspartner, Familienangehörige und andere Personen treten in der gesetzlichen Reihenfolge in das Mietverhältnis ein, wenn sie mit dem verstorbenen Mieter einen gemeinsamen Haushalt geführt haben. Sie können innerhalb eines Monats, nachdem sie vom Tod des Mieters Kenntnis erlangt haben, dem Vermieter mitteilen, dass sie das Mietverhältnis nicht fortsetzen wollen. Dann gilt der Eintritt als nicht erfolgt.

2. Sind mehrere Personen Mieter, so können bei Tod eines Mieters die anderen das Mietverhältnis innerhalb der ersten drei Monate, nachdem sie vom Tod des Mitmieters Kenntnis erlangt haben, mit einer Frist von einem Monat kündigen.

3. Das gleiche Kündigungsrecht gilt für den Erben, der das Mietverhältnis fortsetzt, wenn niemand nach den gesetzlichen Vorschriften eingetreten ist.

§ 19 Auszug des Mieters

Zieht der Mieter aus, muss er die Räume besenrein und mit sämtlichen Schlüsseln dem Vermieter oder seinem Verwalter zurückgeben.

§ 20 Mehrere Mieter

1. Mehrere Mieter haften für alle Verpflichtungen aus dem Mietverhältnis als Gesamtschuldner.

2. Kündigungen, Mieterhöhungen sowie andere Erklärungen mit dem Ziel, eine Vertragsänderung herbeizuführen, müssen von oder gegenüber allen Mietern abgegeben werden.

3. Die vorstehenden Regelungen gelten auch gegenüber dem Vermieter bekannt gegebenen Mitgliedern der Wohngemeinschaft.

4. Haben auf Mieterseite mehrere Personen den Vertrag geschlossen, so erklären sich hiermit alle Vertragsparteien damit einverstanden, dass bei dauerhaftem Auszug eines oder mehrerer Mitmieter der oder die verbleibenden Mieter den Vertrag mit allen Rechten und Pflichten übernehmen. Die Mieter sind zur schriftlichen Mitteilung der Vertragsanpassung an den Vermieter verpflichtet.

§ 21 Sonstige Vereinbarungen

1. Die Hausordnung ist Bestandteil dieses Vertrags, wenn sie ihm beigefügt ist. Wesentliche Verpflichtungen des Mietvertrags können hierdurch nicht abgeändert oder ergänzt werden.

2. Mieter und Vermieter vereinbaren als Sicherheit eine Mietkaution in Höhe von ____________ Euro.
   Der Mieter ist berechtigt, die Mietkaution in drei Raten ab Beginn des Mietverhältnisses zu zahlen. Alternativ kann der Mieter als Sicherheit auch eine Bankbürgschaft stellen oder ein auf seinen Namen angelegtes Sparbuch an den Vermieter verpfänden. Der Vermieter verpflichtet sich, den Mieter mit einem zeitlichen Vorlauf von zwei Wochen zu informieren, wenn er die Mietsicherheit in Anspruch nimmt.
   Nach Beendigung des Mietverhältnisses muss der Vermieter die Mietkaution schnellstmöglich zurückzahlen, spätestens nach drei Monaten.

3. ____

   ____

   ____

________________________________ ________________________

Ort Datum

________________________________ ________________________

Vermieter Mieter

→ **TIPP** In Zweifelsfällen empfiehlt es sich für die Vertragspartner, rechtskundigen Rat bei den jeweils örtlich zuständigen Organisationen der Hauseigentümer beziehungsweise der Mieter einzuholen.

Indexmietvertrag

Der (Die) Vermieter ______________________________

____

____

____

wohnhaft in ______________________________

und der (die) Mieter ______________________________

____

____

schließen folgenden Mietvertrag:

§ 1 Mieträume

1. Im Haus ______________________________
Ort, Straße, Haus-Nr., Etage

werden folgende Räume vermietet:

______ Zimmer, ______ Küche/Kochnische, ______ Bad/Dusche/WC,

______ Bodenräume/Speicher Nr. ______, ______ Kellerräume Nr. ______,

______ Garage/Stellplatz, ______ Garten, ______ gewerblich genutzte Räume.

2. Der Mieter ist berechtigt, Waschküche, Trockenboden/Trockenplatz gemäß ____________ der Hausordnung mitzubenutzen.

3. Dem Mieter werden vom Vermieter für die Mietzeit ausgehändigt:

______ Haus-, ______ Wohnungs-, ______ Zimmer-, ______ Boden-/Speicher-

______ Garagenschlüssel.

4. Die Wohnfläche beträgt ca. ______ m^2.

5. Die Wohnung ist eine Eigentumswohnung. ☐ ja ☐ nein

→ **WICHTIGER HINWEIS** Alle Eintragungen und Änderungen des Vertrags sind gleichlautend sowohl in dem für den Vermieter als auch in dem für den Mieter bestimmten Vertragstext vorzunehmen. An den mit einem ☐ bezeichneten Stellen ist das Gewünschte anzukreuzen.

§ 2 Mietzeit

Das Mietverhältnis beginnt am: ______________________, es läuft auf unbestimmte Zeit.

Die Vertragspartner streben ein längerfristiges Mietverhältnis an. **Der Vermieter verzichtet für einen Zeitraum von ☐ 12 Monaten ☐ 24 Monaten ☐ 36 Monaten ab Vertragschluss auf das Recht zur ordentlichen Kündigung (Kündigung wegen Eigenbedarf, als Einliegerwohnung, Teilkündigung und Verwertungskündigung §§ 573, 573a, 573b BGB). Die Kündigung kann somit frühestens zum Ablauf dieses Zeitraums ausgesprochen werden.** Die Kündigungsvoraussetzungen richten sich im Übrigen nach den gesetzlichen Vorschriften und den vertraglichen Absprachen (siehe §§ 8, 16–21 dieses Vertrags).

§ 3 Miete/Indexmiete

1. Die Miete beträgt monatlich __________ Euro,

   in Worten: ______________________________________ Euro.

2. Die Vertragsparteien vereinbaren, dass die künftige Miete durch den vom Statistischen Bundesamt ermittelten Preisindex für die Lebenshaltung aller privaten Haushalte in Deutschland bestimmt wird (Indexmiete).
   Hieraus resultierende mögliche Mieterhöhungen kann der Vermieter schriftlich oder in Textform geltend machen.
   Die Miete muss jeweils mindestens ein Jahr unverändert bleiben.
   Mieterhöhungen auf die ortsübliche Vergleichsmiete oder nach einer Modernisierung sind ausgeschlossen. Erhöhungen aufgrund von baulichen Maßnahmen, die der Vermieter nicht zu vertreten hat, sind möglich, es sei denn, es handelt sich um eine Heizungsanlagenmodernisierung nach den Regelungen des Gebäudeenergiegesetzes.
   Mit dieser Miete sind sämtliche Betriebskosten bezahlt, soweit sich nicht aus Ziffer 3 etwas anderes ergibt.

3. Zusätzlich zur Miete bezahlt der Mieter

   ☐ für Heizung und Warmwasser eine Vorauszahlung in Höhe von __________ Euro monatlich.

   ☐ für einzelne Betriebskosten, wie für Wasserversorgung, Entwässerung, Müllabfuhr (weitere Betriebskosten hier eintragen):

   ____

   ____

   ☐ für alle gesetzlich zulässigen und tatsächlich anfallenden Betriebskosten im Sinne des § 2 der Betriebskostenverordnung.

   ☐ einen Pauschalbetrag ☐ eine Vorauszahlung in Höhe von __________ Euro monatlich.

Über die Vorauszahlungen wird jährlich abgerechnet. Ist ein Pauschalbetrag vereinbart, erfolgt keine Abrechnung.

4. Der Gesamtbetrag der Miete in Höhe von monatlich ____________ Euro ist auf das Konto des Vermieters zu zahlen.

   Kontoinhaber (falls abweichend) ______________________________

   IBAN ______________________ BIC ______________________

5. Der Vermieter versichert, dass im Durchschnitt der letzten zwei Abrechnungsperioden Heizkosten für das gesamte Objekt von nicht mehr als monatlich ____________ Euro/m² angefallen sind.
   Soweit der Mieter weitere Betriebskosten zusätzlich zur Miete bezahlt, versichert der Vermieter, dass der vereinbarte Vorauszahlungsbetrag ausreicht, die voraussichtlich entstehenden Kosten auszugleichen.

§ 4 Verteilung und Abrechnung der Heiz- und Betriebskosten

1. Soweit Vorauszahlungen vereinbart wurden, gilt Folgendes: Sind bei den Kosten für Heizung und Warmwasser die Grundsätze über die verbrauchsabhängige Heizkostenabrechnung maßgeblich, werden die Kosten des Betriebs der zentralen Heizungsanlage und der zentralen Warmwasserversorgung anteilig auf die Mieter des Hauses umgelegt.

2. Die Gesamtkosten für Heizung und Warmwasser werden zu 50 Prozent nach Wohnfläche (m²-Zahl) und zu 50 Prozent nach dem festgestellten Wärmeverbrauch umgelegt, soweit nicht nachstehend ein anderer nach der Heizkostenverordnung zulässiger Verteilerschlüssel gewählt wurde.

3. Die Verteilung der Heiz- und Warmwasserkosten erfolgt zu ____________ Prozent (30 Prozent oder 40 Prozent) nach Wohnfläche und zu ____________ Prozent (70 Prozent oder 60 Prozent) nach Verbrauch.

4. Andere Betriebskosten werden verbrauchsabhängig oder verursachungsabhängig abgerechnet, soweit sie entsprechend erfasst werden. Andernfalls erfolgt die Abrechnung über

   ☐ die Betriebskosten nach dem Anteil der Wohnfläche: ____________

   ☐ die Betriebskosten nach Personenzahl: ____________

5. Über die Heiz- und Betriebskosten wird einmal jährlich abgerechnet.

6. Der Vermieter kann eine Nachzahlung auf die Heiz- und Betriebskosten nur verlangen, sofern er spätestens zwölf Monate nach Ende des Abrechnungszeitraums dem Mieter durch schriftliche Abrechnung nachweist, dass die Vorauszahlungen auf die Betriebskosten nicht ausgereicht haben. Ergibt sich ein Guthaben aus der Abrechnung für den Mieter, wird dies unverzüglich ausgezahlt. Eine Aufrechnung mit bestrittenen oder nicht rechtskräftig festgestellten Forderungen darf der Vermieter nicht vornehmen. Einwendungen des Mieters gegen die Abrechnung müssen dem Vermieter spätestens zwölf Monate nach Zugang der Abrechnung mitgeteilt werden.

7. Nachforderungen des Vermieters werden vier Wochen nach Zugang der ordnungsgemäßen Abrechnung fällig. Der Vermieter gewährt dem Mieter Einsicht in die Berechnungsunterlagen. Gegen Erstattung angemessener Kopier- und Portokosten kann der Mieter verlangen, dass ihm Kopien der Berechnungsunterlagen zugesandt oder ihm – soweit dem Vermieter zumutbar – Abrechnungsunterlagen in elektronischer Form kostenfrei zur Verfügung gestellt werden

8. Über- oder unterschreiten die Vorauszahlungen die tatsächlichen Kosten, so kann jede Vertragspartei die Vorauszahlung auf einen angemessenen Betrag anpassen.

§ 5 Versorgung mit Heizung und Warmwasser

1. Der Vermieter muss die Sammelheizung, soweit es die Witterung erfordert, mindestens aber in der Zeit vom 15. September bis 15. Mai in Betrieb halten. Eine Temperatur von mindestens 20 °C bis 22 °C zwischen 6.00 und 24.00 Uhr in den beheizbaren Räumen ist zu erreichen. In der übrigen Nachtzeit sind 18 °C ausreichend.

2. Warmwasser muss der Vermieter Tag und Nacht zur Verfügung stellen.

§ 6 Pflichten des Vermieters vor Einzug

1. Der Vermieter verpflichtet sich, bis zum Beginn des Mietverhältnisses folgende Arbeiten auf seine Kosten in den Mieträumen vornehmen zu lassen:

   ____

   ____

   ____

2. Der Vermieter überlässt dem Mieter die vollständige Kopie eines Energieausweises, der den Vorgaben des Gebäudeenergiegesetzes (GEG) entspricht. Er sichert die Richtigkeit des Energieausweises zu.

§ 7 Mängel und Schäden an der Wohnung

1. Zeigt sich in der Wohnung ein Mangel, so muss dies der Mieter dem Vermieter unverzüglich mitteilen.

2. Hat die Wohnung einen nicht unerheblichen Mangel oder fehlt beziehungsweise entfällt eine zugesicherte Eigenschaft, so kann der Mieter in angemessenem Umfang die Miete kürzen, bis der Vermieter den Mangel abstellt. Weitere Ansprüche, wie zum Beispiel Erfüllungs- und Schadensersatzansprüche, bleiben bestehen.

3. Lässt der Vermieter ihm mitgeteilte Mängel trotz Mahnung durch den Mieter nicht innerhalb eines Monats oder in dringenden Fällen unverzüglich beheben, so ist der Mieter außerdem berechtigt, die Mängel auf Kosten des Vermieters zu beseitigen. Der Mieter kann sich dabei einer Fachfirma bedienen und als Vorschuss einen angemessenen Betrag bei der nächsten Mietzahlung einbehalten.

4. Der Mieter haftet dem Vermieter für Schäden, die er selbst, seine Mitbewohner, Hausgehilfen, Untermieter sowie von ihm beauftragte Handwerker nach dem Einzug schuldhaft verursacht haben.

§ 8 Ausbesserungen und bauliche Veränderungen

1. Der Mieter hat Maßnahmen in der Wohnung oder im Haus zu dulden, die erforderlich sind, um sie oder das Gebäude zu erhalten (Instandsetzungs- und Instandhaltungsmaßnahmen).

2. Bauliche Maßnahmen im Sinne des § 555b BGB, wie zum Beispiel Maßnahmen zur Verbesserung der Wohnung oder sonstiger Teile des Hauses oder zur Einsparung von Energie oder Wasser oder der Einbau einer neuen Heizungsanlage, die den Regelungen des Gebäudeenergiegesetzes entspricht (Modernisierungen) hat der Mieter zu dulden, soweit die geplanten Maßnahmen oder die zu erwartende Mieterhöhung für ihn, seine Familie oder einen anderen Angehörigen seines Haushalts nicht zu einer ungerechtfertigten Härte führen würden.

3. Aufwendungen, die der Mieter während der Bauarbeiten machen musste, hat der Vermieter zu ersetzen; auf Verlangen hat der Vermieter Vorschuss zu leisten. Diese Ausgaben führen nicht zur Mieterhöhung.

4. Der Vermieter hat dem Mieter spätestens drei Monate vor Beginn der Bauarbeiten deren Art, Umfang, Beginn und voraussichtliche Dauer sowie die zu erwartende Erhöhung der Miete schriftlich mitzuteilen. Der Mieter ist berechtigt, bis zum Ende des auf die Mitteilungen folgenden Monats zum Ablauf des nächsten Monats zu kündigen. Hat der Mieter gekündigt, ist die Maßnahme bis zum Ablauf der Mietzeit zu unterlassen. Letzteres gilt nicht bei Maßnahmen, die mit keiner oder nur mit einer unerheblichen Einwirkung auf die vermieteten Räume verbunden oder als Sicherungsmaßnahmen dringend erforderlich sind.

5. Bei Indexmietverträgen sind Mieterhöhungen wegen Modernisierungen ausgeschlossen. Es sei denn, der Vermieter führt die baulichen Maßnahmen aufgrund von Umständen durch, die er nicht zu vertreten hat, anders bei Heizungsanlagenmodernisierungen nach dem Gebäudeenergiegesetz.

   Bei Staffelmietverträgen sind Mieterhöhungen wegen Modernisierungen immer ausgeschlossen, anders bei Heizungsanlagenmodernisierungen nach dem Gebäudeenergiegesetz.

§ 9 Einbauten des Mieters

1. Der Mieter ist berechtigt, anstelle von Kohleöfen Ölöfen oder andere geeignete Heizgeräte aufzustellen. Die behördlichen Vorschriften, insbesondere für die Aufstellung von Ölöfen und Lagerung des Heizöls, sind zu beachten. Eventuell erforderliche behördliche Genehmigungen holt der Mieter auf eigene Kosten ein. Das Aufstellen ist dem Vermieter in angemessener Zeit vorher anzukündigen.

2. Der Mieter ist berechtigt, bauliche Veränderungen und Einrichtungen
   – für eine behindertengerechte Nutzung der Mietsache oder des Zugangs zu ihr oder
   – die dem Laden elektrisch betriebener Fahrzeuge dienen oder
   – die dem Einbruchschutz dienen oder
   – für eine Stromerzeugung durch Steckersolargeräte (Balkonkraftwerke)
   auf eigene Kosten durchzuführen.

Er muss vorher die Zustimmung des Vermieters einholen. Dieser kann die Zustimmung verweigern, wenn er oder die Mitbewohner ein überwiegendes Interesse an der unveränderten Erhaltung der Mietsache haben. Der Vermieter kann vom Mieter eine angemessene Sicherheit für die Wiederherstellung des ursprünglichen Zustands nach Auszug fordern. Der Mieter haftet für die fachmännische Herstellung und für die ordnungsgemäße Benutzung. Besteht ein nennenswertes Schadensrisiko, so hat er eine entsprechende Haftpflichtversicherung nachzuweisen.

3. Sonstige Einbauten und bauliche Veränderungen durch den Mieter dürfen, soweit sie über den vertragsgemäßen Gebrauch hinausgehen, nur mit Erlaubnis des Vermieters vorgenommen werden.

4. Der Mieter darf eigene Liefer- und Anschlussverträge mit Energielieferanten, Telekommunikationsunternehmen und Multimedia-Dienstleistern seiner Wahl abschließen. Der Vermieter gestattet ihm hierzu, soweit technisch notwendig, die Benutzung der schon vorhandenen Hausinstallation. Notwendige zusätzliche Installationen genehmigt der Vermieter, soweit dies für ihn nach pflichtgemäßem Ermessen zumutbar ist und der Mieter ihn von Kosten hierfür freistellt.

5. Der Mieter ist berechtigt, eine Einrichtung, mit der er die Wohnung versehen hat, wegzunehmen. Dies gilt nicht, sofern der Vermieter dem Mieter eine angemessene Entschädigung zahlt, es sei denn, der Mieter hat ein berechtigtes Interesse daran, die Einrichtung mitzunehmen.

6. Eine Vereinbarung, durch die das Mitnahmerecht des Mieters ausgeschlossen wird, ist nur wirksam, wenn ein angemessener Ausgleich gemäß Ziffer 8 vorgesehen ist.

7. Der Mieter kann in der Wohnung auf seine Kosten folgende Arbeiten vornehmen:

   ____

   ____

   ____

8. Übernimmt der Vermieter beim Auszug des Mieters dessen Einbauten oder bauliche Veränderungen, so hat er dem Mieter die nachgewiesenen Kosten zu erstatten, abzüglich eines angemessenen Abschlags für Abnutzungen. Als angemessener Abzug wird eine Pauschale von

   ☐ 2 Prozent ☐ 5 Prozent ☐ 10 Prozent der vom Mieter investierten Kosten für jedes Jahr Wohndauer vereinbart.

§ 10 Nutzung der Mieträume, Untervermietung

1. Der Mieter kann jederzeit seinen Ehegatten, Lebenspartner oder Familienangehörigen, die mit dem Mieter einen auf Dauer angelegten gemeinsamen Haushalt führen wollen, in die Wohnung aufnehmen, wenn diese dadurch nicht überbelegt wird. Bei Auszug des Mieters haben die vorstehend genannten Personen, wenn sie ihren Lebensmittelpunkt in der Wohnung hatten, das Recht, den Vertrag für sich allein fortzuführen, wenn der Mieter zustimmt und nicht im Einzelfall ein wichtiges Interesse des Vermieters entgegensteht.

2. Der Mieter darf die Wohnung nur mit Erlaubnis des Vermieters untervermieten. Der Vermieter muss dies erlauben, wenn für den Mieter nach dem Abschluss des Vertrags ein berechtigtes Interesse daran besteht, einen Teil beziehungsweise die ganze Wohnung einem Dritten zum Gebrauch zu überlassen. Dies gilt nicht, wenn die Wohnung durch die Untervermietung überbelegt würde oder wenn in der Person des Untermieters ein wichtiger Grund für die Verweigerung vorliegt.
3. Ist die Wohnung an eine Wohngemeinschaft vermietet, ist der Wechsel oder das Ausscheiden einzelner Mitglieder dem Vermieter unverzüglich anzuzeigen.
4. Eine Berufsausübung in der Wohnung ist dann genehmigungspflichtig, wenn hierdurch erhebliche Interessen der Nachbarn oder des Vermieters berührt werden. Telearbeit und nicht störende Betätigungen sind ohne Genehmigung zulässig.

§ 11 Haushaltsmaschinen

Der Mieter darf in den Mieträumen Haushaltsmaschinen (zum Beispiel Wasch- und Geschirrspülmaschinen, Wäschetrockner) aufstellen. Der Vermieter versichert, dass die Stromversorgung der Wohnung ausreichend abgesichert ist, beziehungsweise er stellt diese auf Anforderung her.

§ 12 Tierhaltung

1. Der Mieter darf in der Wohnung Kleintiere, wie zum Beispiel Fische, Hamster, Vögel, Schildkröten halten.
2. Haustiere, wie zum Beispiel eine Katze oder ein Hund, muss der Vermieter erlauben, es sei denn, von der Tierhaltung sind nachhaltige Störungen anderer Hausbewohner zu befürchten.
3. Eine weitergehende Tierhaltung bedarf immer der Zustimmung des Vermieters.

§ 13 Gartennutzung

1. Der Mieter darf den zum Haus gehörenden Garten nutzen.
2. Die Pflege des Gartens übernimmt der ☐ Vermieter ☐ Mieter.
3. Gartengeräte und Material zur Pflege des Gartens hat der ☐ Vermieter ☐ Mieter auf seine Kosten bereitzustellen.

§ 14 Betreten der Mieträume durch den Vermieter

1. Der Vermieter oder sein Beauftragter kann die Mieträume, soweit wichtige Gründe (Haus- oder Wohnungsverkauf, Kündigung, Reparaturen) dies erfordern, zusammen mit Interessenten oder Handwerkern nach vorheriger Abstimmung mit dem Mieter betreten. Dabei hat er auf die Arbeitszeit des Mieters oder sonstige persönliche Hinderungsgründe Rücksicht zu nehmen. Besichtigungen sind im Regelfall auf drei Stunden an einem Tag pro Woche zu beschränken.

2. Damit der Vermieter im Notfall auch bei längerer Abwesenheit des Mieters Zugang zur Wohnung hat, muss dieser dem Vermieter mitteilen, wem er zu diesem Zweck einen Wohnungsschlüssel überlassen hat.

§ 15 Auskunftspflicht des Vermieters/Energieausweis

1. Der Vermieter ist verpflichtet, dem Mieter alle erforderlichen Angaben schriftlich zu erteilen; dies betrifft insbesondere Heiz- und Betriebskostenabrechnungen oder Mieterhöhungen oder Auskünfte für Wohngeldanträge oder Wohnflächenberechnungen.

2. Der Vermieter verpflichtet sich, dem Mieter einen Energiebedarfsausweis in Ablichtung auszuhändigen.

§ 16 Ordentliche Kündigung

1. Der Mieter kann den Mietvertrag von unbestimmter Dauer jederzeit unter Einhaltung der Kündigungsfrist von drei Monaten kündigen.

2. Der Vermieter kann – vorbehaltlich der Regelung in § 2 nur kündigen, wenn er ein berechtigtes Interesse im Sinn des Gesetzes nachweist. Die Kündigungsfrist verlängert sich für den Vermieter nach Ablauf von fünf Jahren auf sechs Monate und nach Ablauf von acht Jahren auf neun Monate.

3. Kündigungserklärungen müssen spätestens am dritten Werktag des Monats beim Vertragspartner eingegangen sein, wenn dieser Monat bei der Berechnung der Kündigungsfrist mitzählen soll. Vertragspartner können nur schriftlich kündigen, mündliche Kündigungen sind unwirksam.

4. Der Mieter ist berechtigt, den Vertrag vorzeitig zu kündigen, wenn er einen Nachmieter nachweist.

§ 17 Fristlose Kündigung

1. Endet das Mietverhältnis durch berechtigte fristlose Kündigung des Vermieters aus wichtigem Grund, so haftet der Mieter für den Schaden, den der Vermieter dadurch erleidet, dass die Räume nach dem Auszug des Mieters eine Zeit lang leer stehen oder billiger vermietet werden müssen. Die Haftung besteht höchstens für einen Zeitraum von zwei Monaten nach Rückgabe der Wohnung. Die Haftung entfällt, wenn der Vermieter sich um einen Ersatzmieter nicht genügend bemüht hat.

2. Endet das Mietverhältnis durch berechtigte fristlose Kündigung des Mieters aus wichtigem Grund, so haftet der Vermieter für den Schaden des Mieters.

§ 18 Tod des Mieters

1. Ehegatten, Kinder, Lebenspartner, Familienangehörige und andere Personen treten in der gesetzlichen Reihenfolge in das Mietverhältnis ein, wenn sie mit dem verstorbenen Mieter einen gemeinsamen Haushalt geführt haben. Sie können innerhalb eines Monats, nachdem sie vom Tod des Mieters Kenntnis erlangt haben, dem Vermieter mitteilen, dass sie das Mietverhältnis nicht fortsetzen wollen. Dann gilt der Eintritt als nicht erfolgt.
2. Sind mehrere Personen Mieter, so können bei Tod eines Mieters die anderen das Mietverhältnis innerhalb der ersten drei Monate, nachdem sie vom Tod des Mitmieters Kenntnis erlangt haben, mit einer Frist von einem Monat kündigen.
3. Das gleiche Kündigungsrecht gilt für den Erben, der das Mietverhältnis fortsetzt, wenn niemand nach den gesetzlichen Vorschriften eingetreten ist.

§ 19 Auszug des Mieters

Zieht der Mieter aus, muss er die Räume besenrein und mit sämtlichen Schlüsseln dem Vermieter oder seinem Verwalter zurückgeben.

§ 20 Mehrere Mieter

1. Mehrere Mieter haften für alle Verpflichtungen aus dem Mietverhältnis als Gesamtschuldner.
2. Kündigungen, Mieterhöhungen sowie andere Erklärungen mit dem Ziel, eine Vertragsänderung herbeizuführen, müssen von oder gegenüber allen Mietern abgegeben werden.
3. Die vorstehenden Regelungen gelten auch gegenüber dem Vermieter bekannt gegebenen Mitgliedern der Wohngemeinschaft.
4. Haben auf Mieterseite mehrere Personen den Vertrag geschlossen, so erklären sich hiermit alle Vertragsparteien damit einverstanden, dass bei dauerhaftem Auszug eines oder mehrerer Mitmieter der oder die verbleibenden Mieter den Vertrag mit allen Rechten und Pflichten übernehmen. Die Mieter sind zur schriftlichen Mitteilung der Vertragsanpassung an den Vermieter verpflichtet.

§ 21 Sonstige Vereinbarungen

1. Die Hausordnung ist Bestandteil dieses Vertrags, wenn sie ihm beigefügt ist. Wesentliche Verpflichtungen des Mietvertrags können hierdurch nicht abgeändert oder ergänzt werden.

2. Mieter und Vermieter vereinbaren als Sicherheit eine Mietkaution in Höhe von ____________ Euro.
   Der Mieter ist berechtigt, die Mietkaution in drei Raten ab Beginn des Mietverhältnisses zu zahlen. Alternativ kann der Mieter als Sicherheit auch eine Bankbürgschaft stellen oder ein auf seinen Namen angelegtes Sparbuch an den Vermieter verpfänden. Der Vermieter verpflichtet sich, den Mieter mit einem zeitlichen Vorlauf von zwei Wochen zu informieren, wenn er die Mietsicherheit in Anspruch nimmt.
   Nach Beendigung des Mietverhältnisses muss der Vermieter die Mietkaution schnellstmöglich zurückzahlen, spätestens nach drei Monaten.

3. ____

   ____

   ____

______________________________ ______________________________
Ort Datum

______________________________ ______________________________
Vermieter Mieter

→ **TIPP** In Zweifelsfällen empfiehlt es sich für die Vertragspartner, rechtskundigen Rat bei den jeweils örtlich zuständigen Organisationen der Hauseigentümer beziehungsweise der Mieter einzuholen.

Checklisten, Musterabrechnungen

- Checkliste Mieterhöhung auf die Vergleichsmiete
- Checkliste Modernisierungs-Mieterhöhung
- Musterabrechnung Heiz- und Warmwasserkosten
- Checkliste Heizkostenabrechnung
- Musterabrechnung „kalte“ Betriebskosten
- Checkliste „kalte“ Betriebskostenabrechnung
- Checkliste Mietminderung

Mit den nachfolgenden Checklisten können Sie prüfen, unter welchen Voraussetzungen Sie beispielsweise gegen eine ungerechtfertigte Mieterhöhung vorgehen oder die Miete aufgrund schwerwiegender Mängel in der Wohnung mindern können.

Zum Thema Nebenkostenabrechnung haben wir zusätzlich zu Checklisten für die Heiz- und Betriebskostenabrechnungen entsprechende Musterabrechnungen erstellt.

Alle Checklisten und Musterabrechnungen können Sie aus diesem Buch heraustrennen und direkt neben Ihre Abrechnungs- oder Vertragsunterlagen legen. So werden mögliche Ungereimtheiten auf einen Blick deutlich.

→

Alle Checklisten und Musterabrechnungen können Sie auch kostenlos online ausfüllen und ausdrucken.Sie finden sie unter: www.ratgeber-verbraucherzentrale.de/formulare-mieterhandbuch

Erläuterungen zu den Checklisten und Musterabrechnungen

Checklisten zur Mieterhöhung (→ Seite F-59 und Seite F-61)

In einem laufenden Mietverhältnis hat der Vermieter zwei Mieterhöhungsmöglichkeiten.

Er kann die Miete auf die **ortsübliche Vergleichsmiete** anheben (→ Seite 33). Das ist die Durchschnittsmiete, wie sie für vergleichbare Wohnungen am Wohnort des Mieters bereits bezahlt wird.

Diese Mieterhöhung ist nur mit Zustimmung des Mieters wirksam. Zustimmen muss der Mieter, wenn eine derartige Mieterhöhung nicht per Mietvertrag (Zeitmietvertrag) oder Gesetz (Staffel- beziehungsweise Indexmiete) ausgeschlossen ist, Jahressperrfrist und Kappungsgrenze eingehalten wurden und aus der Begründung mit Mietspiegel oder Mietdatenbank oder Sachverständigengutachten oder Vergleichswohnungen folgt, dass die Mieterhöhung die ortsübliche Vergleichsmiete nicht überschreitet.

Eine **Modernisierungsmieterhöhung** (→ Seite 68) setzt voraus, dass der Vermieter eine Baumaßnahme zur Einsparung von Heizenergie oder des Wasserverbrauchs oder für eine neue Erneuerbare-Energien-Heizungsanlage im Sinne des Gebäudeenergiegesetzes durchgeführt hat oder durch die Baumaßnahme der Gebrauchswert der Mietsache nachhaltig erhöht beziehungsweise hierdurch die allgemeinen Wohnverhältnisse verbessert wurden.

Eine „unechte" Modernisierung liegt vor, wenn die Baumaßnahme aufgrund von Umständen durchgeführt wird, die der Vermieter nicht zu vertreten hat.

In all diesen Fällen kann der Vermieter eine Mieterhöhung verlangen, das heißt festsetzen: Er kann 8 Prozent, unter Umständen auch 10 Prozent der anteiligen Modernisierungskosten auf die Jahresmiete des Mieters aufschlagen.

Gleichzeitig muss der Vermieter auch Kappungsgrenzen beachten. Die Mieterhöhung nach einer Modernisierung darf höchstens 3 Euro pro Quadratmeter betragen beziehungsweise höchstens 2 Euro, wenn die bisherige Miete unter 7 Euro pro Quadratmeter lag, oder sogar nur 0,50 Euro, wenn eine Erneuerbare-Energien-Heizungsanlage im Sinne des Gebäudeenergiegesetzes eingebaut wurde.

Bei Staffelmietverträgen ist eine Modernisierungsmieterhöhung ausgeschlossen. Bei Indexmietverträgen kann nur eine Mieterhöhung für die „unechte" Modernisierung verlangt werden, wenn also der Vermieter den Grund für die Baumaßnahme nicht zu vertreten hatte. Aber keine Regel ohne Ausnahme: Die gilt für die Erneuerbare-Energien-Heizungsanlage im Sinne des Gebäudeenergiegesetzes (vgl. F-5).

Erläuterungen zur Musterabrechnung Heiz- und Warmwasserkosten

Punkt für Punkt wird hier die Musterabrechnung für Heiz- und Warmwasserkosten der Abrechnungsfirma ista erklärt (→ Seite F-63). Lesen Sie Einzelheiten und Hintergründe zu den sogenannten „warmen" Betriebskosten genau durch. Anschließend können Sie mit der Checkliste Heizkostenabrechnung Ihre eigene Heiz- und Warmwasserkostenabrechnung überprüfen (→ Seite F-67).

→ **TIPP** Trennen Sie am besten die betreffenden Seiten heraus, und legen Sie die Musterabrechnung und Checkliste neben die Erläuterungen beziehungsweise Ihre eigenen Unterlagen zum Abgleich.

Es gibt keine gesetzlichen Vorgaben, wie eine verbrauchsabhängige Heiz- und Warmwasserkostenabrechnung aussehen und aufgebaut sein muss. Deshalb können sich Abweichungen in den Darstellungsformen anderer Abrechnungsfirmen, wie zum Beispiel Techem, Brunata oder Kalorimeta ergeben. Inhaltlich gibt es keine wesentlichen Unterschiede.

Die Firma ista teilt ihre dreiseitige Abrechnung in sieben Abschnitte ein. Es folgen drei Seiten mit Abrechnungs- und Verbrauchsinformationen und eine Darstellung der Kosten- und Verbrauchsentwicklung der letzten drei Abrechnungsperioden.

Die Einzelabrechnung Energiekosten wird an den Mieter Max Mustermann des Hauses Luxemburger Str. 1 in 45131 Essen geschickt.

Wichtig: Auch wenn die Abrechnung von der Firma ista stammt, bei Nachfragen, Korrekturwünschen usw. müssen sich Mieter immer an ihren Vermieter wenden, hier an die Firma Max Mustermann, nicht an die Abrechnungsfirma. Ein entsprechender Hinweis steht ganz oben auf der ersten Seite der Abrechnung.

1. Ihre Daten

Die wichtigsten Daten und Informationen sind auf der ersten Seite der Abrechnung zusammengefasst: Name und Anschrift des Mieters, das Abrechnungsdatum und der Abrechnungszeitraum. Hier hat ista die Abrechnung am 2. August 2023 erstellt, abgerechnet wird das Kalenderjahr 2022.

Spätestens zwölf Monate nach Ende der Abrechnungsperiode muss die Abrechnung beim Mieter eingetroffen sein. Wann die Abrechnungsfirma die Abrechnung erstellt hat, ist nicht entscheidend.

Direkt danach wird in der Abrechnung das konkrete – finanzielle – Ergebnis für den Mieter dargestellt: Kosten, die auf den Mieter entfallen: 865,69 Euro, Vorauszahlungen des Mieters in den zwölf Monaten des Kalenderjahres 2022: 960 Euro. Also hat der Mieter 94,31 Euro zu viel gezahlt. Dieses Guthaben muss der Vermieter an den Mieter auszahlen.

2. Ihre Ablese- und Verbrauchsdaten

Hier – immer noch auf der ersten Seite der Abrechnung – werden die für den Mieter entscheidenden Ablese- und Verbrauchswerte aufgelistet.

Die Heizkostenverteiler in den beiden Zimmern (W) der Wohnung, im Schlafzimmer (S) sowie in der Küche (K) und im Bad (B) sind mit Einheitsskalen ausgerüstet. Die abgelesenen Einheiten müssen nach einem Umrechnungsfaktor, der die Größe des Heizkörpers berücksichtigt, bewertet werden. Insgesamt sind in der Wohnung des Mieters 4.966,07 Einheiten angefallen. Aufgelistet sind hier auch die Ergebnisse des Warmwasserzählers mit 15,09 Kubikmetern.

Achtung: Diese Verbrauchszahlen werden später noch wichtig, wenn unter Ziff. 6 die Gesamtkosten aufgeteilt werden.

3. Ablese- und Verbrauchswerte der Allgemeinzähler

Hier geht es – auf Seite 2 der Abrechnung – um den Wärmezähler für die Warmwasserbereitung im Haus Luxemburger Str. 1. Insgesamt wurden für die Mieter des Hauses 16.863 kWh abgelesen. Das ist die Energiemenge, die zur Bereitstellung des Warmwassers benötigt wurde.

Achtung: Auch dieser Wert wird später noch einmal wichtig, bei der Trennung der Heiz- und Warmwasserkosten unter Ziff. 5.

4. Aufstellung der Gesamtkosten

In dem Haus sind Brennstoffkosten in Höhe von 5.290,62 Euro angefallen, für 65.669 kWh Gas. Abzuziehen ist die sogenannte Dezemberhilfe in Höhe von 440,88 Euro (vgl. Seite 55), sodass letztlich Brennstoffkosten in Höhe von 4.849,74 Euro abgerechnet werden. Dazu kommen die sogenannten Heizungsnebenkosten, hier Betriebsstrom, Wartungskosten, Kaminfeger und die Gebühren für die Verbrauchserfassung – zusammen 1.214,56 Euro. Weiterhin werden Kosten für die Erfassungsgeräte für Heizung und Warmwasser in Rechnung gestellt, sodass sich die Gesamtkosten für Brennstoff und Zusatzkosten für die Erfassungssysteme auf 6.465,12 Euro belaufen.

5. Ermittlung Heiz- und Warmwasserkosten

Bei verbundenen Zentralheizungsanlagen für Heizwärme und Warmwasser sind die einheitlich erfassten Kosten aufzuteilen.

Die Anlage hat insgesamt 65.669 kWh verbraucht, das hat 6.064,30 Euro gekostet (vgl. Ziff. 4, Summe Heizanlage Brennstoff- und Heiznebenkosten). 16.863 kWh (vgl. Ziff. 3) von 65.669 kWh entfielen auf Energie zur Erwärmung des Wassers. Der Preis hierfür lässt sich errechnen:

6.064,30 Euro geteilt durch 65.669 kWh, das ergibt den Preis für ein kWh, multipliziert mit 16.863 kWh ergibt den Preis für die Warmwassererwärmung, 1.557,24 Euro. Zusammen mit den 210,90 Euro Zusatzkosten für das Warmwasser (vgl. Ziff. 4) ergibt sich der Anteil der Warmwasserkosten in Höhe von 1.7668,14 Euro.

Auf der dritten Seite der Abrechnung werden jetzt die Heizkosten dargestellt: 4.696,98 Euro. Von der Summe der Kosten der Heizanlage in Höhe von 6.064,30 Euro (vgl. Ziffer 4) werden die Kosten der Warmwassererwärmung in Höhe von 1.557,24 Euro (siehe oben) abgezogen und die Zusatzkosten Heizung (vgl. Ziff. 4) über 189,92 Euro aufgeschlagen.

Zur Kontrolle: 4.696,98 Euro plus Warmwasserkosten 1.768,14 Euro ergeben zusammen 6.465,12 Euro

6. Aufteilung der Gesamtkosten

Die jetzt feststehenden Heizkosten und Warmwasserkosten für das Haus Luxemburger Str. 1 müssen jetzt auf die einzelnen Mietparteien des Hauses aufgeteilt werden.

Die Heizkosten in Höhe von 4.696,98 Euro werden hier zu 30 Prozent als Grundkosten, d.h. nach Quadratmetern, und zu 70 Prozent nach erfasstem Verbrauch (vgl. Ziff. 6) verteilt. 30 Prozent von 4.696,98 Euro sind 1.409,09 Euro. Die Gesamtwohnfläche des Hauses in der Luxemburger Str. 1 beträgt 506,46 Quadratmeter. 1.409,09 geteilt durch 506,46 ergibt 2,782234 – das ist rechnerisch der Preis für einen Quadratmeter. Die Mieterwohnung ist 61,63 Quadratmeter groß. Multipliziert mit dem Quadratmeterpreis 2,782234 ergibt sich der Grundkostenanteil (30 Prozent der Heizkosten), den der Mieter hier bezahlen muss: 171,47 Euro.

Die restlichen 70 Prozent der Heizkosten in Höhe von 4.696,98 Euro machen 3.287,89 Euro aus. Dieser Kostenblock wird verbrauchsabhängig abgerechnet.

Insgesamt wurden im Haus Luxemburger Str. 1 für alle Heizkostenverteiler in den Mieterwohnungen 32.250,65 Einheiten ermittelt. Bei 3.287,89 Euro entfallen somit 0,101948 Euro auf eine Einheit. In der Mieterwohnung wurden 4.966,07 Einheiten festgestellt. Die Verbrauchskosten (70 Prozent der Heizkosten) betragen bei einem Preis von 0,101948 Euro pro Einheit für den Mieter somit 506,28 Euro.

Nach dem gleichen Prinzip werden die Warmwasserkosten in Höhe von 1.768,14 Euro auf die Mieter des Hauses verteilt. 30 Prozent, also 530,44 Euro, nach der Wohnfläche und 70 Prozent, also 1.237,70 Euro, nach Verbrauch. Insgesamt fielen im Haus 151,37 Kubikmeter Warmwasser an, sodass rechnerisch ein Kubikmeter 8,176653 Euro kostet. In der Mieterwohnung fielen 15,09 Kubikmeter Warmwasser an (vgl. Ziff. 2), das ergibt 123,39 Euro.

Ergebnis:

30 Prozent Heizkosten nach Quadratmeter	171,47 Euro
70 Prozent Heizkosten nach Verbrauch	506,28 Euro
30 Prozent Warmwasserkosten nach Quadratmeter	64,55 Euro
70 Prozent Warmwasserkosten nach Verbrauch	123,39 Euro
Zusammen	865,69 Euro

Von den Brennstoffkosten wurden 440,88 Euro Dezemberhilfe abgezogen (vgl. Ziff. 4). Unter Ziffer 7 der Abrechnung wird angegeben, welche Auswirkungen die Entlastung auf den Mieter als Empfänger der Musterabrechnung hat. Sein Anteil an den Heiz- und Warmwasserkosten beträgt 13,45 Prozent und damit seine anteilige Entlastung aus der Dezemberhilfe 59,31 Euro.

Erläuterung zur Betriebskostenabrechnung

Punkt für Punkt wird hier die Musterabrechnung für die Betriebskosten einer Mietwohnung erklärt **(→ Seite F-69).** Lesen Sie die Einzelheiten und Hintergründe zu den sogenannten „kalten" Betriebskosten genau durch. Anschließend können Sie mit der Checkliste zur Betriebskostenabrechnung Ihre eigene Betriebskostenabrechnung überprüfen **(→ Seite F-71).**

→ **TIPP** Trennen Sie am besten die betreffenden Seiten heraus, und legen Sie die Musterabrechnung und Checkliste neben die Erläuterungen beziehungsweise Ihre eigenen Unterlagen zum Abgleich.

① Die Betriebskostenabrechnung 2022 betrifft die Wohnung Nr. 24 der Mieterin König in der Parkstr. 4, 40444 Musterkirchen.

② Mieterin und Empfängerin der Betriebskostenabrechnung ist Hatice König. Vermieter und Absender ist die Wohnungsbaugesellschaft Glückauf mbH.

③ Der Abrechnungszeitraum betrifft das Kalenderjahr 2022, also den Zeitraum 1.1.2022 bis 31.12.2022. Der Abrechnungszeitraum muss zwölf Monate betragen. Denkbar ist aber auch ein Abrechnungszeitraum beispielsweise vom 1.10. bis 30.9. oder vom 1.4. bis 31.3.

Die Mietzeit von Hatice König entspricht dem Abrechnungszeitraum. Anders wäre es, wenn die Mieterin während des Abrechnungszeitraums ein- oder ausgezogen wäre. Das müsste bei der Mietzeit vermerkt werden, die Mieterin könnte dann nur zeitanteilig mit den Betriebskosten für 2022 belastet werden.

Hier ist die Abrechnung am 13.4.2023 erstellt worden. Diese Information ist eigentlich überflüssig. Entscheidend ist, dass die Mieterin die Abrechnung bis Ende 2023 erhalten hat. Verpasst der Vermieter diesen Termin, muss die Mieterin keine Nachzahlungen leisten – egal, mit welchem Ergebnis die Betriebskostenabrechnung endet.

④ Unter „Kostenart" sind die einzelnen Betriebskostenarten aufgeführt, die mit der Abrechnung auf die Mieter des Hauses umgelegt werden. In der Spalte rechts daneben sind für jede einzelne Betriebskostenart die Kosten aufgelistet, die für das Haus Parkstr. 4 insgesamt im Kalenderjahr 2022 angefallen sind. Diese Kosten müssen jetzt auf die einzelnen Wohnungen, das heißt Mieterhaushalte verteilt werden.

⑤ Meistens enthält der Mietvertrag schon Vorgaben und Regelungen zur Verteilung der Betriebskosten. Grundsätzlich gilt: Wenn nicht ausdrücklich etwas anderes vereinbart ist, werden die Betriebskosten nach Wohnfläche verteilt.

Hier werden die einzelnen Kosten nach drei unterschiedlichen Verteilerschlüsseln aufgeteilt.

Der Aufteilungsmaßstab Personenzahl (P) gilt für die Betriebskostenarten Wasser, Abwasser und Müllabfuhr. Soweit Zähler oder Erfassungssysteme installiert und vorhanden sind, könnten diese Kostenarten auch verbrauchsabhängig aufgeteilt werden.

Die Kosten für die Gemeinschaftsantenne/Kabel werden nach Wohneinheiten (WE) und alle anderen Betriebskostenarten nach Wohnfläche (W) verteilt.

Unter „Allgemeine Angaben zu Verteilerschlüsseln“ macht der Vermieter die notwendigen Angaben, damit die Mieter nachvollziehen können, wie die Gesamtkosten des Hauses konkret auf ihre Wohnung heruntergebrochen werden.

⑥ Die 3.420 Euro Grundsteuer werden nach Wohnfläche verteilt. Das Haus hat eine Gesamtwohnfläche von 1.500 Quadratmetern, die Mietwohnung ist 50 Quadratmeter groß.

So wird gerechnet: 3.420 : 1.500 = 2,28 Euro. Das sind jetzt die Grundsteuerkosten pro Quadratmeter. Da Mieterin König eine 50 Quadratmeter große Wohnung hat, muss sie 2,28 Euro x 50 = 114 Euro zahlen.

Für die Wasserkosten in Höhe von 3.780,95 Euro, die im Haus angefallen sind, gilt der Verteilerschlüssel Personenzahl. 55 Mieter wohnen im Haus, Mieterin König wohnt allein. So wird gerechnet: 3.780,95 : 55 = 68,74 Euro. Pro Kopf sind also 68,74 Euro angefallen, für den Einpersonenhaushalt der Mieterin ist das dann auch ihr Kostenanteil. Würden in der Wohnung zwei Personen leben, müssten sie 68,74 Euro x 2, also 137,48 Euro zahlen.

Die Verteilung der Kosten für die Gemeinschaftsantenne beziehungsweise Kabel erfolgt nach Wohneinheiten. 600 Euro aufgeteilt auf 25 Wohnungen ergeben pro Wohnung Kosten in Höhe von 24 Euro.

⑦ Die einzelnen Kosten aufaddiert betragen für Mieterin König insgesamt 799,69 Euro. Sie hat im Jahr 2022 monatliche Vorauszahlungen von 60 Euro geleistet, also insgesamt 720 Euro bezahlt. Das bedeutet, 79,69 Euro stehen noch offen. Das ist ihr Nachzahlungsbetrag.

Erläuterung zur Checkliste Mietminderung (→ Seite F-73)

Treten während der Mietzeit Wohnungsmängel auf, ist die Wohnung nicht vertragsgemäß, nicht zu 100 Prozent in Ordnung. Konsequenterweise muss der Mieter dann auch nicht 100 Prozent Miete zahlen. Er kann die geschuldete Miete mindern, das heißt kürzen. Und zwar von dem Moment an, in dem er dem Vermieter den Mangel angezeigt hat, bis zu dem Zeitpunkt, zu dem der Mangel abgestellt worden ist. Dieses Recht kann einem Mieter auch nicht durch Regelungen im Mietvertrag streitig gemacht werden. Die gesetzliche Regelung im Bürgerlichen Gesetzbuch, die eine Mietminderung erlaubt, ist zwingend.

Aber trotzdem gibt es auch bei diesem Mietminderungsrecht eine Reihe von Fallstricken und Ausnahmen, an die man denken muss. Die Checkliste Mietminderung fasst noch einmal das Kapitel „Mängel, Reparaturen und Mietminderung“ in Stichworten zusammen. Bestehen Zweifel, ob ein Wohnungsmangel vorliegt, der zu einer Mietminderung berechtigt, oder gibt es Unklarheiten, in welchem Umfang die Miete gemindert werden darf, sollten Sie den örtlichen Mieterverein einschalten.

Checkliste Mieterhöhung auf die Vergleichsmiete

	Geprüft und in Ordnung	Nicht zu klären/offen
Festmiete vereinbart? Prüfen, ob die Miete für einen bestimmten Zeitraum ausdrücklich festgeschrieben ist, denkbar bei Zeitverträgen.	☐	☐
Staffelmiete? Hier sind jährliche Mietsteigerungen im Mietvertrag festgelegt, Erhöhungen auf Vergleichsmiete ausgeschlossen.	☐	☐
Indexmietvertrag? Auch hier richten sich Mietsteigerungen nach dem Vertrag, Erhöhungen auf die Vergleichsmiete sind ausgeschlossen.	☐	☐
Richtiger Absender? Nur der Vermieter darf die Miete erhöhen. Haus- oder Wohnungskäufer müssen im Grundbuch eingetragen sein. Erben müssen einen Erbschein vorweisen können.	☐	☐
Schriftliche Erhöhung? Mündliche oder telefonische Mieterhöhungen reichen nicht aus. Die schriftliche Mieterhöhung muss von allen Vermietern stammen.	☐	☐
Schriftform/Textform? Schriftform, das heißt eigenhändige Unterschrift des Vermieters ist in Ordnung, aber nicht zwingend vorgeschrieben. Textform reicht aus. Es genügt ein Computerausdruck, an dem am Ende ein Faksimile einer Unterschrift oder ein „gez. Müller" steht.	☐	☐
Richtig adressiert? Die Mieterhöhung muss an alle Mieter gerichtet werden, das gilt auch bei Ehepaaren und Mitgliedern von Wohngemeinschaften.	☐	☐
Mieterhöhung vom Bevollmächtigten? Lässt der Vermieter die Mieterhöhungserklärung von einem Anwalt oder einer Hausverwaltung abgeben, muss bei der Mieterhöhung die Originalvollmacht beiliegen, sonst kann die Erhöhung zurückgewiesen werden, 14 Tage Zeit.	☐	☐
Jahressperrfrist eingehalten? Nach Einzug in die Wohnung oder nach der letzten Mieterhöhung auf die Vergleichsmiete müssen mindestens zwölf Monate liegen. Kommt die neue Mieterhöhung früher, ist sie unwirksam.	☐	☐

F-60 Checkliste Mieterhöhung auf die Vergleichsmiete

	Geprüft und in Ordnung	Nicht zu klären/offen
Richtig begründet? Dem Vermieter stehen vier Begründungsmittel zur Verfügung: Mietspiegel, Sachverständigengutachten, Vergleichswohnungen oder Mietdatenbank.	☐	☐
Qualifizierter Mietspiegel? Existiert vor Ort ein qualifizierter Mietspiegel, muss der Vermieter die Mieterhöhung hiermit begründen. Zumindest muss er die dort aufgeführten Mietpreise in seinem Schreiben mit angeben.	☐	☐
Vergleichswohnungen? Prüfen, ob die Vergleichswohnungen vergleichbar sind. Mieterhöhung immer mit dem Mietspiegel vergleichen oder den Mieterverein sofort einschalten.	☐	☐
Sachverständigengutachten? Das Gutachten muss der Mieterhöhung beiliegen. Im Zweifel mit dem Mietspiegel vergleichen oder Auskunft beim Mieterverein einholen.	☐	☐
Mietspiegel? Enthält der Mietspiegel Preisspannen, ist normalerweise von Durchschnittswerten auszugehen. Mietspiegel gibt es bei örtlichen Mietervereinen, bei den Wohnungsämtern oder kostenlos im Internet.	☐	☐
Wohnungsgröße richtig? Prüfen, ob die im Mieterhöhungsschreiben angegebene Wohnungsgröße stimmt.	☐	☐
Kappungsgrenze berücksichtigt? Innerhalb von drei Jahren darf die Miete höchstens um 20 Prozent/ 15 Prozent steigen. Sie darf dadurch aber nie über die ortsübliche Vergleichsmiete klettern.	☐	☐
Kappungsgrenze richtig berechnet? Verglichen werden muss die Miete, wie sie der Vermieter für die Zukunft fordert, mit der Miete, die der Mieter vor drei Jahren (drei Jahre vor Wirksamwerden der neuen Mieterhöhung) gezahlt hat.	☐	☐
Überlegungsfrist nutzen? Die Frist beträgt zwischen zwei und drei Monaten: der Rest des Monats, in dem die Erhöhung kommt, plus zwei weitere Monate.	☐	☐
Zustimmung erteilen? Ohne Zustimmung des Mieters wird die Mieterhöhung nicht wirksam. Teilzustimmung ist möglich. Ist die Mieterhöhung in Ordnung, muss der Mieter zustimmen.	☐	☐

→ **ACHTUNG** Bleibt ein Punkt offen oder ist eine Frage nicht zu klären, sollten Sie den Mieterverein einschalten. Möglicherweise ist die Mieterhöhung unzulässig oder unbegründet.

Checkliste Modernisierungsmieterhöhung

	Geprüft und in Ordnung	Nicht zu klären/offen
Baumaßnahmen abgeschlossen?	☐	☐
Modernisierungsbaumaßnahme? Bedeutet sie eine nachhaltige Erhöhung des Gebrauchswerts der Wohnung, nachhaltige Energie- oder Wassereinsparung, den Einbau einer neuen Erneuerbare-Energien-Heizungsanlage im Sinne des Gebäudeenergiegesetzes oder eine dauerhafte Verbesserung der allgemeinen Wohnverhältnisse?	☐	☐
Modernisierung ordnungsgemäß angekündigt?	☐	☐
Liegen Härtegründe vor?	☐	☐
Mieterhöhung nach Mietvertrag überhaupt zulässig?	☐	☐
Richtiger Absender? Der/die aktuelle/-n Vermieter.	☐	☐
Mieterhöhungserklärung schriftlich? Textform reicht aus.	☐	☐
Richtig adressiert? Die Mieterhöhung muss an alle Mieter gerichtet werden.	☐	☐
Mieterhöhung im Vermieter**schreiben berechnet und erläutert?**	☐	☐
Kosten der Baumaßnahme korrekt erfasst?	☐	☐
Reparaturanteil herausgerechnet?	☐	☐
Fiktive Erhaltungskosten abgezogen?	☐	☐
Pauschaler Abzug in Höhe von 10 Prozent für Erhaltungsmaßnahmen bei Heizungsanlagenmodernisierung im Sinne des Gebäudeenergiegesetzes?	☐	☐
Staatliche Zuschüsse und Zinsverbilligungen berücksichtigt?	☐	☐
Gesamtmodernisierungskosten nachvollziehbar auf Wohnungen/ Mietparteien aufgeteilt?	☐	☐
Mieterhöhung richtig berechnet? 8 Prozent der Modernisierungskosten auf die Jahresmiete.	☐	☐

	Geprüft und in Ordnung	Nicht zu klären/offen
10 Prozent der Modernisierungskosten bei einer Heizungsanlagenmodernisierung und Inanspruchnahme von öffentlichen Mitteln?	☐	☐
Kappungsgrenze bei Mieterhöhung eingehalten? Mieterhöhung höchstens 3 Euro pro Quadratmeter. Mieterhöhung höchstens 2 Euro pro Quadratmeter, wenn bisherige Miete unter 7 Euro pro Quadratmeter lag. Mieterhöhung darf höchstens 0,50 Euro pro Quadratmeter betragen, wenn neue „Erneuerbare-Energien-Heizungsanlage“ im Sinne des Gebäudeenergiegesetzes eingebaut wurde.	☐	☐
Mieterhöhungsfrist in Ordnung? ... mit Beginn des dritten Monats nach Zugang des Vermieterschreibens.	☐	☐
Mieterhöhungsfrist verspätet? Fällt die Mieterhöhung mehr als 10 Prozent höher aus als angekündigt oder hat der Vermieter nichts zur Mieterhöhung gesagt, wird die Erhöhung erst sechs Monate später wirksam.	☐	☐
Vereinfachtes Mieterhöhungsverfahren? Modernisierungskosten höchstens 10.000 Euro. Pauschaler Abzug in Höhe von 30 Prozent von den Modernisierungskosten vorgenommen.	☐	☐

→ **ACHTUNG** Bleibt ein Punkt offen oder ist eine Frage nicht zu klären, sollten Sie sich unverzüglich an Ihren örtlichen Mieterverein wenden. Wahrscheinlich ist die Mieterhöhung fehlerhaft.

Bei Fragen
kontaktieren Sie bitte:

Firma
Max Mustermann
Luxemburger Str. 1
45131 Essen

ista SE
Luxemburger Str. 1 · 45131 Essen
Postfach 103134 · 45031 Essen
www.ista.de

Sitz der Gesellschaft: Essen
Amtsgericht Essen HRB 33C73

Vorsitzender des Aufsichtsrats:
Dr. Dieter Hackenberg

Vorstand:
Dr. Hagen Lessing (Vorsitzender)
Thomas Lemper (stellv. Vorsitzender)
Oliver Schlodder
Steuer-Nr. 5112/5734/2093
USt-IdNr. DE350190920

Max Mustermann | Luxemburger Str. 1 | 45131 Essen

Herrn/Frau/Firma
Max Mustermann
Luxemburger Str. 1
45131 Essen

1/7

Seite

Einzelabrechnung Energiekosten

1. Ihre Daten

Liegenschaft/Nutzer	15-460-3700/9 - 0001/0
Etage	EGL
Liegenschaftsadresse	Luxemburger Str. 1 45131 Essen
Abrechnungsdatum	02.08.2023
Abrechnungszeitraum	01.01.2022 - 31.12.2022

Bei Rückfragen zu Ihrer Abrechnung helfen diese Angaben zur schnellen Identifizierung Ihrer Wohnung weiter.

Ihre Abrechnung
Brutto

Ihre Gesamtkosten	865,69 €
Ihre Vorauszahlung	960,00 €
Ihr Guthaben	94,31 €

2. Ihre Ablese- und Verbrauchswerte

Lauf. Nr.	Raum	Geräte Nr.	Einheiten	Ablesewert - NEU	Ablesewert = ALT	Differenz x	Umr. = Faktor	Verbrauch
Heizkostenverteiler 1)								
01/0	K	219130994	Einh.	12.180,00 -	10.487,00 =	1.693,00 x	0,675 =	1.142,78
02/0	S	219131014	Einh.	9.342,00 -	8.523,00 =	819,00 x	0,925 =	757,58
03/0	W	219131038	Einh.	18.733,00 -	16.162,00 =	2.571,00 x	0,425 =	1.092,68
04/0	W	219131052	Einh.	26.687,00 -	22.966,00 =	3.721,00 x	0,425 =	1.581,43
05/0	B	219131021	Einh.	5.561,00 -	4.582,00 =	979,00 x	0,400 =	391,60
Verbrauchseinheiten (mit UF-Faktor)								4.966,07
Summe Verbrauchseinheiten für den Zeitraum 1.01.22 - 31.12.22								4.966,07
Warmwasserzähler								
01/0	B	27616574	m³	20,80 -	5,71		=	15,09
Verbrauchseinheiten								15,09
Summe Verbrauchseinheiten für den Zeitraum 1.01.22 - 31.12.22								15,09

1) Die in Ihrer Wohnung/Nutzeinheit installierten Heizkostenverteiler sind (z.T. auf die Einheitsskala 20 programmiert. Um unterschiedliche Heizkörperleistungen zu berücksichtigen, müssen die Ablese-/Differenzwerte im Rahmen der Abrechnung in Verbrauchseinheiten umgerechnet werden. Die Berechnung erfolgt unter Berücksichtigung eines Umrechnungsfaktors, der die Heizkörperbewertung gem. DIN EN 834/835 beinhaltet.
Berechnungsformel:
Ablesewert bzw. Differenzwert x Umrechnungsfaktor (UF) = Verbrauchseinheit je Gerät
(UF = Verbrauchsskala : Einheitsskala)

Bei Fragen
kontaktieren Sie bitte:

Firma
Max Mustermann
Luxemburger Str. 1
45131 Essen

2/7

Seite

Einzelabrechnung Energiekosten - Ihre Daten

Liegenschaft/Nutzer	**15-460-3700/9 - 0001/0**
Name	Max Mustermann
Abrechnungsdatum	02.08.2023
Abrechnungszeitraum	01.01.2022 - 31.12.2022

3. Ablese- und Verbrauchswerte der Allgemeinzähler

Lauf. Nr.	Raum	Geräte Nr.	Einheiten	Ablesewert - NEU	Ablesewert = ALT	Verbrauch
0000/0	ALLGEMEIN					
Wärmezähler				Wärmezähler für die WW-Bereitung		
01/0	HR	693829513	kWh	43.419,00 -	26.556,00 =	16.863,00

Die unter "Allgemein" zusammengefassten Zähler dienen in der Regel der Vorverteilung von Heizenergieverbrauch auf unterschiedliche Nutzergruppen oder der Trennung von Heizenergieverbrauch und Verbrauch für die Warmwasseraufbereitung. Hierbei kann es sich um Wärmezähler, Wasserzähler, Boilerzähler oder auch Gaszähler handeln. Sollten S Fragen zu deren Verwendung innerhalb der Abrechnung haben, sprechen Sie uns bitte an.

4. Aufstellung der Gesamtkosten

Brutto

Kostenart	Datum	Menge Einheit	Teilbetrag	Gesamtbetrag
Brennstoffkosten				
Rechnung	31.12.2022	65.669 kWh Gas	5.290,62 €	
Dez.-Hilfe §5 EWSG			-440,88 €	
Summe Brennstoffkosten		65.669 kWh Gas		4.849,74 €
Heiznebenkosten				
Betriebsstrom	31.12.2022		239,53 €	
Wartungskosten	15.12.2022		252,87 €	
Kaminfeger	23.09.2022		68,25 €	
Geb.Verbrauchserfsg.			653,91 €	
Summe Heiznebenkosten				1.214,56 €
Summe Heizanlage (Brennstoff- und Heiznebenkosten)				6.064,30 €
Zusatzkosten Heizung				
Kosten Geräte Hzg			189,92 €	
Summe Zusatzkosten Heizung				189,92 €
Zusatzkosten Warmwasser				
Kosten Geräte WW			210,90 €	
Summe Zusatzkosten Warmwasser				210,90 €
Gesamtkosten der Liegenschaft				6.465,12 €

An dieser Stelle finden Sie all vom Vermieter oder Hausverwalter angegebenen Brennstoffkosten wieder. Zusammen mit den etwaiger Haus- und Heiznebenkosten sowie weiteren Zusatzkosten ergeben sich die Gesamtkost der Liegenschaft.

5. Ermittlung Heiz- und Warmwasserkosten
(lt. Heizkostenverordnung § 9 Abs. 1 und 2)

Kosten : Heizanlage	Gesamtwärme- x menge	Wärmemenge = für Warmwasser	Anteil WW an Heiz- und WW-Gesamtkosten
6.064,30 € :	65.669,00 kWh x	16.863,00 kWh =	1.557,24 € Brutto

Die Warmwasserkosten werden gemäß § 9 Abs. 2 Heizkostenverordnung erm telt. Die Heizkosten ergebe sich dann aus der Differenz zwischen den Kosten der Heizanlage und den Warmwasserkosten.

Bei Fragen
kontaktieren Sie bitte:

Firma
Max Mustermann
Luxemburger Str. 1
45131 Essen

3/7

Seite

Einzelabrechnung Energiekosten - Ihre Daten

Liegenschaft/Nutzer	**15-460-3700/9 - 0001/0**
Name	Max Mustermann
Abrechnungsdatum	02.08.2023
Abrechnungszeitraum	01.01.2022 - 31.12.2022

5. Ermittlung Heiz- und Warmwasserkosten
(lt. Heizkostenverordnung § 9 Abs. 1 und 2)

		Kosten : Heizanlage	Gesamtwärme- x menge	Wärmemenge = für Warmwasser	Anteil WW an Heiz- und WW-Gesamtkosten
Ermittlung der WW-Kosten		Brutto			
Anteil WW-Erwärmung		1.557,24 €			
Zusatzkosten Warmwasser	+	210,90 €			
Anteil Warmwasserkosten	=	1.768,14 €			
Ermittlung der Heizkosten		Brutto			
Kosten der Heizanlage		6.064,30 €			
Anteil WW-Erwärmung	-	1.557,24 €			
Zusatzkosten Heizung	+	189,92 €			
Anteil Heizkosten	=	4.696,98 €			

6. Aufteilung der Gesamtkosten

Brutto

Kostenart	**Gesamt- : betrag**	**Gesamteinheiten = der Liegenschaft**	**Betrag pro x Einheit**	**Ihre Ein- = heiten**	**Ihr Kostenanteil**
Heiz- und Warmwasserkosten	6.465,12 €				
Heizkosten	4.696,98 €				
davon					
30% Grundkosten Heizung	1.409,09 € :	506,46 m² Wohnfläche =	2,782234 € x	61,63 =	171,47 €
70% Verbrauchsk.Heizung	3.287,89 € :	32.250,65 = HKV-Einheiten	0,101948 € x	4.966,07 =	506,28 €
Warmwasserkosten	1.768,14 €				
davon					
30% Grundk. Warmwasser	530,44 € :	506,46 m² Wohnfläche =	1,047348 € x	61,63 =	64,55 €
70% Verbrauchsk. Warmw.	1.237,70 € :	151,37 m³ Warmwasser =	8,176653 € x	15,09 =	123,39 €
Ihre Heiz- und Warmwasserkosten					865,69 €
Ihre Gesamtkosten					865,69 €
Ihre Vorauszahlung					960,00 €
Ihr Guthaben					94,31 €

ⓘ Die Heiz-/ und ggf. Warmwasserkosten werden gemäß Heizkostenverordnung in Grund- und Verbrauchsanteile getrennt. Die Grundkosten entstehen durch die ständige Wärmebereitstellung sowie Leitungsverluste der Anlage. Die Verbrauchskosten werden entsprechend Ihrem persönlichen Wärme- und ggf. Warmwasserverbrauch verteilt.

7. In Ihrer Abrechnung enthaltene Entlastungsbeträge

Staatliche Entlastungen	**Kostenart**	**Entlastung gesamt**	x	**Ihr Kostenanteil für Hzg./WW**	=	**Ihre anteilige Entlastung**
Dez.-Hilfe §5 EWSG	Heiz- und Warmwasserkosten	440,88 €	x	13,45 %	=	59,31 €
Gesamte staatliche Hilfen		440,88 €				59,31 €

ⓘ Ihren Anteil an den Entlastungsbeträgen errechnen wir im prozentualen Verhältnis zu Ihrem Anteil an den Gesamtkosten für z.B. Heizung und Warmwasser.

ista

Bei Fragen
kontaktieren Sie bitte:

Firma
Max Mustermann
Luxemburger Str. 1
45131 Essen

5/7

Seite

Einzelabrechnung Energiekosten - Ihre Daten

Liegenschaft/Nutzer	**15-460-3700/9 - 0001/0**
Name	Max Mustermann
Abrechnungsdatum	02.08.2023
Abrechnungszeitraum	01.01.2022 - 31.12.2022

8. Ihre Abrechnungs- und Verbrauchsinformationen (nach § 6a Abs. 3 HKVO)

Angaben zum Energiemix und CO_2-Ausstoß der Liegenschaft

Energieart	Energiemenge	Primärenergiefaktor	CO_2-Faktor	CO_2-Ausstoß
kWh Erdgas	65.669 kWh		0,201 tCO_2/MWh	13,199 tCO_2
Ihr Anteil am Gesamt-Energieverbrauch:		13,45 %	**Ihr CO_2 Anteil:**	1,776 tCO_2

Der CO_2-Ausstoß wird mit d
CO_2-Faktoren gem. „Merkbl
Bundesamtes für Wirtschaf
Ausfuhrkontrolle" berechne

Ihren Anteil berechnen wir
prozentualen Verhältnis zu
Ihren(m) Gesamtkosten/-ve
brauch für Heizung und Wa
wasser.

Der Primärenergiefaktor
gewichtet die Energieverlus
der Erzeugung, Umwandlur
Bereitstellung der Energiea

Ihr Verbrauch für Heizung (klimabereinigt) und Warmwasser

	Zeitraum	Ihr Verbrauch (VB)	Klima-faktor	VB x Klimafaktor
Heizung	01.01.2020-31.12.2020	8.356,01 kWh	1,28	10.695,69
	01.01.2021-31.12.2021	7.790,27 kWh	1,11	8.647,20
	01.01.2022-31.12.2022	7.042,49 kWh	1,27	8.943,96
Warmwasser	01.01.2020-31.12.2020	1.836,52 kWh		
	01.01.2021-31.12.2021	1.965,62 kWh		
	01.01.2022-31.12.2022	1.792,35 kWh		

Heizung

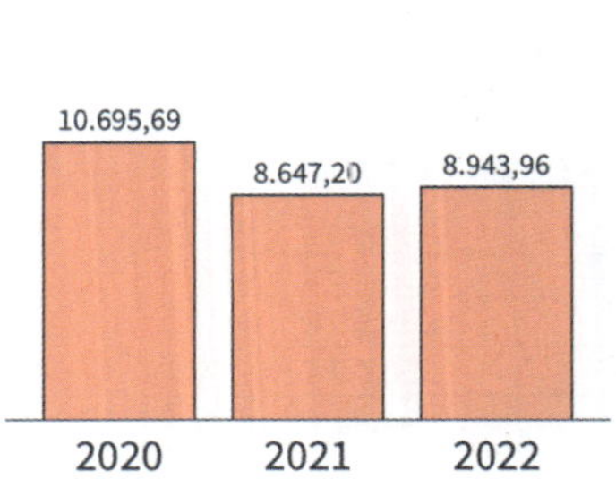

Warmwasser

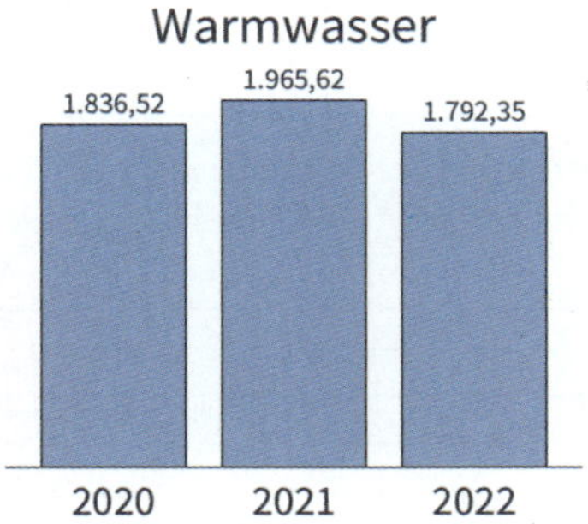

Die HKVO schreibt vor, den
Verbrauch für Heizwärme u
Warmwassererwärmung üb
Jahre vergleichbar zu mach
Dazu rechnen wir die aufge
dete Gesamt-Brennstoff-/E
menge zunächst einheitlich
Kilowatt (kWh) um und erm
Ihren Verbrauchsanteil für H
zung und Warmwasserbere
im Verhältnis zu Ihrem proz
tualen Anteil an den Kosten

Die Klimabereinigung mach
Verbrauch von Wohnungen
unabhängig von der
geografischen Lage und
Witterungseinflüssen über
mehrere Jahre vergleichba

Wir verwenden dazu
Klimafaktoren des "Deutsch
Wetterdienstes".

Ihr Verbrauch für Heizung (flächennormiert) und Warmwasser im Vergleich zu einem Referenzverbrauch

	Zeitraum	Ihr Verbrauch (VB)	Fläche in m^2	Verbrauch pro m^2	Referenz-verbrauch
Heizung	01.01.2020-31.12.2020	8.356,01 kWh	61,63	135,58	167,46
	01.01.2021-31.12.2021	7.790,27 kWh	61,63	126,40	164,50
	01.01.2022-31.12.2022	7.042,49 kWh	61,63	114,27	206,76

Die Flächennormierung ma
den Verbrauch der Nutzein
unabhängig von der Lage u
Größe mit einem Referenzv
vergleichbar.

Der Referenzverbrauch wird
Basis der Durchschnittsver-
bräuche aller ista Abrechnu
für 12 Monate gebildet.

Der Referenzverbrauch für
Warmwasser wird anhand d
durchschnittlichen Anzahl v
Personen je Haushalt ermit

Checkliste Heizkostenabrechnung

	ja	nein
Hat der Vermieter die Abrechnungsfrist von zwölf Monaten eingehalten (Ausschlussfrist)?	☐	☐
Beträgt der Abrechnungszeitraum ein Jahr?	☐	☐
Bei Erdgas, Fernwärme oder Nahwärme: Sind die verbrauchte Energiemenge und der dafür bezahlte Preis angegeben (in kW/h, MW/h, m^3)?	☐	☐
Ist bei den Kosten für Gas oder Wärme der reduzierte Umsatzsteuersatz (1.10.2022 bis 31.3.2024) von 7 Prozent berücksichtigt worden?	☐	☐
Hat der Vermieter die Dezember-Hilfe von den Heizkosten abgezogen, ca. 1/12 der Kosten (gilt für Abrechnung 2022)?	☐	☐
Hat der Vermieter die Erdgas-Wärme-Preisbremse beachtet (gilt für 2023)?	☐	☐
Bei Öl oder anderen festen Brennstoffen: Sind der Anfangsbestand und der Restbestand angegeben? Wurde der Restbestand richtig bewertet und korrekt abgezogen?	☐	☐
Fallen alle Daten der Lieferungen in den Abrechnungszeitraum?	☐	☐
Hat der Vermieter die Entlastung aus dem Härtefallfonds für Heizöllieferungen in Anspruch genommen und weitergegeben (gilt für Abrechnungen für 2022)?	☐	☐
Sind die Heiznebenkosten einzeln aufgeführt?	☐	☐
Sind die Kosten für die Messgeräte angemessen?	☐	☐
Wartungskosten sollten unter 5 Prozent der Brennstoffkosten liegen. Ist diese Grenze eingehalten?	☐	☐
Betriebsstromkosten sollten nicht höher als 8 Prozent der Brennstoffkosten sein. Sind diese Werte eingehalten?	☐	☐
Entspricht der Verteilerschlüssel den Vorgaben der Heizkostenverordnung? Sind die Grundkosten für Heiz- und Warmwasserkosten mit 30 bis 50 Prozent angesetzt worden, die Verbrauchskosten entsprechend mit 50 bis 70 Prozent?	☐	☐
Trägt der Vermieter die Grundkosten für leer stehende Wohnungen selbst?	☐	☐
Entspricht der Verteilerschlüssel dem des Vorjahrs? Änderungen sind nur in Ausnahmefällen zulässig.	☐	☐
Ist nach Ihrem Ein- oder Auszug eine Zwischenablesung durchgeführt worden?	☐	☐

Zahlt der Vermieter die Kosten für die Zwischenablesung selbst?	☐	☐
Wenn Ihr Verbrauch geschätzt werden musste – entspricht die Schätzung den Vorgaben der Heizkostenverordnung?	☐	☐
Ist der Warmwasserverbrauch für das Haus bei einer „verbundenen Anlage“ korrekt aufgeteilt worden?	☐	☐

→ **ACHTUNG** Lassen Sie Ihre Heizkostenabrechnung auf jeden Fall von Ihrem örtlichen Mieterverein prüfen, wenn Sie eine dieser Fragen mit „Nein“ beantwortet haben. Hat der Vermieter nicht verbrauchsabhängig abgerechnet, obwohl er nach der Heizkostenverordnung hierzu verpflichtet wäre, können Sie 15 Prozent von Ihrer Rechnung direkt abziehen.

Musterabrechnung „kalte“ Betriebskosten

Wohnungsbaugesellschaft Glückauf mbH, 44444 Musterkirchen

Frau
Hatice König
Parkstr. 4 ②
40444 Musterkirchen

Abrechnung erstellt am: 13.04.2023 ③
Abrechnungszeitraum: 01.01.2022 bis 31.12.2022
Mietzeit: 01.01.2022 bis 31.12.2022

Betriebskostenabrechnung 2022

für die Wohnung Nr. 24, Parkstr. 4, 40444 Musterkirchen, Mieterin: König ①

I. Allgemeine Angaben zu Verteilerschlüsseln

Wohnfläche (W): Mietwohnung: 50 m^2 Gesamtwohnfläche des Hauses: 1.500 m^2
Personenzahl (P): Mieterhaushalt: 1 Gesamtzahl der Mieter im Haus: 55 ⑤
Wohneinheiten (WE): Gesamtzahl der Wohnungen im Haus: 25

II. Gesamtkosten und Verteilung

Kostenart ④	Gesamtkosten des Hauses	Verteiler ⑤	Kosten pro Kopf, m² oder Wohneinheit ⑥	Mieteranteil	Kosten für Mieter
Grundsteuer	3.420,00	W	2,28	50	114,00
Wasser	3.780,95	P	68,74	1	68,74
Entwässerung/Abwasser	3.600,00	P	65,45	1	65,45
Fahrstuhl	2.520,00	W	1,68	50	84,00
Straßenreinigung	900,00	W	0,60	50	30,00
Müllabfuhr	3.520,00	P	64,00	1	64,00
Hausreinigung	2.700,00	W	1,80	50	90,00
Ungezieferbekämpfung	100,00	W	0,07	50	3,50
Gartenpflege	–	–	–	–	–
Beleuchtung, Haus	820,00	W	0,55	50	27,50
Schornsteinfeger	780,00	W	0,52	50	26,00
Sach- und Haftpflichtversicherung	3.456,00	W	2,30	50	115,00
Hauswart/Hausmeister	2.625,00	W	1,75	50	87,50
Gemeinschaftsantenne/Kabelanschluss	600,00	WE	24,00	1	24,00
Maschinelle Wascheinrichtung	–	–	–	–	–
Sonstiges	–	–	–	–	–

III. Ihre Kosten – Nachzahlung/Guthaben

Ihre Gesamtkosten:	799,69 Euro
Ihre Vorauszahlung: (60 Euro/Monat; 01/22–12/22)	720,00 Euro
Ihre Nachzahlung/Ihr Guthaben: ⑦	**79,69 Euro**

gez. Müller
Geschäftsführer WBG

____
Unterschrift

Die Checkliste für die kalte Betriebskostenabrechnung können Sie auch kostenlos online ausfüllen und ausdrucken. Sie finden sie unter: www.ratgeber-verbraucherzentrale.de/formulare-mieterhandbuch

Checkliste „kalte“ Betriebskostenabrechnung

	ja	nein
Hat der Vermieter die Abrechnungsfrist von zwölf Monaten eingehalten (Achtung Ausschlussfrist)?	☐	☐
Ist im Mietvertrag vereinbart, dass Sie alle in der Abrechnung aufgeführten Betriebskosten tragen müssen?	☐	☐
Sind alle genannten Kosten tatsächlich Betriebskosten?	☐	☐
Wurden die sonstigen Betriebskosten einzeln aufgeführt und klar benannt?	☐	☐
Sind die sonstigen Betriebskosten laufende Kosten, die regelmäßig und immer wieder anfallen?	☐	☐
Beträgt der Abrechnungszeitraum ein Jahr?	☐	☐
Ist die Abrechnung nachvollziehbar und verständlich gestaltet?	☐	☐
Sind alle Rechenschritte korrekt?	☐	☐
Hat der Vermieter nicht umlagefähige Kostenanteile abgezogen, zum Beispiel Verwaltungs- und Reparaturkosten für die Betriebskostenarten, wie Aufzug oder Hausmeister? Im Zweifel nachfragen.	☐	☐
Wurden die Kosten nach Ihrem Ein- oder Auszug korrekt aufgeteilt?	☐	☐
Sind die Verteilerschlüssel genannt und erläutert? Stimmen Flächenangaben beziehungsweise Bewohnerzahl?	☐	☐
Stimmen die Verteilerschlüssel mit dem überein, was im Mietvertrag festgelegt ist?	☐	☐
Hat der Vermieter die Kosten für leerstehende Wohnungen selbst übernommen?	☐	☐
Ist berücksichtigt, ob und inwieweit gewerbliche Mieter erheblich höhere Nebenkosten verursachen?	☐	☐
Sind die Kosten realistisch? Ist der Grundsatz der Wirtschaftlichkeit beachtet worden?	☐	☐
Sind im Vergleich zur Vorjahresabrechnung ungewöhnliche Preissteigerungen erklärt?	☐	☐
Sind Ihre Vorauszahlungen korrekt berücksichtigt worden?	☐	☐

→ **ACHTUNG** Wenn Sie eine der oben genannten Fragen mit „Nein“ beantwortet haben, ist Ihre Abrechnung höchstwahrscheinlich fehlerhaft. Lassen Sie die Abrechnung und die Belege von Ihrem Mieterverein überprüfen. Begleichen Sie nicht voreilig die vom Vermieter geforderte Nachzahlung.

Checkliste Mietminderung

1 Mietminderungsgrund

- ☐ Wohnungsmangel während der Mietzeit aufgetreten.
- ☐ Wohnungsmangel von Anfang an vorhanden. Bei Anmietung nicht zu entdecken.
- ☐ Vom Vermieter zugesicherte Eigenschaft fehlt.

2 Mietminderung ausgeschlossen

- ☐ Vermieter weiß nichts von Mängeln, keine Benachrichtigung.
- ☐ Mangel ist nur unerhebliche Beeinträchtigung.
- ☐ Mangel ist Mieter schon seit Einzug in die Wohnung bekannt.
- ☐ Trotz Mangels jahrelang volle Miete gezahlt.

3 Mietminderung – so geht's:

- ☐ Vermieter ist informiert, Mängel schriftlich angezeigt.
- ☐ Mängel sind dokumentiert, können bewiesen werden (Fotos, Aussagen von Nachbarn und so weiter)
- ☐ Ausgangsmiete für Mietminderung: brutto, das heißt inklusive Nebenkosten.
- ☐ Minderungszeitraum: Von wann bis wann lag der Mangel vor?
- ☐ Abschätzung der Wohnwertbeeinträchtigung/Berechnung der Mietminderung
- ☐ Miete kürzen, verrechnen mit der nächst fälligen Mietzahlung.
  - → Dauerauftrag stoppen.
  - → Einzugsermächtigung widerrufen oder korrigieren.
  - → Gekürzte Miete „per Hand“ überweisen.

4 Sonstige Rechte prüfen

- ☐ Reparatur
- ☐ Selbsthilfe
- ☐ Zurückbehaltung
- ☐ Schadensersatz
- ☐ Kündigung

Die Checkliste für die Mietminderung können Sie auch kostenlos online ausfüllen und ausdrucken. Sie finden sie unter: www.ratgeber-verbraucherzentrale.de/formulare-mieterhandbuch

5 Termin beim Mieterverein geben lassen.

Sonstige Vereinbarungen

- Vereinbarung für eine Mietermodernisierung
- Vereinbarung für eine Vermietermodernisierung zur Energieeinsparung
- Mietaufhebungsvertrag

In den nachfolgenden Formularen finden Sie verschiedene Vorlagen für Vereinbarungen mit dem Vermieter sowie Vorlagen für die Mieter-Modernisierung und die Vermieter-Modernisierung.

Diese Vereinbarungen können Sie heraustrennen und auch als Kopiervorlage nutzen.

→

Die Vereinbarungen zur Modernisierung (→ Seiten F-85 ff. und F-91 ff.) können Sie auch kostenlos online ausfüllen und ausdrucken. Sie finden sie unter: www.ratgeber-verbraucherzentrale.de/formulare-mieterhandbuch

Erläuterungen zu den Sonstigen Vereinbarungen

Vereinbarung für eine Mietermodernisierung (→ Seite F-85)

Zu § 3 Abs. 2

Wichtig: Alle Anlagen und Einrichtungen, mit denen der Mieter aufgrund dieser Vereinbarung die Wohnung ausstattet, werden Eigentum des Vermieters. Der Mieter kann also nicht mehr nach Belieben darüber verfügen, die Maßnahme verändern, ausbauen oder wegnehmen. Dies bedarf immer der Zustimmung des Vermieters.

Wer allerdings die Pflicht zur Instandhaltung oder Erneuerung der Maßnahme trägt, richtet sich nach den Vereinbarungen über die späteren Mieterhöhungen (vgl. § 4 Abs. 3).

Zu § 3 Abs. 3

Der Vermieter hat einen Anspruch darauf, dass die Arbeiten fachgerecht und so zügig wie möglich durchgeführt werden, um Störungen anderer Mieter gering zu halten. Eigenarbeiten des Mieters sind nur dann erlaubt, wenn er selbst über die nötigen Kenntnisse verfügt. In allen anderen Fällen darf die Modernisierung nur durch einen Fachmann durchgeführt werden.

Deshalb: Genaue Vereinbarungen treffen!

Bei größeren Arbeiten kann eine Baugenehmigung erforderlich sein. Auskunft erteilt die Stadtverwaltung.

Zu § 3 Abs. 5

Ein möglichst genauer Kostenvoranschlag ist wichtig, da sich die Abwohndauer (§ 4) und die Restwertentschädigung (§ 5) danach richten.

Der Mieter sollte unbedingt darauf achten, dass seine eigenen Arbeitsleistungen von vornherein mit einem angemessenen Betrag in den Vertrag aufgenommen werden.

Zu § 3 Abs. 6

Da der Mieter nach Abschluss der Modernisierungsmaßnahme dem Vermieter die Kosten nachweisen muss, sollte er Rechnungen und Belege für alle seine Ausgaben sammeln und sorgfältig aufheben.

Zu § 4 Abs. 1

Geht es um Fragen der Barrierereduzierung, der E-Mobilität, des Einbruchsschutzes oder eines Balkonkraftwerks (für 2024 geplant), muss der Vermieter in der Regel die Baumaßnahme des Mieters erlauben. Es sei denn, die Baumaßnahme ist dem Vermieter nicht zumutbar. Bei anderen Modernisierungsmaßnahmen steht es dem Vermieter frei, die Maßnahme zu erlauben oder nicht. Soweit Spielräume bestehen bei Fragen, wo und wie zu modernisieren ist, ist wichtig, dass der Vermieter an den zu treffenden Entscheidungen positiv mitwirkt und nicht durch überzogene Forderungen die geplanten Modernisierungen praktisch unmöglich macht.

Zu § 4 Abs. 2

Die Kündigung während der sogenannten Abwohndauer

Während der Abwohndauer darf der Vermieter dem vertragstreuen Mieter nicht kündigen. Aber: Vermieter und Mieter können trotzdem wie bisher wegen Verstoßes gegen die Vertragspflichten kündigen.

Zu § 4 Abs. 3

Abwohndauer

Die Abwohndauer richtet sich nach den Investitionen des Mieters. Einbaukosten in Höhe einer Jahresmiete gelten in vier Jahren als abgewohnt. Entscheidend ist dabei die zur Zeit des Einbaus gezahlte Kaltmiete ohne Umlagen.

ABWOHNDAUER

Beispiel

Netto-Kaltmiete	600 €
Jahresmiete	7.200 €
Einbaukosten des Mieters	14.400 €

Die Einbaukosten betragen also zwei Jahresmieten. Sie werden daher in (2 × 4 =) acht Jahren abgewohnt. Der Mieter ist also acht Jahre vor einer Kündigung wegen Eigenbedarfs geschützt.

Dies ist nicht in jedem Fall ein besonderer Vorteil. Wohnungsbaugesellschaften zum Beispiel können in der Regel wegen Eigenbedarfs nicht kündigen. Droht jedoch eine Umwandlung in Wohnungseigentum und der Verkauf der Mietwohnung, so wird der durch die Mietermodernisierung erkaufte zusätzliche Kündigungsschutz wieder wertvoll.

ENTSCHÄDIGUNG DES MIETERS BEI AUSZUG

Beispiel

Hat der Mieter 14.400 Euro aufgewandt und zieht er im dritten Jahr aus, so werden 40 Prozent (für das erste Jahr 20 Prozent, für das zweite und dritte Jahr jeweils 10 Prozent) abgezogen. Das macht 5.760 Euro, sodass der Vermieter ihm 8.640 Euro erstatten muss. Der Mieter hat auch dann Anspruch auf Entschädigung, wenn der Vermieter durch nachfolgende weitere Modernisierungen die Arbeiten des Mieters zerstört oder wertlos macht.

Zu § 4 Abs. 4

Mieterhöhung wegen der Mietermodernisierung

Das Vertragsformular bietet zwei alternative Möglichkeiten:

1. Der Vermieter kann frühestens nach Ablauf der Abwohndauer die Miete wegen der Mietermodernisierung bis zur entsprechenden Vergleichsmiete erhöhen. Er muss in diesem Fall aber von Anfang an die Instandhaltung, Wartung und Erneuerung übernommen haben.

2. Eine Mieterhöhung aufgrund der Modernisierung des Mieters bleibt für die gesamte Dauer des Mietverhältnisses ausgeschlossen. In diesem Fall muss der Mieter die Instandhaltung, Wartung, Erneuerung selbst tragen. Was für den Mieter günstiger ist, muss im Einzelfall genau geprüft werden. Beide Möglichkeiten enthalten für den Mieter Vor- und Nachteile.

Zu § 5 Abs. 3

Entschädigung des Mieters bei Auszug

Unabhängig von der Abwohndauer ist die Regelung über die Entschädigung. Da der Mieter beim Auszug nichts ausbauen oder mitnehmen darf, muss ihm der Vermieter eine Entschädigung zahlen. Der Restwert wird so ermittelt: Im ersten Jahr nach Einbau der Modernisierung werden 20 Prozent der vereinbarten Gesamtkosten abgezogen. In den folgenden Jahren jeweils 10 Prozent pro Jahr.

Vereinbarung für eine Vermietermodernisierung (→ Seite F-91)

Zu § 1

Als Anlagen sind der Modernisierungsvereinbarung eine detaillierte Baubeschreibung und ein konkreter Bauzeitplan beizufügen.

Zu § 2

Hier bestätigt der Mieter, dass zurzeit des Vertragsschlusses keine Härtegründe vorliegen. Dies gibt dem Vermieter eine gewisse Rechtssicherheit. Dennoch kann der Mieter nach dem letzten Satz des § 2 Härtegründe, die nach Abschluss der Vereinbarung entstehen, geltend machen. Der Mieter hat neue Härtegründe unverzüglich geltend zu machen. Nach dem Gesetz muss dies bis zum Ablauf des Monats geschehen, der auf den Zugang der Modernisierungsankündigung folgt. Das ist auch die Frist, die der Mieter einhalten muss, wenn er aufgrund der geplanten Baumaßnahmen außerordentlich kündigen will. Der Vermieter hat insoweit ein berechtigtes Interesse an einer schnellen Bekanntgabe der Härtegründe.

Zu § 3

Auch der Mieter benötigt Planungssicherheit. Beginn und geplantes Ende der Modernisierung werden durch einen Bauzeitenplan belegt.

Der Mieter sichert dem Vermieter den Zutritt in die Wohnung, soweit die Baumaßnahmen dies erfordern. Maßstab ist der Bauzeitenplan, dessen Änderungen dem Mieter dann angezeigt werden müssen, wenn er davon betroffen ist.

Zu § 4

Hier verpflichtet sich der Vermieter zur schonenden und zügigen Ausführung der Arbeiten. Im Gegenzug unterstützt der Mieter die Maßnahmen, indem er alles unterlässt, was sich als Hemmnis bei der Durchführung erweisen kann.

Zu § 5

Während und nach Beendigung der Baumaßnahmen ist ein häufiger Streitpunkt die Reinigung der Mieträume. § 5 stellt sicher, dass der Vermieter insoweit für die Beseitigung des Schmutzes Sorge tragen muss. Der Mieter unterstützt die Modernisierungsarbeiten, indem er auch bei der Sicherung und Räumung des Mobiliars mitwirkt.

Zu § 6

Es ist vorgesehen, dass die Vertragsparteien sich von Anfang an auf einen bestimmten Minderungsbetrag für die Zeit der Bauarbeiten verständigen können. Nach dem Gesetz ist zwar eine Mietminderung, zum Beispiel wegen Lärm oder Schmutzbeeinträchtigungen, infolge von Baumaßnahmen zur Einsparung von Endenergie (Heizkosten) für die ersten drei Monate ausgeschlossen. Eine Regelung – wie hier – ist aber über eine Modernisierungsvereinbarung möglich.

Zu § 7

Die Regelung schafft Rechtssicherheit für einen Erstattungsanspruch des Mieters in den Fällen, bei denen er eigene Mietermodernisierungen vorgenommen hatte, die durch die Modernisierungsmaßnahmen wertlos werden. Wichtigster Anwendungsfall dürfte bei energetischen Modernisierungsmaßnahmen die mieterseits eingebaute Heiztherme sein. Indem der Mieter einen Erstattungsbetrag erhält, entfällt der Härtegrund „vorausgegangene Verwendungen" des Mieters (vgl. § 2).

Zu § 8

Die Regelung präzisiert die Erstattung von Aufwendungen, die der Mieter aufgrund der baulichen Maßnahmen des Vermieters vornehmen muss.

Zu § 9

Zurückgehaltene Informationen belasten das Mietverhältnis und damit die reibungslose Durchführung der Arbeiten. Daher dient es dem Interesse beider Vertragsparteien, dass der Mieter wöchentlich über den Fortgang der Arbeiten, gegebenenfalls über Änderungen oder Schwierigkeiten informiert wird. Der Vermieter hat diese Informationen durch geeignete Personen sicherzustellen.

Zu § 10

Der Entwurf verzichtet darauf, für den Fall, dass der Mieter wegen der geplanten Arbeiten die Wohnung vorübergehend räumen muss, konkrete Regelungen vorzuschlagen. Dieser Fall bedarf einer umfassenden vertraglichen Grundlage. Daher werden hier zum Schutz der Parteien die wichtigsten Regelungsinhalte einer solchen notwendigen Vereinbarung in Erinnerung gerufen.

Zu § 11

Hier wird die Mieterhöhung geregelt. Dabei wird dem Umstand der Wirtschaftlichkeit Rechnung getragen. Der Vermieter kann planungssicher sein Objekt den neuzeitlichen Erfordernissen anpassen und damit nachhaltig modernisieren. Der Mieter beteiligt sich an der energetischen Maßnahme, die im gesamtgesellschaftlichen Interesse von beiden Vertragsparteien zu tragen ist, im angemessenen Umfang. Da Energieeinsparmaßnahmen regelmäßig teuer und die energetischen Einsparungen beim Mieter eher gering sind, also eine Warmmietenneutralität nicht zu erreichen ist, wäre eine 8-prozentige Umlage gemäß § 559 BGB unangemessen. Daher sieht die vertragliche Regelung eine Vereinbarung zur Mieterhöhung vor, die auf 4 Prozent der Investitionskosten beschränkt wird. Der Vermieter ist nicht verpflichtet, die Inanspruchnahme öffentlicher Mittel nachzuweisen. Der Mieter trägt darüber hinaus die durch die Modernisierung entstehenden neuen Betriebskosten.

Die Parteien können an dieser Stelle weitergehende Absprachen treffen. So kann es für den Mieter sinnvoll sein, dass der Vermieter auf eine Umwandlung der Wohnung in Eigentumswohnungen verzichtet oder für eine bestimmte Zeit auf das Recht zur Kündigung wegen Eigenbedarfs verzichtet. Auch Regelungen über Schönheitsreparaturen oder über den notwendigen Rückbau von Mietermaßnahmen können Gegenstand einer Vereinbarung sein.

Sofern die Mieter Transfermittel erhalten, kann für eine vereinbarte Zustimmung die Genehmigung der zuständigen Behörde erforderlich werden. Diesem Umstand wird durch Einführung eines Vorbehalts Rechnung getragen.

Zu § 12

Denkbar ist es, die Mieterhöhungsmöglichkeiten – mit Ausnahme der Betriebskostenerhöhungen – mehrere Jahre auszuschließen. Diese Regelung kommt insbesondere dann in Betracht, wenn der Mieter in Anbetracht künftiger vermuteter Energiepreissteigerungen einer deutlich höheren Mieterhöhung zugestimmt hat, als er an nachgewiesenen Einsparungen erwarten darf.

Zu § 13

Das außerordentliche Kündigungsrecht des Mieters kann nicht vertraglich ausgeschlossen werden. Mit der Aufnahme in einen eigenen Paragrafen wird der Bedeutung dieses Mieterrechts Rechnung getragen.

Zu § 14

Die Regelung nimmt Bezug auf den schon abgeschlossenen Mietvertrag. Die Bezugnahme ist von Bedeutung, wenn Vereinbarungen getroffen werden, die auch für den Rechtsnachfolger einer Partei verbindlich sein sollen oder wenn die Schriftform die Langfristigkeit des Mietvertrags sicherstellen will.

Mietaufhebungsvertrag (→ Seite F-95)

Hinweise: In einem Mietaufhebungsvertrag können noch viele andere Fragen angesprochen werden. So kann geregelt werden, dass einzelne Einrichtungsgegenstände zurückbleiben und der Vermieter hierfür einen bestimmten Betrag zahlt. Mitunter wird in einem Mietaufhebungsvertrag auch geregelt, dass der Mieter berechtigt/verpflichtet ist, einen Nachmieter zu stellen. Auch Fragen im Zusammenhang mit Schönheitsreparaturen, Mietkaution oder Betriebskostenabrechnung können in einen Mietaufhebungsvertrag aufgenommen werden.

EINRICHTUNGSGEGENSTÄNDE

Beispiel

Der Mieter lässt nachfolgend aufgeführte Einrichtungsgegenstände in der Wohnung zurück:

____

____

Der Vermieter verpflichtet sich im Gegenzug zur Zahlung von __________ Euro, zahlbar bei Wohnungsübergabe.

MIETKAUTION/BETRIEBSKOSTEN

Beispiel

Der Vermieter verpflichtet sich, spätestens sechs Monate nach Ende der Abrechnungsperiode über die Betriebskosten abzurechnen. Bis dahin kann er einen Anteil in Höhe von __________ Euro der Mietkaution zurückhalten. Die restliche Mietkaution wird bei Übergabe der Wohnung ausgezahlt.

SCHÖNHEITSREPARATUREN

Beispiel

Die Wohnung wird besenrein übergeben. Schönheitsreparaturen sind nicht geschuldet.

oder

Der Mieter führt die vertraglich geschuldeten Schönheitsreparaturen in nachfolgenden Räumen durch:

____

oder

Anstelle der nach dem Mietvertrag geschuldeten Schönheitsreparaturen zahlt der Mieter einen einmaligen Betrag in Höhe von __________ Euro an den Vermieter.

MIETKAUTION

Beispiel

Die Mietkaution wird bei Übergabe der Wohnung zurückgezahlt.

oder

Der Vermieter verpflichtet sich, die Mietkaution bis spätestens zum

____________________ zurückzuzahlen.

→ **ACHTUNG** Die Initiative zum Abschluss eines Aufhebungsvertrags geht häufig auch vonseiten des Vermieters aus. Insbesondere wenn er keinen Kündigungsgrund hat, die Wohnung zum Beispiel nicht selbst beziehen, sondern teuer verkaufen oder anderweitig vermieten will, bieten Vermieter ihren Mietern Abfindungen oder Abstandszahlungen an, wenn sie ihre Wohnung zu einem bestimmten Termin räumen.

Vorsicht, wenn der Vermieter fordert, dass die Wohnung unwiderruflich zu einem bestimmten Termin geräumt wird und/oder die ausgehandelte Abfindung nur gezahlt wird, wenn der Mieter pünktlich zu diesem Termin auszieht!

Bei der Abfassung eines derartigen Mietaufhebungsvertrags und beim Aushandeln des Abfindungsbetrags sollten sich Mieter unbedingt von ihrem örtlichen Mieterverein beraten lassen.

Vereinbarung für eine Mietermodernisierung

§ 1 Allgemeines

____
Mieter

____
Vermieter

§ 2 Gegenstand der Arbeiten

1. Die Parteien sind sich darüber einig, dass in der Wohnung des Mieters bzw. im Haus[1]

☐ in sämtlichen Räumen

☐ im Bad

☐ in der Küche

☐ auf der (mit-)vermieteten Fläche

☐ im Eingangsbereich

☐ im Treppenhaus

☐ im/in ____

bauliche Maßnahmen durchgeführt werden. Die Arbeiten betreffen[2]

☐ Ladestation für Elektrofahrzeug

☐ Verbesserung des Einbruchschutzes

☐ Fenster/Türen/Rollläden[2]

☐ Barrierefreiheit

☐ Stromerzeugung durch Steckersolargeräte (Balkonkraftwerke)

☐ Heizung/Warmwasseranlage[2]

☐ Wärme-/Schallisolierung von Wänden/Böden/Decken/des Daches[2]

☐ Elektroinstallation

☐ ____

2. Art und Umfang der Maßnahmen im Einzelnen ergeben sich aus der Anlage 1 dieses Vertrags. Sie ist Vertragsbestandteil.

1 Bitte genau angeben, gegebenenfalls mehrfach ankreuzen.
2 Nicht zutreffende Variante bitte streichen.

§ 3 Leistungen des Mieters

1. Der Mieter führt die Maßnahmen im eigenen Namen sowie auf eigene Kosten und auf eigene Rechnung aus, soweit sie nicht gemäß Anlage 1 dem Vermieter obliegen. Er ist dem Vermieter gegenüber verpflichtet, die Arbeiten ordnungsgemäß durchzuführen.

2. Die Anlagen und Einrichtungen, mit denen die Wohnung aufgrund dieser Vereinbarung ausgestattet wird, gehen in das Eigentum des Vermieters über, auch soweit sie nicht wesentliche Bestandteile des Grundstücks werden. Der Mieter verzichtet auf das Recht, solche Anlagen und Einrichtungen wegzunehmen.

3. Zur Vermeidung von Schäden aus der Durchführung der Maßnahmen verpflichtet sich der Mieter, Arbeiten, die besondere Fachkenntnisse und die Einhaltung technischer Vorschriften erfordern, nur durch Fachfirmen oder in fachkundiger Selbsthilfe oder Nachbarschaftshilfe durchzuführen.

   Der Mieter erklärt, dass er folgende Haftpflichtversicherung abgeschlossen hat:

   ____

4. Die Arbeiten sollen in der Zeit

   vom ______________________
   (Monat, Jahr)

   bis ______________________
   (Monat, Jahr)

   durchgeführt werden.

5. Die Kosten des Mieters für die gesamten Maßnahmen einschließlich der hierdurch verursachten Instandsetzungsarbeiten werden voraussichtlich

   € __________

   ____
   (in Worten, Euro)

   betragen. Dieser Betrag setzt sich wie folgt zusammen:

☐ Handwerkerleistungen gemäß beigefügten Kostenvoranschlägen

ca. € __________

☐ vom Mieter zu beschaffendes Material

ca. € __________

☐ Arbeitsaufwand des Mieters, der

☐ pauschal bewertet wird, mit € __________

☐ auf ________ Arbeitsstunden bei einem Stundensatz von

€ __________ veranschlagt wird; folglich ergibt sich insoweit ein

Betrag von ca. € __________.

6. Nach Abschluss der Maßnahmen sind die Arbeiten vom Vermieter abzunehmen und die endgültigen Kosten des Mieters festzustellen. Hierüber wird ein Abnahme- und Kostenfeststellungsprotokoll nach Anlage 2 dieser Vereinbarung aufgenommen. Es wird Vertragsbestandteil. Zur Feststellung der endgültigen Kosten hat der Mieter Belege beizubringen.

§ 4 Leistungen des Vermieters

1. Der Vermieter erlaubt die geplanten Modernisierungsmaßnahmen des Mieters. Er wirkt an deren Realisierung, soweit notwendig, aktiv mit.

2. Der Vermieter verzichtet für die Abwohndauer auf sein ordentliches Kündigungsrecht, außer für den Fall einer schuldhaften, nicht unerheblichen Verletzung der vertraglichen Verpflichtungen des Mieters.

3. Für künftige Mieterhöhungen und für die Instandhaltung der vom Mieter geschaffenen Einrichtungen gilt die bei a)/b)[3] vorgesehene Regelung.

   a) Die Maßnahmen, die Gegenstand dieser Vereinbarung sind, bleiben **während der Abwohndauer** bei Mieterhöhungen im Rahmen der ortsüblichen Vergleichsmiete außer Betracht. Der **Vermieter** ist für die Dauer des Mietverhältnisses verpflichtet, für die Instandhaltung, Wartung und gegebenenfalls Erneuerung der Einrichtungen zu sorgen. Soweit nach dem Mietvertrag der Parteien Schönheitsreparaturen und Kosten für Kleinreparaturen vom Mieter übernommen sind, gilt dies auch für die neuen Einrichtungen.

   b) Die Maßnahmen, die Gegenstand dieser Vereinbarung sind, bleiben **während der gesamten Dauer des Mietverhältnisses** bei Mieterhöhungen im Rahmen der ortsüblichen Vergleichsmiete außer Betracht. Der **Mieter** ist für die gleiche Zeit verpflichtet, für die Instandhaltung, Wartung und gegebenenfalls Erneuerung der Einrichtungen zu sorgen.

4. Die Abwohndauer

   – beträgt jeweils vier Jahre für Aufwendungen in Höhe einer Jahresmiete, insgesamt jedoch mindestens fünf und höchstens fünfzehn Jahre. Sie beginnt mit der Abnahme der Arbeiten. Als Jahresmiete gilt das Zwölffache der monatlichen Miete bei Abschluss dieser Vereinbarung; Nebenkosten, über die gesondert abzurechnen ist, bleiben unberücksichtigt.

   – läuft bis zum Ende des Jahres ____________[4].

§ 5 Abwicklung bei Beendigung des Mietverhältnisses und bei nachfolgenden Maßnahmen des Vermieters

1. Bei Beendigung des Mietverhältnisses hat der Mieter Anspruch auf Rückzahlung des Restwerts der durchgeführten Maßnahmen.

2. Der Anspruch auf Rückzahlung des Restwerts besteht auch dann, wenn die Maßnahmen des Mieters durch spätere Maßnahmen des Vermieters zerstört oder wertlos gemacht werden.

3 Nicht zutreffende Variante bitte streichen.

4 Nur ausfüllen, wenn von der obigen Regelung abgewichen werden soll.

→

3. Für die Berechnung des Restwerts werden von den Aufwendungen des Mieters (Abschnitt II der Anlage 2) bis zum Ablauf eines Jahres nach der Abnahme zwanzig von Hundert und in den folgenden Jahres jeweils weitere zehn vom Hundert abgezogen.

§ 6 Sonstige Vereinbarungen

____

____

____

____

____

____

Ort	Datum
Vermieter	Mieter

→ **TIPP** In Zweifelsfällen empfiehlt es sich für die Vertragspartner, rechtskundigen Rat bei den jeweils örtlich zuständigen Organisationen der Hauseigentümer beziehungsweise der Mieter einzuholen.

Anlage 1
Beschreibung der Maßnahmen[1]

1. In der Wohnung des Mieters, im Haus bzw. auf dem Grundstück des Vermieters werden unter der Verantwortung des Mieters folgende Maßnahmen durchgeführt:

Lfd. Nr.	Maßnahme	Räume	Besondere Festlegungen	Leistungen a) von Handwerkern b) des Mieters selbst	Veranschlagte Kosten a) Handwerker b) Mieter

2. Der Vermieter beteiligt sich an den vorbezeichneten Modernisierungsmaßnahmen

☐ mit einem finanziellen Beitrag von € __________

☐ durch folgende Sicherheit für ein Bauspardarlehen/Bankdarlehen des Mieters:

____

☐ mit folgenden Maßnahmen:

____

____

______________________ ______________________

Vermieter Mieter

1 Insbesondere bei größeren Baumaßnahmen auszufüllen.
→ Es ist größtmögliche Genauigkeit anzustreben, um Unklarheiten zu vermeiden.

Anlage 2
Abnahme und Kostenfeststellung

I. Abnahme

1. Der Vermieter bestätigt, dass die in § 2 in Verbindung mit Anlage 1 des Vertrages bezeichneten Maßnahmen ordnungsgemäß durchgeführt wurden und keine Mängel festgestellt worden sind:

   ☐ ja ☐ nein

2. Es wurden folgende Mängel festgestellt:

   ____

   ____

   ____

3. Der Mieter verpflichtet sich, die festgestellten Mängel spätestens bis zum ____________ zu beseitigen.

4. Bei folgenden Maßnahmen

   ____

   ____

   ist streitig, ob sie ordnungsgemäß durchgeführt sind.

   Die Parteien unterwerfen sich der Beurteilung durch einen neutralen Handwerksmeister, der von der Handwerkskammer benannt wird. Die dabei anfallenden Kosten tragen beide Parteien je zur Hälfte. Der Mieter verpflichtet sich, die von dem Handwerksmeister festgestellten Mängel binnen ________ Wochen zu beseitigen.

II. Kostenfeststellung

Mieter und Vermieter stellen einvernehmlich fest, dass für die in § 2 in Verbindung mit Anlage 1 des Vertrages bezeichneten Maßnahmen Aufwendungen des Mieters in Höhe von Euro ________ zu berücksichtigen sind.

____________________ ____________
Ort Datum

____________________ ____________________
Vermieter Mieter

Vereinbarung für eine Vermietermodernisierung zur Energieeinsparung

§ 1 Maßnahmen

Der Vermieter wird in dem Haus ____________________ /in der Wohnung ________________ Baumaßnahmen zur energetischen Modernisierung im Sinne des § 555b Ziffer 1 BGB durchführen, wie sie sich aus der anliegenden Baubeschreibung und einem beigefügten Bauzeitenplan ergeben. Falls im Zusammenhang auch andere Modernisierungsmaßnahmen oder Instandsetzungs- und Reparaturmaßnahmen durchgeführt werden, werden diese in der Baubeschreibung entsprechend gekennzeichnet. Sollten sich nach Abschluss dieser Vereinbarung wesentliche Änderungen bezüglich der geplanten Arbeiten oder des Zeitplans ergeben, so ist eine Ergänzung dieser Vereinbarung erforderlich, die ebenfalls schriftlich abzuschließen ist. Falls erforderlich, ist die Genehmigung der zuständigen Stelle einzuholen.

§ 2 Duldungspflicht

Der Mieter ist zur Duldung der beschriebenen Baumaßnahmen verpflichtet. Das gilt ausnahmsweise nicht, wenn die Maßnahmen für ihn, seine Familie oder einen anderen Angehörigen seines Haushalts eine Härte bedeuten würden, die auch unter Würdigung der berechtigten Interessen des Vermieters und anderer Mieter in dem Gebäude nicht zu rechtfertigen ist. Zu berücksichtigen sind dabei insbesondere die vorzunehmenden Arbeiten, die baulichen Folgen und die vorausgegangenen Aufwendungen des Mieters. Hierzu zählt auch die zu erwartende Mieterhöhung, selbst wenn dieser Umstand nach dem Gesetz erst bei der Mieterhöhung selbst berücksichtigt werden kann.
Der Mieter erklärt, dass zurzeit des Vertragsschlusses keine Härtegründe bei ihm vorliegen. Sollten nach Abschluss dieser Vereinbarung Härtegründe entstehen, ist der Mieter zur unverzüglichen Mitteilung an den Vermieter verpflichtet.

§ 3 Beginn und Dauer

Der Vermieter beginnt mit seinen baulichen Maßnahmen am ____________________; sie werden voraussichtlich bis zum ____________________ abgeschlossen sein. Die Wohnung des Mieters wird entsprechend dem Bauzeitenplan voraussichtlich in der Zeit vom ____________________ bis zum ____________________ von den Handwerkern und sonstigen mit der Baumaßnahme befassten Personen betreten werden.
Der Vermieter wird den Mieter durch Übersendung eines aktuellen Bauzeitenplans (beziehungsweise Auszug für seine Wohnung) informieren, wenn die konkreten Zeiten für Arbeiten in der Wohnung bekannt sind oder wenn sich Änderungen im Hinblick auf die angekündigten Zeiten für die Wohnung des Mieters ergeben. Der jeweils aktuelle Bauzeitenplan für Arbeiten im und am Haus wird an geeigneter Stelle (zum Beispiel Treppenhaus) ausgehängt und bei Bedarf aktualisiert.
Die genauen Zeiten für notwendiges Betreten der Mietwohnung werden dem Mieter jeweils mit einer Frist von mindestens 24 Stunden angekündigt. Das gilt sinngemäß auch für Arbeiten auf

einem Gerüst vor den Fenstern der Wohnung. Er erteilt zur Betretung seiner Wohnung grundsätzlich seine Zustimmung. Sind Änderungen dieser Zeiten aus zwingenden Gründen wegen Verhinderung des Mieters erforderlich, so wird der Mieter diese mit der örtlichen Bauleitung abstimmen.

§ 4 Gebot der Rücksichtnahme

Der Vermieter wird die Arbeiten möglichst schonend und zügig durchführen. Dabei ist dem Umstand, dass die Wohnung bewohnt ist, besonders Rechnung zu tragen.
Der Mieter wird die Durchführung der Arbeiten nicht mutwillig behindern oder erschweren.

§ 5 Bauvorbereitung und Baureinigung

Der Vermieter wird für alle erforderlichen Aus- und Einräumarbeiten in der Wohnung, dem Keller oder dem Speicherabteil des Mieters sowie das Abdecken, zum Beispiel durch Folien, geeignete Hilfskräfte und Material auf seine Kosten zur Verfügung stellen. Der Mieter wirkt im Rahmen seiner persönlichen Möglichkeiten an den Arbeiten mit. Beispielsweise wird der Mieter Wertgegenstände, zum Beispiel Schmuck oder Laptop etc., selbst sicher verwahren.
Sofern Gegenstände oder Haustiere des Mieters nicht sicher in dessen Wohnung untergebracht werden können, wird der Vermieter in Absprache mit dem Mieter auf seine Kosten für eine geeignete Unterbringung und den Transport sorgen.
Der Vermieter stellt jeweils nach Durchführung der einzelnen Maßnahmen in der Wohnung in Absprache mit dem Mieter Reinigungskräfte auf seine Kosten zur Verfügung.
Sofern der Mieter dies wünscht, kann er die vorgenannten Arbeiten auch selbst ausführen. In diesem Fall gilt § 8.

§ 6 Mietminderung

Wird der Mieter durch die baulichen Maßnahmen des Vermieters in seinem vertragsgemäßen Gebrauch beeinträchtigt, ist er zur Mietminderung berechtigt. In Anbetracht der Baubeschreibung und des Bauzeitenplans gehen die Vertragsparteien davon aus, dass eine Mietminderung von _____ Prozent der jeweiligen Gesamtmiete angemessen ist.

§ 7 Mieterinvestitionen

Der Mieter hat in der Vergangenheit bauliche Maßnahmen vorgenommen (_______________ _________), die durch die geplanten Baumaßnahmen wertlos werden oder beseitigt werden müssen. Der Vermieter erklärt sich bereit, für die insoweit nutzlosen Investitionen des Mieters einen Erstattungsbetrag in Höhe von ___________________ Euro zu zahlen, der den Zeitwert angemessen berücksichtigt. Der Betrag wird mit Beginn der baulichen Maßnahmen gemäß § 3 des Vertrags fällig.

§ 8 Aufwendungen

Der Vermieter verpflichtet sich, Aufwendungen des Mieters, die infolge der Modernisierungsarbeiten entstehen, in angemessenem Umfang zu ersetzen. Dazu können beispielsweise gehören: Materialien, neu anzuschaffende Einrichtungsgegenstände, Räumungs- und Reinigungsarbeiten sowie durch die Maßnahmen veranlasste Schönheitsreparaturen (Malerarbeiten). Hierfür wird dem Mieter mit Beginn der Arbeiten gemäß § 3 des Vertrags ein Vorschuss in Höhe von ___________________ Euro gewährt. Über den geleisteten Vorschuss muss nach Abschluss der baulichen Arbeiten abgerechnet werden. Soweit der Mieter oder Familienangehörige erforderliche Arbeiten ausführen, sind diese mit 20 Euro brutto pro Stunde zu vergüten. In Fällen notwendiger Ersatzbeschaffungen ist ein Abzug „neu für alt" vorzunehmen.

§ 9 Mietersprechstunde

Der Vermieter stellt sicher, dass er selbst oder ein von ihm bestimmter Vertreter (zum Beispiel Bauleiter, Hausmeister) dem Mieter während der Bauzeit einmal wöchentlich in der Zeit von 17.00 bis 19.00 Uhr für Fragen, Wünsche und Anregungen auf der Baustelle zur Verfügung steht. Den Wochentag wird der Vermieter durch Aushang bekannt machen. Für dringende Absprachen außerhalb dieser Zeiten stellt der Vermieter eine telefonische Erreichbarkeit zum Beispiel des Bauleiters während der Arbeitszeiten zur Verfügung (zum Beispiel Handynummer).

§ 10 Vorübergehender Auszug

Ist aufgrund der beschriebenen Arbeiten ein vorübergehender Auszug des Mieters erforderlich, sind die Parteien verpflichtet, eine Sondervereinbarung über diesen Umstand zu treffen. In dieser Vereinbarung sind unter anderem die für die Zeit der Umbaumaßnahmen zu zahlende Miete, die Erstattung notwendiger Umzugskosten und erforderlicher Aufwendungen sowie die Kosten der Ersatzunterkunft festzuhalten.
Der Mieter hat in jedem Fall das Recht, nach Abschluss der Arbeiten in seine Wohnung zurückzukehren.
Entschließt der Mieter sich, nicht mehr in seine alte Wohnung zurückzuziehen, so erklärt der Vermieter sich bereit, einen Mietaufhebungsvertrag zu schließen und eine angemessene finanzielle Abgeltung der Nachteile des Wohnungswechsels zu vereinbaren. Das Kündigungsrecht des Mieters nach § 13 bleibt davon unberührt erhalten.

§ 11 Mieterhöhung

Der Vermieter versichert, dass die baulichen Maßnahmen im Sinn des § 1 eine nachhaltige und spürbare Einsparung von Endenergie bewirken, in einer Größenordnung von voraussichtlich ___________________ . Aufgrund dieses Umstands vereinbaren die Parteien eine Mieterhöhung in Höhe von monatlich ___________________ Euro/m². Die neue Grundmiete beträgt somit ___________________ Euro/mtl. Die Parteien vereinbaren die neue Miete mit dem Vorbehalt, dass die zuständige Behörde keine Bedenken erhebt.
Um die Einhaltung der Wirtschaftlichkeit zugunsten des Mieters zu belegen, erstellt der Vermieter eine übersichtliche und nachvollziehbare Kostenaufstellung, aus der sich für den Mieter ergibt, dass die Jahresmieterhöhung nicht 4 Prozent der für die Mieterwohnung aufgewendeten Modernisierungskosten bzw. 1 Euro pro Quadratmeter übersteigt.
Fallen die geplanten energetischen Modernisierungsarbeiten mit Instandsetzungs- beziehungsweise Instandhaltungsmaßnahmen zusammen, ist ein entsprechender Abzug von den Gesamtkosten der Baumaßnahme vorzunehmen, um die eigentlichen Modernisierungskosten zur Berechnung der Mieterhöhung zu ermitteln. Das gilt entsprechend für die Ermittlung fiktiver Er-

haltungskosten. Der Anteil der Instandsetzungs- und Instandhaltungskosten wird pauschal mit 50 Prozent der Gesamtkosten angesetzt. Eines Nachweises bedarf es nicht. Will der Vermieter einen niedrigeren Instandsetzungs- und Instandhaltungsanteil ansetzen, muss er den Umfang dieses Anteils konkret nachweisen. Der Vermieter muss die Inanspruchnahme von Fördermitteln nicht belegen.
Der Mieter erklärt sich bereit, die infolge der Maßnahmen neu entstehenden Betriebskosten zu tragen. Das sind die Kosten für:

____

____

Die Vertragsparteien treffen darüber hinaus folgende Absprache:

____

____

§ 12 Zahlungsbeginn

Die vereinbarte Mieterhöhung ist erstmalig zu zahlen mit Beginn des auf den Abschluss der Energieeinsparmaßnahmen folgenden übernächsten Monats. Weitere Mieterhöhungen werden für die nächsten __________________ Jahre ausgeschlossen. Hiervon sind Betriebskostenerhöhungen ausgenommen.

§ 13 Kündigung

Der Mieter ist berechtigt, bis zum Zeitpunkt der Modernisierungsmieterhöhung das Mietverhältnis monatlich außerordentlich zum Ablauf des jeweils folgenden Monats zu kündigen.

§ 14 Bestandteil des Mietvertrags

Die Vereinbarung ist Bestandteil des Mietvertrags vom ______________________________

_______________________________ _______________________

Ort Datum

_______________________________ _______________________

Vermieter Mieter

Mietaufhebungsvertrag

Die unterzeichnenden Parteien erklären, dass das Mietverhältnis zwischen

____

als Vermieter

und

____

als Mieter

über die Wohnung

____

in

____

____

einvernehmlich zu ______________ beendet wird.

Die Parteien sind sich einig, dass keine gegenseitigen Ansprüche mehr aus dem Mietverhältnis bestehen, mit Ausnahme des Mieteranspruchs auf Rückzahlung der Mietkaution.

______________________________ ______________
Ort Datum

______________________________ ______________________________
Vermieter Mieter